国家开放教育汽车类专业（专科）规划教材
全国汽车职业教育人才培养工程规划教材

汽车涂装技术

国家开放大学汽车学院组织编写
吴复宇　主编

人民交通出版社股份有限公司·北京
国家开放大学出版社·北京

内 容 提 要

本书为国家开放教育汽车类专业(专科)规划教材、全国汽车职业教育人才培养工程规划教材之一。主要内容包括：概述、涂装材料、颜色调配、汽车修补涂装设备、汽车修补涂装工艺、塑料件涂装、涂膜缺陷的原因与对策。

本书可作为高等职业技术学院和高等专科学校汽车类专业的教材，也可供从事汽车维修、汽车营销的工程技术人员参考。

图书在版编目(CIP)数据

汽车涂装技术 / 吴复宇主编. —北京：人民交通出版社股份有限公司：国家开放大学出版社，2018.5

ISBN 978-7-114-13292-6

Ⅰ. ①汽⋯ Ⅱ. ①吴⋯ Ⅲ. ①汽车—涂漆—开放大学—教材 Ⅳ. ①U472.44

中国版本图书馆 CIP 数据核字(2018)第 047368 号

书　　名：	汽车涂装技术
著 作 者：	吴复宇
责任编辑：	郭　跃
出版发行：	人民交通出版社股份有限公司 国家开放大学出版社
地　　址：	(100011)北京市朝阳区安定门外外馆斜街 3 号 (100039)北京市海淀区西四环中路 45 号
网　　址：	http://www.ccpress.com.cn http://www.crtvup.com.cn
销售电话：	(010)59757973 (010)66490011
总 经 销：	人民交通出版社股份有限公司发行部
经　　销：	各地新华书店
印　　刷：	北京市密东印刷有限公司
开　　本：	787×1092　1/16
印　　张：	12.25
插　　页：	2
字　　数：	253 千
版　　次：	2018 年 5 月　第 1 版
印　　次：	2019 年 12 月　第 2 次印刷
书　　号：	ISBN 978-7-114-13292-6
定　　价：	32.00 元

(有印刷、装订质量问题的图书由本公司负责调换)

总　　序

　　国家开放大学汽车学院是国家开放大学的二级学院。其前身为北京中德合力技术培训中心与中央广播电视大学(现国家开放大学)于 2004 年创建的汽车专业(专科)。经过多年的教学努力与经验积累,以及北京中德合力技术培训中心与国家开放大学、中国汽车维修行业协会、中国汽车文化促进会鼎力合作,2013 年 11 月 26 日国家开放大学汽车学院正式成立。

　　在 2003 年颁布的《教育部等六部门关于实施职业院校制造业和现代服务业技能型紧缺人才培养培训工程的通知》中,汽车维修专业被确定为紧缺人才专业。为满足教学需要,由北京中德合力技术培训中心负责组织编写,中央广播电视大学出版社(现国家开放大学出版社)出版了汽车专业(专科)系列教材,包括 27 本文字教材和相配套的课程形成性考核册、音像资料等。2008 年 5 月,远程开放教育首届汽车维修专业 500 多名专科毕业生走向社会,受到行业普遍欢迎。十几年来,国家开放大学累计培养汽车专业(专科)毕业生近 3 万人,社会评价较高。

　　2015 年年底,按照教育部最新颁布的《普通高等学校高等职业教育(专科)专业目录(2015 年版)》,国家开放大学汽车学院对已开设的开放教育汽车(汽车维修方向)专业、汽车(汽车营销方向)专业两个专业和"新型产业工人培养和发展助力计划"汽车检测与维修技术专业、汽车技术服务与营销专业两个专业进行了合并,重新设置了汽车运用与维修技术、汽车营销与服务两个专业(专科),制定了新专业的人才培养方案。为满足新专业的教学需要,汽车学院组织编写了本套国家开放教育汽车类专业(专科)规划教材、全国汽车职业教育人才培养工程规划教材。本套教材具有如下特点:

　　第一,针对性强。教材内容的选择、深浅程度的把握、编写体例严格按照国家开放大学关于开放教育教材的编写要求进行,满足成人教育的需要。

　　第二,专业特色鲜明。汽车运用与维修技术、汽车营销与服务两个专业(专科)是应用型专业。教材主编均为来自高校和汽车维修、营销一线的专家,他们的教学和实践经验丰富,所选内容能够强化实训环节,理论和实训部分比例适当,联系紧密,实用性强。

　　第三,采用互联网科技。全套教材实现了文字教材＋二维码,引入了二维、三维动画和音视频等学习资源,对传统教材是一大突破,增加了教材的可读性、可视性、知识性和趣味性。

　　第四,整合优质资源。本套教材是由国家开放大学出版社、人民交通出版社股份有限公司联合出版发行的国家开放教育汽车类专业(专科)规划教材、全国汽车职业教育人才培养工程规划教材,面向国家开放大学系统和全社会公开发行,不但适合国家开放大学的需要,也适合其他高等职业院校汽车运用与维修技术、汽车营销与服务专业(专科)的教学需要。

　　在本套教材的组编过程中,国家开放大学就规划教材如何做出鲜明行业特色做了重要指示。北京中德合力技术培训中心承担了教材编写、审定的组织实施及出版、发行等环节的沟通协调工作。中国汽车维修行业协会积极调动行业资源,深入参与教材的组织编写,人民交通出版社股份有限公司积极提供二维码资源。中国汽车文化促进会积极推荐主编人选,参与教材编写的组织工作。各教材主编、参编老师和专家们认真负责、兢兢业业,确保教材的组编工作如期完成。没有他们认真负责的工作和辛勤的劳动付出,本套教材的编写、出版、发行就不可能这么顺利进行。借此机会,对所有参与、关心、支持本套教材编辑、出版、发行的先生、女士表示衷心感谢!

本套教材编写时间紧,协调各方优质资源任务重,难免存有不足之处,还请使用者批评指正,不吝赐教。

2017 年 8 月

前　言

《汽车涂装技术》是国家开放教育汽车类专业(专科)规划教材、全国汽车职业教育人才培养工程规划教材之一。

通过本书的学习,学生能够了解汽车涂装的基本知识以及涂装材料的相关知识,掌握涂料颜色调配的基本方法,掌握汽车修补涂装作业中常用的工具与设备的使用及维护方法,熟悉汽车修补涂装的工艺流程,以及能够分析一些常见涂装缺陷的成因和应对方法。具备本专业所必需的基础理论、专业知识和技能,成为高等职业教育应用型人才。

本书根据专业培养目标和培养对象的认知水平及学习特点而编写,将汽车涂装技术相关基础知识紧密围绕汽车专业特点展开阐述。本书实现涂装技术基础知识与汽车专业知识的有机结合,以"必需、够用、有效、经济"为原则,对教学内容进行整合优化和深度融合;在内容编排上,突出介绍涂装技术基础知识在汽车专业上的运用,很好地体现了汽车专业学习中的基础性和实用性,具有专业知识和技能培养的针对性。

根据开放式教育的特点,书中配有二维码,扫一扫即可观看相关的动画或视频。二维码均由人民交通出版社股份有限公司提供。

本书由北京交通运输职业学院吴复宇副教授担任主编并负责统稿,北京交通运输职业学院郑毅老师担任副主编,北京交通运输职业学校吕丽平、诸葛红冰、高月敏等老师以及北京建筑大学附属中学吴富国老师参与了编写工作。在本书的编写过程中,承蒙国家开放大学和兄弟院校及企业有关同志的大力支持,在此向他们表示衷心的感谢。此外,本书在编写过程中参考了大量的文献资料,在此向原作者表示谢意。由于作者知识水平有限,书中难免存在疏漏之处,敬请读者批评指正。

编　者
2018 年 1 月

学习指南

0.1 学习目标
完成本门课程的学习之后,你将达到以下目标:
1. 认知目标
(1)了解汽车涂装的发展史。
(2)掌握汽车涂装的定义及作用、涂装的基本要素。
(3)了解汽车涂装的分类及特点。
(4)了解汽车修补常用涂料的性能。
(5)掌握涂料的组成成分以及干燥和成膜机理。
(6)了解树脂的分类和汽车常用树脂。
(7)了解颜料的相关知识。
(8)了解涂料的种类和使用注意事项。
(9)掌握影响颜色的属性及要素。
(10)掌握颜色的表示方法。
(11)了解调色的概念和目的。
(12)了解调色设备和工具的使用方法。
(13)了解色漆调配的要点和方法。
(14)掌握影响颜色调配的因素。
(15)掌握喷枪的工作原理和结构组成。
(16)了解喷枪的类型及应用场合。
(17)了解喷枪常见故障的诊断和排除方法。
(18)了解烘干设备的类型。
(19)掌握不同烘干设备的干燥原理。
(20)了解空气净化设备的工作原理。
(21)了解空气压缩的分类、构造及工作原理。
(22)了解储气罐、调压器、油水分离器和空气干燥装置的作用。
(23)了解压缩空气分配系统的组成及作用。
(24)了解表面前处理的必要性。
(25)了解汽车车身常用金属材料的特点及判定方法。
(26)掌握底漆的特性、类型和施工方法。
(27)掌握原子灰的特性、类型和施工方法。
(28)了解遮蔽材料的性能要求和遮蔽方法。
(29)掌握中涂底漆的特性和施工方法。
(30)了解面漆的类型及喷涂面漆前的准备工作。
(31)掌握单工序面漆的喷涂及修补方法。

(32)掌握双工序面漆的喷涂及修补方法。
(33)了解水性漆的喷涂方法。
(34)掌握清漆的喷涂方法。
(35)了解面漆表面的处理方法。
(36)了解抛光的方法。
(37)了解塑料的特性和种类。
(38)掌握塑料涂装的目的。
(39)了解车身塑料产品的鉴别方法。
(40)了解塑料涂装的要点。
(41)了解常见涂膜缺陷产生的原因。
(42)了解常见涂膜缺陷的补救方法。
(43)了解常见涂膜缺陷的防治对策。

2. 技能目标

(1)能够识别火灾类别。
(2)能够正确使用灭火器。
(3)能够正确选用及使用防护用品。
(4)能够初步建立对涂装材料的认识。
(5)能够形成基本的汽车修补用涂装材料认识。
(6)能够正确使用调色过程中所用到的主要设备和工具。
(7)能够运用合理方法查找颜色代码及配方。
(8)能够正确对色漆进行调配。
(9)能够正确调整及测试喷枪。
(10)能够分析喷枪常见故障。
(11)能够根据喷枪故障现象排除故障。
(12)能够根据不同情况选用正确的烘干设备进行干燥。
(13)能够根据实际情况布置压缩空气供给系统。
(14)能够根据标准工艺流程对底漆进行施工。
(15)能够根据标准工艺流程对原子灰进行调配和施工。
(16)能够根据遮蔽位置正确选择遮蔽材料进行遮蔽操作。
(17)能够根据标准工艺流程对中涂底漆进行施工。
(18)能够根据标准工艺流程对单工序面漆进行施工。
(19)能够根据标准工艺流程对双工序面漆进行施工。
(20)能够根据标准工艺流程对清漆进行施工。
(21)能够正确对面漆表面进行处理及抛光。
(22)能够根据塑料代号判断塑料的类型。
(23)能够根据要求进行塑料件的涂装作业。
(24)能够根据缺陷分析该缺陷产生的原因、补救方法及防治措施。

3.情感目标

(1)发挥自主学习的能力和团队合作精神,养成良好的工作作风。

(2)发挥收集、分析学习资料的能力,培养归纳、总结、关联知识点的能力。

(3)养成分析问题、解决问题的能力。

(4)初步养成自觉遵守国家标准的习惯。

(5)培养一丝不苟、严肃认真的工作作风。

(6)增强空间想象能力和思维能力,提高学习兴趣。

0.2 学习内容

本教材包括以下内容:

1.概述

本部分主要包括汽车涂装的基本知识、安全生产措施、劳动防护用品及其选择和使用等内容。

2.涂装材料

本部分主要包括涂料的组成、要求、干燥和成膜机理,汽车修补涂料的分类和常用修补涂料的性能,涂料的重要组成溶剂的种类、功用和使用时的注意事项以及常用添加剂的介绍。

3.涂料颜色的调配

本部分主要包括色彩学基本知识,着重讲解了颜色的产生必备三大要素、颜色的特性、颜色的表示方法、颜色的合成,颜色调配的基本概念、调色过程中所用到主要工具和设备,调色的基本程序,颜色基本属性在调色中的应用,色漆调配的技巧,施工条件等因素对调色的影响。

4.汽车修补涂装设备

本部分主要包括喷枪的结构和工作原理以及分类方法,喷枪的调整、操作方法,喷枪的维护方法和常见故障的诊断与排除的有关知识,烘干设备的类型和使用要求,手工打磨设备、机械打磨设备性能和使用方法,压缩空气供给系统的主要设备,特别介绍了水性涂料施工中用到的先进设备及工具。

5.汽车修补涂装工艺

本部分主要包括在进行涂装操作前对原涂层和底材进行辨别处理的方法,底漆、原子灰、遮蔽、中涂漆等各道工序的操作工艺要求及注意事项,单工序面漆、双工序面漆、水性漆及清漆的喷涂工艺流程和注意事项,面漆表面的处理方法和抛光等操作工艺流程及注意事项。

6.塑料件涂装

本部分主要包括常见的塑料种类、塑料件涂装的目的、汽车常用塑料的种类、车身塑料产品的鉴别方法,介绍了塑料表面涂装的要点及涂装工艺。

7.涂装缺陷的原因及对策

本部分主要包括外界因素导致涂膜缺陷的原因及处理方法、施工因素导致涂膜缺陷的原因及处理方法。

0.3 学习准备

在学习本教材之前,你应具有一定的汽车车身结构、汽车车身材料、金属防腐蚀和有机化学的基础知识以及正确使用工量具、拆卸汽车车身板件等能力。

0.4 学习资源

为了帮助学生更好地掌握本教材的内容,顺利地完成教学,本教材在文字的基础上配备了二、三维动画及音视频等配套学习资源,以二维码的形式呈现在各章节对应位置。

0.5 学习评价

1. 评价方式

本课程的学习评价采用形成性考核和终结性考试两种方式进行。其中,形成性考核采取作业册的方式进行,主要检验学生的作业完成情况。终结性考试是在形成性考核的基础上,对学生学习情况和学习效果进行的一次全面检测。

2. 评价要求

本课程的评价重点为文字教材的基本概念、基础知识和基本分析方法,各章内容均有考核要求。

3. 试题题型

本课程试题题型及其他说明详见国家开放大学考试中心发布的课程考试管理文件"汽车涂装技术课程考核说明"。

目 录

第1章 概述 ··· 1
  1.1 汽车涂装基本知识 ··· 1
  1.2 汽车涂装的安全生产与劳动防护 ··· 7
  本章小结 ··· 13
  自测题 ··· 13

第2章 涂装材料 ··· 15
  2.1 涂料的组成 ··· 15
  2.2 汽车修补涂装常用涂料的性能 ··· 25
  2.3 溶剂及常用辅助材料 ··· 28
  本章小结 ··· 32
  自测题 ··· 32

第3章 颜色调配 ··· 34
  3.1 色彩学基本知识 ··· 35
  3.2 颜色调配的知识 ··· 49
  3.3 颜色的调配方法 ··· 57
  3.4 对颜色调配的影响因素 ··· 62
  本章小结 ··· 64
  自测题 ··· 64

第4章 汽车修补涂装设备 ··· 66
  4.1 喷枪 ··· 67
  4.2 烘干设备 ··· 83
  4.3 压缩空气供给装置 ··· 93
  4.4 打磨设备及材料 ··· 100
  4.5 水性涂料的相关设备及工具 ··· 105
  本章小结 ··· 108
  自测题 ··· 109

第5章 汽车修补涂装工艺 ··· 110
  5.1 表面前处理 ··· 111
  5.2 底漆的涂装 ··· 115
  5.3 原子灰涂装处理 ··· 117
  5.4 遮蔽 ··· 123
  5.5 中涂底漆的施工 ··· 125

  5.6 面漆涂层的施工 ……………………………………………………… 128
  5.7 面漆表面的修整 ……………………………………………………… 139
  本章小结 …………………………………………………………………… 143
  自测题 ……………………………………………………………………… 143

第6章 塑料件涂装 …………………………………………………………… 145
  6.1 常见塑料的种类 ……………………………………………………… 145
  6.2 塑料表面涂装的要点及涂装工艺 …………………………………… 148
  本章小结 …………………………………………………………………… 150
  自测题 ……………………………………………………………………… 150

第7章 涂膜缺陷的原因与对策 ……………………………………………… 152
  7.1 外界因素导致的涂膜缺陷及处理 …………………………………… 152
  7.2 施工原因导致的涂膜缺陷及处理 …………………………………… 157
  本章小结 …………………………………………………………………… 166
  自测题 ……………………………………………………………………… 167

参考文献 ……………………………………………………………………………… 168

第1章 概 述

导言

本章主要介绍汽车涂装的基本知识,汽车涂装的安全生产措施,劳动防护用品及其选择和使用等内容。本章的学习内容力求使学生掌握汽车涂装的相关基础知识,为继续学习相关章节打下坚实的基础。

学习目标

1. 认知目标
(1)了解汽车涂装的发展史。
(2)掌握汽车涂装的定义及作用。
(3)了解汽车涂装的分类及特点。
(4)掌握汽车涂装的基本要素。
2. 技能目标
(1)能够识别火灾类别。
(2)能够正确使用灭火器。
(3)能够正确选用及使用防护用品。
3. 情感目标
(1)初步养成自觉遵守国家标准的习惯。
(2)培养一丝不苟、严肃认真的工作作风。
(3)增强思维能力,提高学习兴趣。

1.1 汽车涂装基本知识

汽车目前已成为必不可少的现代化交通工具之一,与人们的生活息息相关,汽车车身外表的90%以上是涂装表面。涂层的外观、颜色、鲜映性和光泽等的优劣,是人们对汽车质量的最直观评价,直接影响汽车的市场竞争能力。另外,涂装也是提高汽车产品的耐腐蚀性和延长汽车使用寿命的主要措施之一。因此,无论是汽车制造行业还是汽车维修行业,汽车车身涂装都已成为重要的工艺项目而需特别对待。

汽车涂装系指各种车辆的车身及其零部件的涂装,根据涂装的对象不同,汽车涂装可以分为新车涂装和修补涂装两个大的体系。本书将主要介绍汽车车身的修补涂装体系。

1.1.1 汽车涂装发展史简介

汽车制造中采用了大量的金属材料，金属材料的防腐已成为很重要的问题。由于涂装能广泛地应用在不同的材质表面，并能适应不同的性能要求，因此涂装已成为汽车上普遍采用的重要防腐措施。涂料就是通过浸涂、刷涂、喷涂等不同的涂装施工工艺涂覆在工件表面，形成具有保护、装饰或者特殊功能的固态薄膜的材料。了解涂料有关的分类、性能、施工工艺、成膜原理等知识，才能确保汽车涂装的质量。

人类生产和使用涂料有着非常悠久的历史，我国劳动人民早在公元前两三千年就已经学会从天然的漆树上采集生漆液用于保护生产工具和日常用品。正因为早期涂料大多是以植物油和天然树脂为主要原料，故称之为油漆。直至现在仍然用漆给具体的涂料命名，如底漆、色漆、清漆等。

汽车涂料发展初期，人们把一些天然物质如松油、亚麻仁油、炭黑等配成油漆刷涂到车身上，但是刷涂一部车大约需要一个月时间，严重限制了汽车的批量生产。到 1924 年，随着硝基漆的发明，油制涂料被取代，由于硝基漆使用简单，干燥快，能使涂装周期大大缩短，汽车工业化的涂装瓶颈得到解决，所以迅速得到广泛使用。第二次世界大战后，醇酸合成树脂的汽车涂料也开始被广泛使用，这种涂料覆盖性好，具有良好的光泽，而且耐候性能也比之前的涂料好。20 世纪 60 年代，汽车原厂用漆领域发明了电泳底漆、氨基高温烤漆、聚氨酯高温烤漆等，将漆膜亮度、硬度以及耐候性得到了进一步的提升；在汽车修补漆市场，单组分的丙烯酸风干漆开始得到应用，由于其干燥快，使用简单，光泽和耐候性能都比硝基漆好，所以受到喷涂技师的欢迎。20 世纪 70 年代是汽车修补漆得到重大发展的年代，双组分的聚氨基丙烯酸汽车修补漆被研发出来，由于其光泽、耐候性和整体质量可以跟原厂汽车生产用涂料相媲美，故成为至今汽车维修喷涂的主要涂料。

涂料的发展不只是在品质方面得到发展，在其他方面也得到了发展。从 20 世纪 70 年代开始，汽车颜色也越来越丰富，金属漆和珍珠漆逐渐被应用在汽车上，满足了人类日渐丰富的个性化需求；到 20 世纪 80 年代，随着各国对环保方面的要求日益重视，低碳环保的高固体成分涂料开始得到了汽车厂商的充分应用。涂料在研发方面更以环保为核心和方向，1986 年，水性汽车漆被发明，并在汽车制造厂首先投入使用，1992 年开始在汽车修补漆市场投入使用。2004 年，欧盟颁布了针对汽车修补和建筑装饰涂料为主的 PPD 法规，要求涂料生产厂家及进口商将符合法律的产品投入市场，且挥发性有机化合物（Volatile Organic Compounds，VOC）的含量必须打印在产品标签上，以识别产品是否符合规定。并且 PPD 法规根据产品的不同分类，设立了不同的 VOC 排放最高限量，从而对汽车修补漆提出了更高的环保要求，如面漆的 VOC 限量为 420g/L，底色漆必须全部转换水性色漆方能达到 PPD 的该项标准。该法规已于 2007 年 1 月 1 日正式生效，欧盟国家早已全面使用水性汽车修补漆。美国加利福尼亚州空气资源委员会（CARB）于 2008 年 7 月起开始实施与欧盟 PPD 法规类似的 CARB 法规，该法规同样要求产品的外包装上要有揭示该产品 VOC 排放的信息。继美国之后，加拿大（2010 年，CARB 法规）、韩国（2010 年首尔，2012 年韩国全国）、中国香港（2011 年 10 月正式生效）也相继实施限制 VOC 排放的环保法规，其中中国香港的环保法规较为严格,严格程度甚至赶超欧美。中国虽然目前还没有制定限制 VOC 排放的环保法规,但是首个明确规定汽车涂料中重金属、限用溶剂、VOC 含量的国家标准《汽车涂料中有害物质限量》(GB 24409—2009)已于 2009 年 9 月 30 日发布,并于 2010 年 6 月 1 日开始正式实施,这标志着我国对于汽车高温漆及汽车修补漆的有害物质开始提出了明确的限量要求。

随着我国经济的不断发展,对环境保护的不断重视,加上中国政府及地方政府的积极引导,例如交通运输部于 2012 年推出的交通运输节能减排专项资金,使用水性漆、无尘干磨设备等绿色涂装技术的维修企业,都可以申报并获得采购额 20% 的补贴;另外,一些大汽车生产厂商及涂料生产厂商也在积极引导汽车维修行业使用水性漆,其用户数量每年都在成倍增长。水性漆的使用,极大地减少了有机溶剂对人类生存环境及从业人员健康带来的危害,将汽车修补涂料带入划时代的水性时代。

除了色漆的水性化之外,颜料技术的不断革新和喷涂科技的不断多样化也给车身颜色个性化的实现创造了广阔的空间。从颜色效果上分,车身颜色通常可以分成素色、银粉、珍珠三大类,而构成其颜色效果的核心——颜料、铝粉、云母等材料的生产工艺和应用方法在近几十年有了长足的进步。通过对颗粒大小、形状、排列方式、组合应用等多方面的调整,现在的车身颜色方面素色变得更为鲜艳纯净,金属色变得更为闪亮耀眼,其他特殊颜色效果从以前正侧面颜色明显变化,目前又逐步细分发展出了多种特殊炫彩效果的颜色:如变色龙幻彩效果、果糖亮彩效果、水晶珍珠效果、激闪炫彩效果、星亮焰彩效果等,为汽车市场注入时尚、个性,被广大爱车人士所喜爱。在当今追求个性的时代,对个性化车色的爱好者越来越多,还催生了一种特殊的职业——个性化喷绘技师。喷绘技师和传统画家不同的是,他们的工具不是画笔而是喷枪,他们的画画材料不是布匹、纸张而是乘用车、摩托车等,他们所使用的涂料不是颜料而是各种汽车修补色漆。经过他们的悉心创作,千人一面的车辆变换成了彰显个性的舞台。一些技艺超群的技师成为行业的大师,使用各种新研发的特殊效果涂料为汽车生产厂商设计并喷绘出各种美丽夺目的图案,在各种车展活动中为这些汽车生产厂商吸引了众多眼球,引领了个性化车色的潮流。

1.1.2 汽车涂装的定义

涂装是指将涂料以不同的方式涂覆于经过处理的物面(基底表面)上,干燥固化后形成一层牢固附着的连续薄膜的工艺。有时也将涂料在被涂物表面扩散开的操作称为涂装,俗称"涂漆"或"油漆"。已经固化了的涂料膜称为涂膜(俗称"漆膜"),由两层以上的涂膜组成的复合层称为涂层。汽车表面涂装就是典型的多涂层涂装。

汽车涂装是指对轿车、大客车、载货车等各类车辆的车身及零部件的涂漆装饰,也包括对摩托车、部分农机产品的涂装。汽车涂装不仅可以提高人们对汽车质量的直观评价,也可以提高汽车产品的耐腐蚀性并延长汽车使用寿命。要达到满意的涂装效果,就必须正确选择涂料及其涂装方法,制订合理的涂装工艺,以及练就高超的涂装操作技巧。

1.1.3 汽车涂装的作用

汽车经过涂装后,不但可使车身具有优良的外观,而且还可使车身耐腐蚀,从而提高汽车的商品价值和使用价值。总的来说,汽车涂装主要具有保护、装饰、特殊标识等作用。

1. 保护作用

汽车运行环境复杂,经常会受到水分、微生物、紫外线和其他酸碱气体、液体等的侵蚀,有时会被磨、刮、蹭而造成损伤。如果在它的表面涂上涂料,涂装后形成一层连续而牢固的、具有一定耐水、耐气候和耐腐蚀等性能,且具有一定硬度的薄膜,使物体与周围介质隔绝,形成一层良好的保护体,就能保护汽车免受损坏,延长使用寿命。汽车上的金属板件遭到腐蚀后,轻者会使金属板件失去原来的面目,重者会使金属板件腐蚀穿孔,导致金属板件丧失应有的强度和刚度,甚至报废。因此,涂装可以提高汽车的耐腐蚀性并延长汽车使用寿命。

2. 装饰作用

现代汽车不但是实用的交通运输工具,而且更像是一件艺术品。涂装可以使被涂物体表面具有一定色泽,给人以美的视觉感。车身颜色与车内颜色相匹配,与环境颜色相协调,与人们的爱好以及时代感相适应。绚丽的色彩与优美的线型融为一体构成了汽车的造型艺术,协调的色彩烘托了汽车的造型,使汽车更具有艺术美。人们评价汽车质量的第一话题往往是汽车的外表,即整体造型及色泽。所以,颜色的选配和涂装质量的高低将影响到汽车产品的市场竞争力,尤其在当今追求个性的时代,汽车涂装的装饰作用更为突出。

3. 特殊标识作用

涂装的标识作用是由涂料的颜色体现的。在汽车上涂装不同的颜色和图案区别不同用途的汽车。例如,消防车涂成大红色;邮政车涂成橄榄绿色,字号、车号为白色;救护车涂成白色并做红十字标记;工程车涂成黄色与黑色相间的条纹,字及车号用黑色等。另外,颜色在指示、警告、禁令、指路等标志中的含义作用也非常明显。

4. 达到某种特定的目的

应用涂料的特殊性能,使汽车具有特殊功用来完成特种作业或适应特定的使用条件。例如,化工物品运输车辆要在车体表面或货箱、罐仓内部涂布耐酸碱、耐油、耐热、绝缘等涂料,以防止化学品的腐蚀、渗漏等;军用汽车采用保护色达到隐蔽的作用;涂在船底上的防污漆,漆中的毒剂缓慢渗出,可杀死寄生在船底上的海洋生物,从而延长船舶的使用寿命,并保证其航行速度;为使导弹、航天器等在飞行过程中不至于被大气摩擦产生高温烧毁,在其表面涂覆一种既耐高温又耐摩擦的涂料;还有用于消音等方面的涂料。不胜枚举的各种特殊要求,必须有各种各样的涂料去适应。

1.1.4 汽车涂装的分类

由于涂装的对象不同,涂装的目的和要求千差万别,所以采用的涂料及其涂装工艺也相差甚远。按涂装对象不同,汽车涂装大体可以分为汽车制造涂装和汽车修补涂装。

汽车制造涂装包括车身外表涂装、车厢内部涂装、车身骨架的涂装、底盘部件的涂装、发动机部件的涂装、电气设备部件的涂装等内容。车身外表涂装是汽车制造涂装的重点,要求达到高装饰性和抗腐蚀的目的,并且与汽车用途相适应,具有优良的耐久性。

汽车修补涂装总的目的就是要恢复汽车原有的涂层技术标准和达到无痕迹修补的目

的,根据需要修补部位和修补面积的大小可以分为点修补、板修补、板块间修补、全车重涂以及零部件修补涂装等几大类。

1.1.5　汽车涂装的特点

1. 汽车涂装的特点

汽车涂装的目的是使汽车具有优良的耐蚀性和高装饰性外观,以延长其使用寿命,提高其商品价值。汽车涂装具有如下特点:

1) 汽车涂装属于高级保护性涂装

汽车涂层必须具备极优良的耐蚀性、耐候性和耐沥青、油污、酸碱、鸟粪等物质的侵蚀作用,对汽车车体起到保护效果。汽车属于户外用品,因而要求汽车涂层能够适应寒冷地区、工业地区、沙漠戈壁、湿热带和沿海等各种气候条件。在国际上具有竞争能力的汽车以及汽车涂料都能很好地适应世界各地的气候条件。

2) 汽车涂装(以车身涂装为主)属于中、高级装饰性涂装

车身(尤其是轿车的车身)必须进行精心的涂装设计,在具有良好的涂装设备条件和环境下,才能使涂层具有优良的装饰性。

汽车的装饰性除车型设计外,主要靠涂装,因此汽车涂层的装饰性直接影响汽车的商品价值。汽车涂层的装饰性主要取决于色彩、光泽、鲜映性、丰满度和涂层外观等。汽车的色彩一般根据汽车类型、外型设计和时代流行色来选择。除特殊用途的汽车(如军用汽车)外,一般都希望汽车涂层具有极好的色彩、光泽和鲜映性。例如,运动型跑车的色彩多采用明快的大红色、明黄色等,给人以强烈的动感;高级轿车多采用较深的色调,给人以庄重、稳健的感觉。

涂层的外观优劣直接影响涂层的装饰性,涂膜的橘皮、颗粒等是影响涂层外观的主要因素。一般要求汽车外表涂层平整光滑,镜物清晰,不应有颗粒。

3) 汽车涂装是最典型的工业涂装

汽车制造涂装流水线的生产节奏一般为几十秒至几分钟,为此必须选用高效快速的涂装前的表面预处理方法、涂装方法、干燥方法、传送方法和工艺设备。汽车修补涂装也是如此,为恢复汽车涂层的要求,达到无痕修补的目的,汽车修补涂装也采用了与汽车制造涂装相类似的先进的涂装设备、涂料和施工工艺,因此可以达到与汽车制造相同的良好效果。

4) 汽车涂装件产品一般为多涂层涂装

汽车车身涂层如果是单涂层则会失去它的装饰性效果,漆面会显得不够饱满,色彩干涩且达不到上述优良的保护性。所以汽车涂层一般都是由三层以上的涂层组成的,如轿车车身的涂层就是由底涂层(主要是防锈底漆层)、中间涂层(提高上下涂膜的结合能力,提供韧性和抗冲击能力)和面涂层(提供多彩的颜色)组成的,涂层的总厚度一般控制在 $100\mu m$ 左右。

2. 汽车修补涂装的特点

汽车修补涂装具有如下特点:

1）修补涂装属恢复性涂装

汽车修补涂装是对局部损坏的涂层或老化褪色涂层进行恢复性的一种处理,目的是恢复涂层的保护和装饰作用并力求达到与原车涂层一致。汽车修补涂装与汽车制造涂装存在着较大的差别。如制造新车的车身一般采用模压而成,涂装过程中不存在刮涂和打磨原子灰,喷涂面漆时不存在单独调配颜色,而修补涂装中难免要使用刮涂原子灰来填补车身缺陷,并打磨平整;涂装前处理以手工为主,且有对旧漆、油脂及其污物的清除工序,但还是很难达到新车的前处理效果;调配面漆颜色是修补涂装最难的工序,尽管可以借助先进的调色设备,也很难达到与原车漆色一致,只能做到接近。所以,修补涂装在保证质量方面比新车制造涂装更难。

2）品种多而数量少

需修补涂装的车辆在类型、颜色、损坏的部位和损坏的程度等都不尽相同,使得修补涂装必须针对具体的车辆进行施工,不可能使用同一种修补工艺或方法。需修补的车辆数量少且无规律,这使得修补涂装的生产难以组织,不可能有计划地安排维修产量。

3）质量要求高

汽车修补涂装最大的缺陷就是不可能达到与原车涂层绝对一致,但用户的要求却是非常苛刻的。所以,从事汽车修补涂装的个人和企业,必须不断提高修补质量、精心施工、严格管理,最大限度地满足用户的要求。

4）修补涂装以手工操作为主

因需修补涂装的车辆少、品种多、损坏部位和损坏程度等千差万别,只能采用适应性强的手工操作方法进行施工。所以,修补涂装劳动强度大、工作环境差。涂层质量的高低与涂料的选择、涂装操作及涂装环境等有很大关系。为了减轻操作者的劳动强度,改善工作环境,提高涂层质量,目前,汽车修补涂装行业多已采用无尘机械打磨、环保型喷涂设备、专业的喷烤漆房及全面供气式个人防护器具等。

1.1.6 汽车涂装的基本要素

为使涂层满足底材、被涂物要求的技术条件和使用环境所需要的功能,保证涂装质量,获得最佳的涂层和最大限度的经济效益,必须精心设计涂装工艺,掌握涂装各要素。无论是汽车制造涂装还是汽车修补涂装工作,其关键是涂装材料、涂装工艺和涂装管理三个要素。

1. 涂装材料

涂装材料的质量和作业配套性是获得优质涂层的基本保障。

汽车修补涂料和汽车制造涂料是不同的,因此在选用涂料时要根据实际情况,从涂层性能、作业性能和经济效益等方面综合衡量,吸取他人经验或通过实验来确定。如果忽视涂层的性能单纯考虑涂料的价格,有时会明显地影响涂层质量,缩短涂层的使用寿命,从而造成更大的经济损失。如果涂料选用不当,即使精心施工所得涂层也不可能获得良好的效果,如内用涂料用作面漆,就会早期失光、变色和粉化;在硝基旧漆层上喷涂双组分面漆会出现咬底、开裂等现象。又如含铁颜料的涂料涂在黑色金属表面是很好的防锈涂料,而涂在铝制品表面上反而会促进铝材的腐蚀。

2. 涂装工艺

涂装工艺的合理性、先进性,是充分发挥涂装材料的性能、获得优质涂层的必要条件,是降低生产成本、提高经济效益的先决条件。涂装工艺的合理性、先进性包括涂装技术的合理性和先进性;涂装设备的先进性和可靠性;涂装环境条件和工作人员的技能、素质等。

如果涂装工艺与设备选择和配套不当,即使采用优质涂料,要获得优质涂层也是困难的。若设备生产效率低,则势必造成涂装工程的成本增高,使经济效益下降。涂装环境的好坏,直接影响到涂层的质量。高级装饰性的汽车车身涂装,必须在除尘、通风、照明良好的环境下操作。涂装操作人员的技能熟练程度和责任心是影响涂装质量的人为因素,加强操作人员的培训,提高人员的素质是非常必要的。

3. 涂装管理

涂装管理是确保所制订的涂装工艺得以认真实施,确保涂装质量的稳定,达到涂装目的和最佳经济效益的重要条件。涂装管理包括工艺管理、设备管理、工艺纪律管理、质量管理、现场环境管理、人员管理等。在同等条件下企业之间的竞争就是人才和管理的竞争,应从管理中要质量、要效益。先进的涂装工艺、涂装设备,如果缺乏科学的、严格的管理制度和措施,要想达到满意的涂装效果和最佳的经济效益是不可能的。

上述三个基本要素是相互依存、相互制约的,忽视哪一个环节的管理,都不可能达到预想的涂装效果和经济效果。

1.2 汽车涂装的安全生产与劳动防护

涂料施工操作中安全生产和劳动保护是防止发生火灾、防止发生伤亡事故、防止职业病、保护企业财产、保障职工身体健康的一个重要措施。就涂料本身的特性来说,汽车生产厂和汽车维修企业所使用的涂料和辅料大部分属于易燃、易爆化学品。例如,溶剂型汽车涂料属于国家标准《危险货物品名表》(GB 12268—2012)中的第 3 类(共分 9 类,第 1 类为爆炸品,第 2 类为压缩气体和液化气体,第 3 类为易燃液体),即易燃液体。易燃液体具体又可细分为低闪点液体(闪点 < -18℃)、中闪点液体(闪点在 -18~23℃)及高闪点液体(闪点在 23~61℃),汽车涂料中的色母、固化剂、底漆、清漆、原子灰和部分稀释剂都属于高闪点液体,还有部分稀释剂属于中闪点液体。涂装施工过程中,挥发性有机化合物的挥发、废涂料处理不当,均会对工作环境和我们的生活环境造成影响。故在进行汽车涂装时,应严格遵守安全操作规程和进行有效的劳动防护,了解和掌握安全施工方法,避免职业病、火灾、环境污染,避免对操作者、企业乃至社会环境造成伤害。

1.2.1 一般安全措施

溶剂型涂料不仅遇明火易燃烧,当挥发的有机溶剂气体与空气混合达到一定浓度时,遇明火会发生爆炸。因此,在涂装作业场所应做好以下防火、防爆、防污染等安全措施,以避免发生安全事故,保证工作人员的健康。

(1)在涂装作业场所,配备足量、有效的消防安全设施,保证消防通道通畅。

配备足量、有效的消防安全器材:包括消防栓、烟雾传感器、温度传感器、灭火器等。灭火器可配备 B 类火灾即易燃液体火灾的液态二氧化碳灭火器、干粉灭火器(ABC 干粉灭火器或 BC 干粉灭火器)、泡沫灭火器。液态二氧化碳灭火器具有不含水分、不导电、不损害物质、不留污迹等特点,很适于扑灭电器、精密仪器、图书馆、档案馆等的火灾。使用时要小心避免人体接触,以免引起冻伤,而且使用二氧化碳灭火时,会减少火场的氧气量,所以在空气不流通的环境下使用二氧化碳灭火会影响呼吸,不适合长时间使用,使用后必须尽快离开现场。维护方面,每月需检测一次,液态二氧化碳灭火器质量减少5%时,须补充二氧化碳气体,故汽车维修企业较少配备。泡沫灭火器喷出的泡沫中含有大量水分,故不适用于电气设备火灾,而烤漆房内有动力系统和很多照明灯,如果烤漆房内发生火灾,使用时要非常小心。故汽车维修企业一般更适合于配备 ABC 干粉灭火器或 BC 干粉灭火器。灭火器放置位置需要在明显位置做标识,另外需要在灭火器上附有维护表,以记录维护信息。另外需要注意灭火器的保质期,手提式干粉灭火器(储气瓶式)保质期一般为 8 年,手提储压式干粉灭火器保质期一般为 10 年,推车式干粉灭火器(储气瓶式)保质期一般为 10 年,推车储压式干粉灭火器保质期一般为 12 年。

常见的火灾类型及选用灭火方法见表1-1。

常见的火灾类型及其选用的灭火方法 表1-1

序号	火灾类别	典型的燃料及设备	适用的灭火器材类型
1	A 类火灾 指固体物质火灾。固体物质往往具有有机物性质,一般在燃烧时产生灼热的余烬	如木材、纸张、棉纱、碎布、橡胶、塑料、可燃材料等	如黄沙、清水、泡沫灭火器、多用途干粉灭火器、卤代烷 1211 灭火器等
2	B 类火灾 指液体火灾或可熔化的固体物质火灾	如汽油、机油、润滑油、各类溶剂、油漆、石蜡等	如干粉灭火器、卤代烷 1211 灭火器、二氧化碳灭火器等
3	C 类火灾 指气体火灾	如煤气、天然气、甲烷、乙烷、丙烷、氢气等	如干粉灭火器、卤代烷 1211 灭火器、二氧化碳灭火器等
4	D 类火灾 指金属火灾	如钾、钠、镁、铝镁合金	以氯化钠、氯化钾、氯化钡、碳酸钠等为基料的干粉灭火器或各类轻金属专用的灭火剂
5	E 类火灾 带电火灾。物体带电燃烧的火灾	如空气压缩机、输漆泵、静电设备、仪器仪表电机等	如卤代烷 1211 灭火器、1301 灭火器、干粉灭火器、二氧化碳灭火器等

(2)在涂装作业场所内,严禁明火和高温作业,严禁吸烟。

(3)在涂料库房等涂料存储量大、有机挥发物浓度比较大的区域,应使用防爆电气设备,严禁使用闸刀开关;并安装排风设施,排风量要达到每小时换气 3 次,排风设施要保持常开。

(4)在涂装作业场所,应采用抗静电环氧地坪,避免静电引起火灾。

(5)调漆机、洗枪机、防爆柜等设备应采取防静电接地。

(6) 在涂装作业现场不要存放过多的涂料,用完的涂料要及时盖好盖子密封,避免过多溶剂挥发。

(7) 及时清理涂装作业现场产生的沾有易燃溶剂的物料,丢弃于专业的油渍废弃物防火垃圾桶内,防火垃圾桶由于整体采用镀锌钢板结构,内外壁均喷涂环氧树脂涂层,并采用脚踏式开关,具有良好的封闭性能,能可靠存放油渍废弃物,防止火灾的发生。

(8) 涂装作业现场及调漆间应安装排风设备以保持良好通风,并按要求进行环保处理,调漆间排风量应达到每小时换气9～12次。

(9) 已开封但未用完的涂料,要密封存放在具有消防认证的防爆柜内。

(10) 长期接触人员要定期体检,发现问题及时治疗,并按要求调离岗位。

(11) 涂装作业时,应采取废气处理措施,避免废气直接排入大气而污染环境,严禁废水直接排入下水道内。

1.2.2 劳动防护用品及其选择和使用

在进行汽车涂装施工操作时,必须根据施工内容和场地要求佩戴合适的劳动防护用品。

1. 活性炭防护口罩

活性炭防护口罩通常被称为防毒面具(图1-1),属于过滤性防护口罩,通过过滤罐中的活性炭吸收、过滤施工环境中的挥发性有机化合物、异氰酸酯挥发物、漆雾等,过滤罐外面附有的过滤棉可以过滤灰尘、漆尘等。由于异氰酸酯对眼睛、呼吸系统和皮肤有刺激作用,吸入异氰酸酯固化剂会引起呼吸道过敏,症状类似哮喘,包括喘息和呼吸困难,长期吸入会对身体造成损害,而活性炭吸附过滤异氰酸酯作用较小,故长期喷涂使用异氰酸酯固化剂的双组分油漆,建议使用供气式防护面具。

图1-1 活性炭防护口罩

在选用活性炭防护口罩时,型号大小应与使用者脸型相适应,并保证与面部贴合紧密,可以用正、负压测试的方法测试气密性。先将过滤罐用手捂住并吸气,气密性合格时,应没有空气进入,口罩贴向面部;再将进气口用手堵住并呼气,气密性合格时,口罩应略鼓起,并且不会有空气溢出。

活性炭防护口罩依靠过滤罐中的活性炭吸收过滤有害气体,而活性炭吸收有害物质的效力是有限的,如果吸收饱和了,那么过滤罐就会让有害的气体通过,过滤罐从新的开始至饱和之间的时间称为"吸附转效时间"。在使用防毒面具时最重要的是,要在吸附转效时间结束以前更换其过滤罐。此外,由于活性炭会受到湿气的作用,所以要注意,一旦过滤罐打开了,活性炭的吸收能力就开始下降,在存放时,一定注意密封存放,以延长使用寿命。

2. 供气式防护面罩

供气式防护面罩是目前防护较好的防护面罩,分为全面式供气面罩(图1-2)和半面式供气口罩(图1-3)两种,通过连接压缩空气气管,将经过过滤的压缩空气通入面罩,并保证面罩内保持一定的正压状态,以供施工者呼吸。供气式防护面罩能有隔绝周围的污染空气,适合所有喷涂涂料场合使用,对喷涂含有异氰酸酯固化剂的双组分油漆尤为适用。

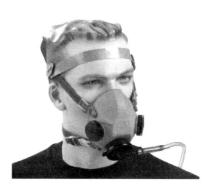

图1-2 全面式供气面罩　　　　　　图1-3 半面式供气口罩

3. 防尘口罩

人在呼吸时,颗粒物的直径越小,进入呼吸道的部位越深。粒径超过10μm的颗粒物可被鼻毛吸留,也可通过咳嗽排出人体。而粒径在10μm以下的颗粒物(通常称为PM10,又称为可吸入颗粒物或可吸入飘尘)就可以被直接吸入上呼吸道中,对人体健康造成影响;粒径小于5μm的颗粒物可进入呼吸道的深部;而粒径小于2.5μm的颗粒物(通常称为PM2.5,重金属如铅,镉,硫酸盐,多环芳烃等含量较高),在空气中停留时间长,飘散的范围广,而且能直接被吸入到细支气管及肺泡,这就是大家关注PM2.5的原因。可吸入颗粒物被吸入人体后,会累积在呼吸系统中引发许多疾病。粗颗粒物可侵害呼吸系统,诱发哮喘;细颗粒物可能引发心脏病、肺病、呼吸道疾病,降低肺功能等;不同防尘口罩能隔滤的最小微粒直径及隔阻成功率不同,有些防尘口罩隔滤微粒最小粒径可至0.3μm,隔阻成功率可达95%;而纱布口罩对危害人体最大的粒径5μm以下的粉尘,阻尘效率只有10%左右,所以不能用纱布口罩代替防尘口罩。

4. 防护眼镜

防护眼镜又称劳保眼镜,分为安全眼镜和防护面罩两大类,作用主要是保护眼睛和面部免受紫外线、红外线和微波等电磁波的辐射,粉尘、烟尘、金属和砂石碎屑以及化学溶液溅射的损伤。使用的场合不同所需要的防护眼镜也不同。在汽车涂装过程中,使用防护眼镜主要是为了防止打磨除漆时颗粒飞入眼睛,防止使用油漆时(如调配、油漆、除油)油漆溅入眼睛,防止喷漆时漆雾、漆尘进入眼睛。

5. 化学防护手套

一般称为抗溶剂手套,有丁基橡胶手套、丁腈橡胶手套和氯丁二烯橡胶手套三种类型,具有中等抗溶剂、化学品性能,一般适用于除油、清洗喷枪时使用。

6. 乳胶手套

一般为聚氯乙烯手套,抗溶剂性能较弱,所以不适合长时间直接接触溶剂,涂装作业中一般用于调色、喷涂、抛光等内容。

7. 普通棉手套

该手套对溶剂没有耐受能力,溶剂可渗透至手部,故不能用于接触到溶剂的施工操作,涂装操作中一般用于搬运工件、干磨等作业内容,但普通棉手套有一定耐磨性故可保护双手以免受到损害。

8. 喷漆工作服

为了保证喷漆时产生的大量漆雾和挥发溶剂不会穿透工作服从而刺激皮肤或者进入身体,喷漆时需穿专用喷漆工作服,以防止溶剂、漆雾渗透,同时不会产生静电,不会吸附灰尘、漆尘,也不会脱落纤维。

9. 安全工作鞋

根据工作需要有多种类型安全工作鞋,汽车喷涂作业应选择如图 1-4 所示的安全工作鞋,其主要作用如下:

(1)防止被坚硬、下坠的物件砸伤脚面。
(2)防止被尖锐的物件刺穿鞋底或鞋身。
(3)防滑、防摔倒。
(4)防止接触化学品。
(5)防静电。

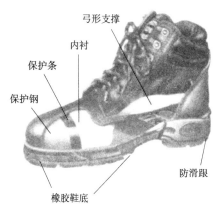

图 1-4 安全工作鞋

在涂料生产车间、仓库等大量存储、使用涂料的场所会有防静电的要求,防静电安全鞋使用场所的地面需要是防静电地面(例如使用防静电环氧地坪),防静电安全鞋的电阻为 $10^7 \sim 10^9 \Omega$,从而能够消除人体静电积聚,避免造成火灾或者爆炸的风险。防静电安全鞋在穿着时不需同时穿着绝缘的毛料厚袜及绝缘的鞋垫。另外,防静电安全鞋禁止当作绝缘鞋使用,这是因为防静电和绝缘是两个相反的概念,防静电是需要把人体积聚的静电通过防静电安全鞋的导电性释放,而绝缘是需要人体与导体隔绝。绝缘鞋的作用就是把人体与大地隔离开,所以绝缘鞋的电阻要能达到 $10^{11}\Omega$。

图 1-5 洗手膏

10. 耳塞或耳罩

涂装作业中在使用打磨机打磨、吹尘枪除尘、烤漆房内喷漆时,噪声均较大,这些噪声会在一定程度上损害人的听力。通常,我们在噪声级 70dB 的环境中,谈话就感到困难。根据国际标准化组织(ISO)的调查,在噪声级 85dB 和 90dB 的环境中工作 30 年,耳聋的可能性分别为 8% 和 18%。很多烤漆房在工作状态下的噪声是 80dB,加上喷枪喷漆的声音,噪声可达 85~90dB,故佩戴耳塞或耳罩是一个必要的防护措施。

在操作中如果不慎皮肤上沾染了涂料,不要用布沾溶剂、稀释剂擦拭皮肤,因为这样会导致更多溶剂接触皮肤,并经皮肤表面的毛孔及汗腺进入体内,对身体造成危害。正确的方法是使用专门用于清洗皮肤上沾染涂料的洗手膏(图 1-5)进行清洗,这样才能有效地减少对身体的伤害。

如果不慎有涂料进入眼睛,一定不能用手揉,须马上使用专用洗眼器

（图1-6）冲洗15min，然后到医院再进行进一步的检查治疗。

如果不慎有大量涂料溅洒到身体上，须立即使用紧急喷淋装置（图1-7）进行冲淋，以快速冲掉身体上的涂料，已经沾染到皮肤上的，用洗手膏清洗掉。需要特别注意的是，由于此时冲淋下来的水带有涂料，不能直接排入市政污水管道，所以紧急喷淋装置不能连接市政污水管道的排水管，冲淋下来带有涂料的水只能收集后作为危险废弃物处理。

图1-6　洗眼器　　　　　　　　　图1-7　紧急喷淋装置

为预防这些意外情况的发生，减少对操作者的危害，涂装操作场所必须安装专用洗眼器和紧急喷淋装置，并放置洗手膏等必要物品。同时操作者要按照相关技术要求，在不同的操作作业时使用有效的劳动防护用品，提高劳动安全意识，有效降低涂装作业对人员和环境的影响。

1.2.3　化学品分类及标记全球协调制度介绍

由于对危险品的定义和危险品的分类等方面存在差异，造成同一个产品在不同的国家有不同的危险分类和化学品安全数据表，一种化学品在一个国家被认为是易燃品，而另一个国家则认为不是易燃品，或者在一个国家被认为是腐蚀品，而在另一个国家被认为是其他类别的化学品。因此，联合国出版了指导各国控制化学品危害和保护人类与环境的规范性文件即全球"化学品分类及标记全球协调制度"（Globally Harmonized System of Classification and Labeling of Chemicals，GHS）。这个制度的建立在于提供一种都能理解的国际系统来表述化学品的危害，提高对人类和环境的保护，为尚未制定相关系统的国家提供一种公认的系统框架，同时可以减少对化学品的测试和评估，并且有利于化学品的国际贸易。目前GHS已成为各国统一科学地处置化学品的指导性文本。

GHS的主要技术要素包括：按照物质和混合物对健康、环境的危害和物理危险，建立分类物质和混合物的协调的分类准则；协调统一的危险信息表述要素，包括对标签和安全说明书（Safety Data Sheet，SDS）的要求。

SDS 的主要内容包括:提供物质或混合物的危害分类,并告知使用人员应当如何安全使用、储存该物质,如果发生意外需要如何进行应对,以及如何预防危险情况的发生等。它的主要目的是帮助使用物质或混合物的人员能更好地控制风险。欧盟及国际标准化组织(ISO)11014(化学品安全资料表)均采用 SDS 术语,在美国、加拿大、澳洲以及亚洲的许多国家,SDS 也被称作 MSDS(MaterialSafety Data Sheet)。两者所起的作用完全一致,仅在包含的内容上有一些细微的差别。另外,汽车涂料产品往往还有产品技术说明书(简称 TDS 或 PDS),它是对产品的应用方式进行说明,以便于使用者使用,TDS 或 PDS 和 SDS 有着本质的差异。

每一种化学品都应该有一份对应的 SDS,包含的信息是与其组成有关的非机密信息。对于汽车涂料的使用企业、使用人员、运输企业来说,SDS 是使用产品的一份非常重要的文件,必须在车间、调漆间等使用场所常备。运输汽车涂料时,运输企业需具有道路危险货物运输资质,并应将化学品 SDS 配置在运输车辆上。我国国家质量监督检验检疫总局和国家标准化管理委员会也曾在 2008 年 06 月 18 日发布,于 2009 年 2 月 1 日实施的《化学品安全技术说明书内容和项目顺序》中对化学品安全技术说明书的相关内容进行规定,要求一份合规的 SDS 必须提供相关的化学品信息,且对每部分的标题、编号和前后顺序进行了要求。

本章小结

本章主要内容包括汽车涂装的发展史简介,汽车涂装的定义及作用,汽车涂装的分类及特点,汽车涂装的基本要素,安全防护知识等内容。

下列的总体概要覆盖了本章的主要学习内容,可以利用以下线索对所学内容进行一次简要的回顾,以便归纳、总结和关联相应的知识点。

(1)汽车涂装的发展史简介。介绍了汽车涂装不同时期的发展情况及我国汽车涂装发展现状等。

(2)汽车涂装的定义及作用。介绍了汽车涂装的定义及四个作用等。

(3)汽车涂装的分类及特点。主要介绍了汽车涂装分类的方法,汽车涂装的四个特点等。

(4)汽车涂装的基本要素。主要介绍了汽车涂装的三个基本要素及三者之间的关系。

(5)安全防护知识。主要介绍了汽车涂装的一般安全措施,安全防护用品选用等。

自测题

一、单项选择题(在每小题的备选答案中,选出一个正确答案,并将其序号填在括号内)

1. 1986 年,水性汽车漆被发明,并在汽车制造厂首先投入使用,(　　)年开始在汽车修补漆市场投入使用。

　　A. 1988　　　　　B. 1990　　　　　C. 1992　　　　　D. 1994

2. 粒径小于(　　)的颗粒物,在空气中停留时间长,飘散的范围广,而且能直接被吸入到细支气管及肺泡。

A. 0.1μm B. 1.0μm C. 2.5μm D. 5μm

3. 我国首个明确规定汽车涂料中重金属、限用溶剂、VOC 含量的国家标准《汽车涂料中有害物质限量》(GB 24409—2009)已于 2009 年 9 月 30 日发布,并于 2010 年(　　)月 1 日开始正式实施,这标志着我国对于汽车高温漆及汽车修补漆的有害物质开始提出了明确的限量要求。

A. 1 B. 3 C. 5 D. 6

二、判断题(正确打√,错误打×)

1. 汽车涂装是指对轿车、大客车、载货车等各类车辆的车身及零部件的涂漆装饰,但不包括对摩托车、部分农机产品的涂装。（　　）
2. 按涂装对象不同,汽车涂装大体可以分为汽车制造涂装和汽车修补涂装。（　　）
3. 如果烤漆房内发生火灾,更适合用泡沫灭火器灭火。（　　）
4. 在喷漆房内进行短时间喷漆作业时,可以不穿喷漆工作服。（　　）

三、简答题

1. 简述汽车涂装的作用。
2. 简述汽车涂装的特点。
3. 简述汽车涂装的基本要素。
4. 简述喷漆时应佩戴的防护用品。

第 2 章 涂装材料

导言

本章主要介绍涂料的组成、干燥和成膜机理,涂料的命名要求,汽车修补常用涂料的性能,溶剂的种类、功用和使用时的注意事项以及常用添加剂。

学习目标

1. 认知目标
(1) 了解汽车修补常用涂料的性能。
(2) 掌握涂料的组成成分。
(3) 掌握涂料的干燥和成膜机理。
(4) 了解树脂的分类和汽车常用树脂。
(5) 了解颜料的相关知识。
(6) 了解涂料的种类和使用注意事项。
2. 技能目标
(1) 能够初步建立对涂装材料的认识。
(2) 能够形成基本的汽车修补用涂装材料认识。
3. 情感目标
(1) 初步养成自觉遵守国家标准的习惯。
(2) 培养一丝不苟、严肃认真的工作作风。
(3) 增强思维能力,提高学习兴趣。

2.1 涂料的组成

2.1.1 涂料及其要求

所谓涂料,是指涂布于物体的表面能够形成具有保护、装饰或其他特殊性能的固态保护膜的一类液体或固体材料的总称。

以前,人们大多以植物油脂为主要原料制漆,故有"油漆"之称。随着科学技术的不断发展,石油化学工业为制漆提供了各种人工合成树脂原料,丰富了漆的品种,提高了漆的质量,扩大了漆的使用范围,使"油漆"产品的面貌发生了很大的变化,"油漆"一词已经不能恰当地表示其真正的面目。从它们的功效来讲,用"涂料"一词来表示更为合适,因此现在已经正式采用涂料这个名词了。但在具体的涂料产品品种名称中,仍可以用"漆"字来表示涂料,例如:醇酸磁漆、硝基清漆、丙烯酸漆等。

汽车用涂装材料一般指的是涂装和修补汽车、摩托车和其他机动车及其零部件所用的涂料及其辅助材料(如涂前表面处理材料和涂后处理材料等)。由于汽车工业对涂装材料的性能(包括内在的质量和对施工工艺的适应性等)的要求很高,需要的品种多而且量很大,因而早已成为一种专用的涂料。在汽车工业发达的国家中,汽车涂料在工业用涂料的发展中处于领导地位,一般占涂料总产量的 15%~20%。为适应汽车涂层的高装饰性及防腐蚀性能和现代化涂装工艺的要求,近 40 年来汽车涂料更有了长足的发展,开发了不少涂料的新品种,实现了多次的更新换代。

1. 汽车涂料的通用要求

根据汽车的使用条件和汽车涂装的特点,要求汽车用涂料要满足以下的要求:

(1)极好的耐候性和耐腐蚀性,要求适用于各种气候条件,涂层的使用寿命接近汽车的使用寿命(至少 5~10 年),要求在苛刻的使用条件如强烈日照、风雨侵蚀、风沙等情况下保光、保色性好,不开裂、不脱落、不粉化、不起泡、无锈蚀现象。

(2)极好的施工性和配套性。对于汽车制造工业要求能适应高速度流水线作业,于汽车修理而言要求能适应手工喷涂的工艺要求和设备。对涂膜要求干燥迅速,能够适应"湿碰湿"的操作和烘干,要求涂层之间结合优良,不引起咬起(是指在涂装过程中出现下层涂料被其上层涂料中的溶剂重新溶解而隆起的现象,俗称咬起或咬底)、渗色、开裂等涂膜弊病。

(3)极高的装饰性。要求涂层色泽鲜艳和多种多样,要求外观丰满,鲜映性好,使人看上去舒适,这点对轿车用面层涂料尤其重要。

(4)极好的机械强度。适应汽车行驶中的振动和石击,要求涂膜坚韧、耐磨、耐迸裂性和抗划伤性能优良。

(5)要求涂膜干燥后能够耐汽油、机油和公路用沥青等的作用,在上述介质中浸泡一定的时间后不产生软化、变色、失光、溶解或产生斑痕等现象;要求能耐清洗剂、鸟或昆虫的排泄物和酸雨等的侵蚀,与这些物质接触后不流痕迹。

(6)由于车用涂料的用量大,要求货源广,价格低廉,并要求逐步实现低公害化和无公害化,便于进行"三废"处理。

2. 汽车专用涂料的要求

由于汽车涂层基本上都属于多层涂装,加之它们在汽车上的使用部位不同,所以对于汽车用涂料的某一品种来讲,并非要求都具备上述特点。汽车涂装材料根据使用的部位不同,要求也有差异,下面举例说明:

(1)汽车车身用涂料。是汽车用涂料的主要代表,所以从狭义上来讲,汽车用涂料主要系指车身用涂料。车身涂层一般由底涂层、中间涂层和面涂层三层或底涂层和面涂层两层构成,它们基本上要兼备上述车用涂料的 6 条通用要求。

(2)车轮、车架等部件用的耐腐蚀涂料。它的主要技术指标是要求耐腐蚀性能(耐盐雾、耐水性等)好,要求涂膜坚韧耐磨并具有一定的耐机油性。

(3)发动机部件用涂料。要求涂料具备低温快干性能和良好的耐热性、耐机油、汽油性能。

(4)车内装饰用涂料。系指客车、轿车等内装饰件用的涂料,主要性能指标为高装饰性、耐紫外线和不粉化。

(5)特种涂料。这类涂料主要系指包括蓄电池固定架所用的耐酸涂料;油箱内表面用的耐汽油涂料;汽车消声器、排气管等部位所用的耐热涂料;车身底盘下部表面所用的耐磨、耐冲击和防声涂料;车身焊缝用的密封涂料等。

2.1.2 涂料的组成

涂料由三大部分组成,分别为:主要成膜物质、次要成膜物质和辅助成膜物质。

主要成膜物质是油料和树脂等,是涂料的基础,常称为基料,它既可以单独成膜,也可黏结颜料等共同成膜,并牢固地黏附在被涂物表面,所以油料和树脂等主要成膜物质又称为黏结剂或固着剂。

次要成膜物质主要是颜料,它不能离开主要成膜物质而单独成膜,必须在油料或树脂的固着下形成涂膜。颜料赋予涂膜一定的遮盖能力和色彩,并增强涂膜的韧性,增加涂膜的厚度,提高涂膜的耐磨、耐热、耐化学腐蚀等性能。

辅助成膜物质主要是涂料中的溶剂、稀释剂和其他添加剂等辅助材料,这些物质也不能单独形成涂膜,但它们有助于改善涂料的性能。在形成涂膜时有一部分辅助成膜物质要挥发掉,如:溶剂、助溶剂、稀释剂等;有些最后存在于涂膜中而不挥发掉,如:催化剂、固化剂等。涂料的组成如图 2-1 所示。

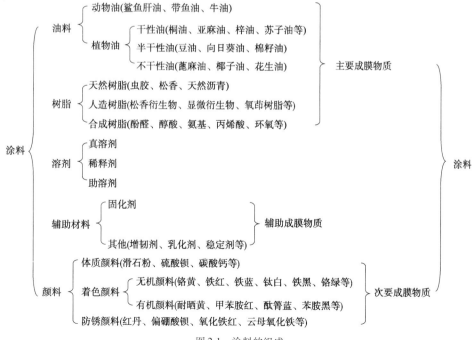

图 2-1　涂料的组成

1. 树脂

现在汽车所用的涂料中已经不含油料，完全采用树脂作为主要成膜物。

树脂是多种高分子复杂化合物相互溶和而成的混合物。它是非结晶的固体或黏稠液体，虽没有固定的熔点，又不溶于水，但在受热时会软化或熔化，多数树脂可溶于有机溶剂。熔化或溶解了的树脂能与颜料均匀地相互混合，其黏着性很强。将它涂附在物面上待溶剂挥发后能形成一层光亮、坚韧而耐久的薄膜。所以树脂是与颜料一起形成涂膜的主要物质，可以说树脂的性质决定涂料加工的品质和涂膜性能的好坏。

按其来源树脂可以分为天然树脂和人工合成树脂两大类。最初在涂料工业中使用的树脂都是天然树脂，但由于一般的天然树脂在产量和性能上都满足不了日益发展的工业生产上的需要，随着近代化学工业的发展，人们已经能够生产出各种人工合成树脂，即用天然高分子化合物加工制得的人造树脂及用化工原料合成的合成树脂。人工合成树脂无论从品种、性能、产量和用途等方面都大大超过了天然树脂，我们现在使用的各种汽车涂料除个别品种外基本上都是由人工合成树脂作为基料的。

汽车涂料中常用的树脂有以下几种：

1）沥青

沥青是一种由碳、氢、氧、硫、氮等组成的复杂化合物。性状或为黑色可塑性固体，或为黑色无定形黏稠状物质，易熔融，可溶于烃类溶剂或松节油中。

沥青具有独特的耐水、耐酸碱性能，电绝缘性能优良，涂膜光滑，所以被广泛用来炼制防锈、防腐涂料用于车辆的底盘部位。

2）硝基纤维素

硝基纤维素又称为硝酸纤维酯或硝化棉，是硝基漆的主要成分。

硝酸纤维素是将植物纤维（如棉花纤维等）经过硝酸硝化后所得到的产品。它具有良好的耐油性，在常温下能耐水、耐稀酸；但极不耐碱、不耐光、遇热易分解，且易燃、易爆。它能与多种树脂互溶，能溶于酯、酮类溶剂而不溶于醇类和苯类溶剂。

3）醇酸树脂

醇酸树脂是由多元醇（如甘油、季戊四醇等）和多元酸（如邻苯二甲酸酐、异苯二甲酸等）缩合而成。分为纯醇酸树脂和改性醇酸树脂两类。改性醇酸树脂又称聚酯树脂，是由纯醇酸树脂经植物油或其脂肪酸改性而成，具有极好的附着力、光泽、耐久性、弹性、耐候性和绝缘性等，所以在涂料中应用广泛，不但可以用来制造清漆、底漆和原子灰等，还可与其他树脂合用以相互提高性能。

4）氨基树脂

氨基树脂是由醛类与氨类缩聚而成的热固性树脂。涂料工业中常用的有两种：一种是尿素与甲醛缩聚，并以丁醇或甲醇改性而成的称为"丁醇（或甲醇）改性尿素甲醛树脂"，简称"脲醛树脂"；另一种是用三聚氰胺或取代三聚氰胺与甲醛缩聚并以丁醇或甲醇改性而成的称为"丁醇（或甲醇）改性三聚氰胺甲醛树脂"，简称"三聚氰胺树脂"。

氨基树脂具有优越的保色、坚硬、光亮、耐溶剂及耐化学品的性能，但附着力差且过分坚脆，因此要与其他树脂如醇酸树脂等合用方可充分发挥各自的优点，既改善了氨基树脂的低附着力和硬脆性有提高了醇酸树脂的硬度、耐碱性和耐油性。

5）环氧树脂

凡分子结构中含有环氧基的聚合物即称为环氧树脂。它主要是由二酚基丙烷与环氧氯丙烷在碱性介质中缩聚而成的高分子聚合物。

环氧树脂具有黏合力强、收缩性小、稳定性高、韧性好耐化学性和电绝缘性优良等优点。环氧树脂用来制造车用涂料，不但耐腐蚀方面优越，而且机械性能和弹性等都优于酚醛和醇酸树脂涂料，被广泛应用。

6）聚氨酯树脂

聚氨酯树脂是聚胺甲基酸酯树脂的简称。聚氨酯树脂是由各种含异氰酸酯的单体与羟基或其他活性物质反应所得的聚合物，其结构中含氨基甲酸酯基团。除此之外，根据所用原料和制漆成膜方式的不同，聚合物结构中还可以含有脂肪烃、芳香烃、酯基、酰胺基、脲基、缩二脲基和脲基甲酸基等。

聚氨酯树脂性能优越，广泛用于制造防腐涂料和室内装饰涂料，并能与其他多种树脂合用制成多种性能优异的改性涂料。

7）丙烯酸树脂

丙烯酸树脂是由各种丙烯酸单体聚合而成。丙烯酸树脂具有保光、保色、不泛黄、耐候、耐热、耐化学品等性能，故被用来制造各种用途的涂料。

2. 颜料

颜料是具有一定颜色的矿物质或有机物质。它一般不溶于水或其他介质（如油等），但其细微个体粉末能均匀地分散在介质中。

颜料是涂料的次要成膜物质，它不仅使涂膜呈现必要的色彩，遮盖被涂物的底层，使涂膜具有装饰性，更重要的是它能改善涂料的物理及化学性能，提高涂膜的机械强度、附着力和防腐性能。有的颜料还可以滤去紫外线等有害光波，从而增强涂膜的耐候性和保护性，延长涂膜的使用寿命。例如，在有机硅树脂涂料中使用铝粉颜料，在高温下铝粉与硅形成硅、氧、铝键，能提高涂膜的耐高温性；在涂料中加入云母氧化铁可以反射紫外线和减少透水性，因而能显著提高涂膜的防锈、耐候和抗老化等性能。

颜料的品种很多，按它们的化学成分可以划分为有机颜料和无机颜料两大类。每大类中，按其来源不同又可以分为天然颜料和合成颜料之分。在涂料工业中，根据颜料在涂料中所起的主要作用不同，可分为着色颜料、体质颜料和防锈颜料三类。

1）着色颜料

着色颜料在涂料中的主要作用是赋予涂料各种不同的颜色，提高涂料的遮盖性能，满足涂料的装饰性和其他特殊的要求。

2）体质颜料

体质颜料又称为填料或填充料。涂料中凡折光率较低的白色或无色的细微固体粒子，配合其他颜料分散在有色颜料当中，用以提高颜料的体积浓度，增加涂膜的厚度和耐磨能力，几乎无着色力和遮盖力的，统称为体质颜料。

3）防锈颜料

防锈颜料是涂料中主要起防锈作用的底漆等的重要组成，多为具有化学活性的物质。

金属的腐蚀机理分为化学腐蚀和电化学腐蚀两类。金属与接触到的介质（如氧气、氯气、二氧化硫、硫化氢等干燥气体或汽油、润滑油等非电解质)直接发生化学反应而引起的腐蚀称为化学腐蚀;不纯的金属或合金与液态介质(如水溶液、潮湿的气体)或电解质(如酸碱溶液)接触时,发生电化学反应而引起的腐蚀称为电化学腐蚀。一般情况下这两种腐蚀现象往往是同时发生的,但后者更为普遍。

涂料用于防腐其主要作用是从两方面来进行的:一种是用物理隔绝的方法,即用与金属表面具有足够附着力的涂料将金属物体整体覆盖,使其不与外界介质直接发生接触,从而避免或减少金属化学腐蚀的发生;另一种方法是用化学侵蚀的方法,即用具有一定化学侵蚀作用的涂料涂布在金属表面,使其表面发生侵蚀作用而钝化,这样在与电解质接触时由于金属的钝化表面很难再发生电化学反应,从而达到防腐的目的。

防锈涂料由于起防锈作用的侧重点不同,有的偏重于物理防锈,有的偏重于化学活性防锈,因此采用的防锈颜料也不尽相同。

近年来,防锈颜料还出现了一些新的品种,如磷酸锌、磷酸铁、钼酸锌、氟化铬和磷酸铬等,分别用于防锈涂料、磷化底漆、电泳底漆、和预涂底漆中,也可与其他防锈颜料配合使用,使其具有更好的防锈效果。

3. 溶剂

凡能够溶解其他物质的物质叫做溶剂。涂料用的溶剂是一种能溶解成膜物质(油料和树脂等)的、易挥发的有机液体。在涂料干燥成膜后,溶剂全部或部分挥发而不留存在涂层中,故溶剂又称为挥发成分。

溶剂是涂料的重要组成部分,起着辅助成膜的作用。它能溶解或稀释油料或树脂,降低其黏稠度以便于施工,并改善涂料的流平性,避免涂膜过厚、过薄起皱等弊病。还能对涂料的成品在储存过程中起稳定作用,不使树脂析出或分离以及变稠、结皮等。涂料施工后,溶剂能增加涂料对物体表面的润湿性和附着力,并随着涂料的干燥而均匀地挥发减少,使被涂物面得到一个薄厚均匀、平整光滑、附着牢固的涂膜。有的溶剂本身在涂料中既是溶剂又是成膜物质,如苯乙烯在无溶剂涂料中是很好的溶剂,但又能与树脂交联成膜,提高了涂膜的丰满度,同时减少了因溶剂挥发而造成的污染。

涂料中溶剂主要有以下特性:

1)溶解力

溶解力即溶剂溶解油料或树脂的能力。溶剂的溶解力越强,被溶于其中的物质浓度越大。

溶剂的溶解力与其分子结构有关,每种物质都只能溶解在和它分子结构相类似的溶剂中。比如,松节油对松香来说是溶剂,而对硝酸纤维来说它则没有溶解能力。所以,溶剂也是相对的,甲可以溶于乙中则乙是甲的溶剂;丙可以溶于丁中则丁是丙的溶剂;但甲不能溶于丁中,则丁就不是甲的溶剂。溶剂在使用中一定要注意不可用错,如果使用错误或不当,轻则导致涂膜粗糙不光滑或影响涂膜质量,重则会导致涂料失效报废。

2)沸点和挥发率

溶剂的挥发率即溶剂的挥发速率,它能控制涂膜处于流体状态的时间长短。挥发率必须适应涂膜的形成,太快会影响流平,造成橘子皮或干喷;太慢会造成针孔、起泡、流挂、干燥时间过长等。

溶剂的沸点可以作为比较挥发速率的参考数据。溶剂可根据其沸点的高低粗略地分为

三类:

低沸点溶剂:沸点在100℃以下。

中沸点溶剂:沸点在100~150℃。

高沸点溶剂:沸点在150℃以上。

低沸点溶剂在喷涂时涂料从喷枪口到物面的过程中就能大部分挥发掉,使到达物面上的涂料的固体分和黏度都得到了必要的提高;高沸点溶剂可以用来提高涂膜的流动性,它们能使涂膜在较长时间内保持流动性;中沸点溶剂在各种场合的涂料中都能用,它们最初使涂料保持流动性,当喷涂到物面一段时间后能使涂膜较快地凝定。

根据溶剂的这一特性,汽车涂料中常将稀释剂制成快干、中性和慢干等几种。快干稀释剂用于较低的环境温度条件(15℃以下)施工和环境比较差,灰尘较多的场合;慢干稀释剂用于施工环境温度较高(35℃以上)或大面积喷涂时使用;中性稀释剂使用的场合较为广泛,大部分施工条件均可使用。

3) 闪点

闪点即指混合气体在遇火花或火焰产生爆燃的最低温度。涂料中含有大量的易燃液体,这些易燃液体会逐渐挥发。当一定空间内,挥发的易燃液体蒸汽与空气相混合形成非常危险的混合气体,此时在一定温度条件下,混合气体遇到火花或火焰会突然燃烧(爆燃)。熟知各种常用溶剂的闪点对于安全施工具有非常重要的意义。

4) 毒性和气味

某些溶剂如苯,对人体有积累性毒性,而另一些溶剂在空气中的浓度超过一定数值之后对人体也是有害的。溶剂一般都有不同程度的刺激性气味,可以刺激人的呼吸道黏膜,所以在使用溶剂时一定要注意安全和劳动保护。

很多汽车涂料在其溶剂成分中有两种或两种以上的溶剂,这些溶剂在涂料当中的作用是不同的。按其在涂料中的作用,一般将它们划分为真溶剂、助溶剂和稀释剂三类。

真溶剂是具有溶解涂料所用的有机高聚物的能力的溶剂;助溶剂又称为潜溶剂,它本身不能溶解有机高聚物,但在一定的限量内与真溶剂混合使用则具有一定程度的溶解能力,并可影响涂料的其他性能;稀释剂本身不能溶解有机高聚物,也不具备助溶作用,但在一定量内和真溶剂或助溶剂混合使用则可以起到溶解和稀释的作用。

稀释剂的价格要比前两者低很多,为降低涂料的成本,大多数涂料中都含有比真溶剂便宜的稀释剂。在施工时为了调整涂料的黏度,保证良好的喷涂雾化效果和涂膜质量,都要使用稀释剂,但稀释剂的使用量必须有一定的限度,因为溶液型涂料无论是在储存、施工和干燥过程中都必须保持溶液状态,涂料中要保持足够的溶剂存在并使涂料中最后挥发的分子是真溶剂。如果在涂料应用的任何一个阶段中稀释剂变得过多,就会使成膜聚合物沉淀析出。这时,如果涂料是清漆就会发混;如果是色漆则会使涂膜的光泽降低。

4. 辅助材料

辅助材料又称为助剂、添加剂,它虽然不是主要或次要的成膜物质,用量一般又很少,但它对改善涂料的性能,延长储存时间,扩大涂料的应用范围,改进和调节涂料施工的性能,保证涂装品质等方面都起很大的作用。

涂料的辅助材料品种很多,根据它们的功能来划分,主要品种有:催干剂、防潮剂、固化剂、紫外线吸收剂、悬浮剂、流平剂和减光剂等。这些辅助材料有些是在涂料制造时就添加到涂料当中的,如悬浮剂、紫外线吸收剂等;有些需要根据施工情况进行添加,如防潮剂、流平剂、减光剂等。

1)催干剂

催干剂是一种能加速涂层干燥的物质,多使用于醇酸树脂涂料中。催干剂能促进涂膜中树脂的氧化—聚合作用,大大缩短涂膜的干燥时间,尤其是在冬季施工中涂膜干燥很慢的情况下,加入催干剂后即使环境温度没有变化,干燥时间也会有明显的提高。

2)防潮剂

防潮剂也称化白剂、化白水,是由高沸点的酯类、酮类溶剂组成的。将它加入硝基漆等自然挥发型涂料中能防止涂膜中的溶剂挥发时产生的泛白现象。此外施工环境温度过低接近露点或空气湿度过高和喷涂用的压缩空气中含有过多的水分等,也会引起泛白。涂料中加入适量的防潮剂后,由于高沸点溶剂的增多,可减缓溶剂的挥发速度,减少水分凝结现象的发生。

3)固化剂

固化剂多为酸、胺、过氧化物等物质,与涂料中的合成树脂发生反应而使涂膜干燥固化。该类型的涂料在未加入固化剂时一般不会干燥结膜,与固化剂混合后在常温下即可发生化学反应而干燥固化,若适当加温(60~80℃)效果更好。不同树脂的涂料所使用的固化剂成分也不同,例如聚酯树脂用过氧化物作为固化剂;环氧树脂用胺类作为固化剂;丙烯酸聚胺酯类用含异氰酸酯类为固化剂等。

4)紫外线吸收剂

紫外线吸收剂对阳光中的紫外线有较高的吸收能力,添加在涂料当中可减少紫外线对涂膜的损害,防止涂膜粉化、老化和失光等。

5)悬浮剂

悬浮剂主要用来防止涂料在储存中结块。涂料中加入悬浮剂后,可使涂料稠度增加但松散易调和。

6)流平剂

流平剂能降低涂料的表面张力,防止缩孔的产生,增加涂膜的流平性能。在喷涂时,由于被涂物表面清洁不彻底,残存有油脂、腊渍等或由于压缩空气中含有未过滤的油分,会由于该部分涂膜表面张力增大而产生缩孔现象,俗称鱼眼、走珠。在发生此类故障时,在涂料中适量加入流平剂缩孔的现象会大大改善。

7)减光剂

减光剂又称哑光剂,具有降低涂膜光泽的作用。有时为了喷涂特殊部位,如塑料保险杠等,需要使涂料产生哑光效果,适量加入减光剂可以达到所需的要求。

涂料的辅助材料种类多样,品种繁多,以上介绍的仅为比较常用的一些,还有很多这里不做过多的介绍。

2.1.3 涂料的干燥方法

涂料的干燥成膜是指涂料施工后,由液态或黏稠状涂膜转变成固态的化学和物理变化过程。为了达到预期的涂装目的,除了合理地选用涂料,正确地进行表面处理和施工外,充分而适宜的干燥过程也是重要的环节。涂料施工后未经过适当的干燥既不能保证涂膜的性能又会影响以后的涂膜处理工作(比如抛光等),严重的甚至会前功尽弃。在涂料施工中,由于干燥不良经常造成涂膜的品质事故。所以,涂料的干燥是涂装施工中重要的环节。

涂料的干燥方式主要有自然干燥、加速干燥和高温烘烤干燥三种。

1. 自然干燥

自然干燥也称空气干燥,它是指涂膜可以在室温条件下干燥,其干燥条件是温度为15~20℃,相对湿度不大于80%。可自然干燥的涂料包括溶剂挥发型、氧化—聚合型和双组分型涂料等。自然干燥型涂料由于在自然环境下就可以固化,对促进涂膜固化的设备要求不高或不要求,因此广泛应用在工业涂装领域,比如桥梁、汽车修理、船舶等,还可用于不适宜高温烘烤的皮革、塑料制品的涂装上色等。

2. 加速干燥

为了缩短涂装的施工周期,加快生产速度和效率,常常在自然干燥型涂料中加入适量的催干剂以促进固化。另一种加速干燥的方法是将自然干燥型涂料在一定的温度下(50~80℃)低温烘烤。例如醇酸磁漆在常温下完全干燥需要24h,而在70~80℃时仅仅需要3~4h。适于低温烘烤加速干燥的涂料与一般自然干燥型涂料有一定的区别。由于涂料的主要成膜物质不同,有些树脂具有热塑性,即在常温下是固体性状,而加温到一定程度时会变软,恢复或部分恢复其可塑性,以这类树脂为主要成膜物的涂料要加速干燥只能用加入催干剂的方法而不能用低温烘烤。

3. 高温烘烤干燥

有许多涂料在常温下是不能干燥结膜的,一定要在比较高的温度下(120~180℃),涂料中的树脂才会在高温的作用下引起化学反应而交联固化成膜,这一类涂料称为热聚合型涂料。热聚合型涂料经烘烤干燥后的涂层在硬度、附着力、耐久性、耐腐蚀、抗氧化和保光、保色以及涂料的鲜映性等方面都要比自然干燥型和加速干燥型涂料要好得多。许多高品质、高装饰性涂层多用这种涂料。

自然干燥型和加速干燥型涂料由于干燥温度比较低,所以又称为低温涂料。在汽车修理涂装中由于车身上许多部件不耐高温的烘烤,所以通常采用低温涂料。而大型的汽车制造厂家在新车制造的自动喷涂流水线上通常使用高温烘烤型涂料。

2.1.4 涂料的成膜机理

涂料在涂布之后到干燥成膜其间要有一系列的化学和物理变化,不同的涂料其干燥成膜机理也不同。涂料的干燥成膜方式主要有溶剂挥发干燥成膜和化学反应干燥成膜两大类,其中化学反应干燥成膜又有氧化—聚合型、热聚合型和双组分型三种。

溶剂挥发干燥成膜即是依靠涂料中的溶剂自然挥发而干燥成膜。这种自然干燥的涂料在干燥成膜后树脂的分子间并没有交联,所以每层涂膜干燥后要薄一些,因此需要涂装的道数要多一些,往往需要几道甚至十几道。另外这种涂料的涂膜很容易被溶剂溶解掉,所以其耐溶剂性能要差一些。这种涂料的典型代表为硝基涂料。硝基涂料在被发明后成为天然树脂涂料的替代品一度被广泛地应用于汽车的涂装,到 20 世纪 60 年代后逐渐退出了汽车制造涂装,但在汽车修补涂装中还在继续,现在仍有部分地区和部分车辆使用。

氧化—聚合型涂料的干燥成膜是在涂料中溶剂挥发的同时,树脂靠吸收空气中的氧而氧化聚合交联。由于涂膜的分子之间有了交联,所以涂膜的性能比依靠自然挥发而干燥成膜的涂料要有一定的提高。但因为该种涂料是有限交联,而且需要很长的时间,因此这种涂料被应用于一部分底漆和中涂底漆,在出现了双组分型涂料之后很快被代替。

热聚合交联型涂料是在高温下树脂发生化学反应而紧密交联干固成膜,干燥后的涂膜为热固性,并不能被溶剂溶解,涂膜性能非常好。这种涂料在常温下不会干燥,所以适宜大规模的涂装生产和有高温烘烤设备的大型涂装流水线使用,因此被广泛应用于汽车制造涂装流水线,通常被称做"原厂漆"或"高温漆"。现在我们所见到的轿车原厂漆绝大多数是这种涂料。

双组分聚合型涂料由涂料和与之配合使用的固化剂按照一定的比例混合之后进行施工,涂膜的干燥是由涂料中的树脂和固化剂进行化学反应,分子之间产生紧密地交联而成膜。由于涂膜的分子之间有紧密的交联,所以涂膜的性能非常优越,具备与原厂漆涂层不相上下的质量,所以现在也被广泛应用。但双组分型涂料在不加入固化剂时不能干燥成膜,在加入固化剂后即引起化学反应,所以具有一定的使用时效,因此一般不用于大规模的汽车制造流水线,而广泛应用于汽车的修理涂装。双组分型涂料在加入固化剂后,常温下即可固化。但若温度过低(低于 5℃)会使化学反应缓慢甚至不反应,延长固化时间而影响涂膜的质量,所以适当的加温会促进反应的速度,加快干燥时间。双组分型涂料的加热烘烤温度一般为 60 ~ 80℃为宜,不可过高,这主要是因为一方面由于汽车修补涂装时往往是整车进行烘烤,汽车上有很多部件是不耐高温的,若温度过高会造成损坏;另一方面是因为如果在烘烤时温升过快或温度过高会引起涂膜在干燥过程中产生应力而影响涂膜的性能。

图 2-2 为几种涂膜的成膜机理示意图。

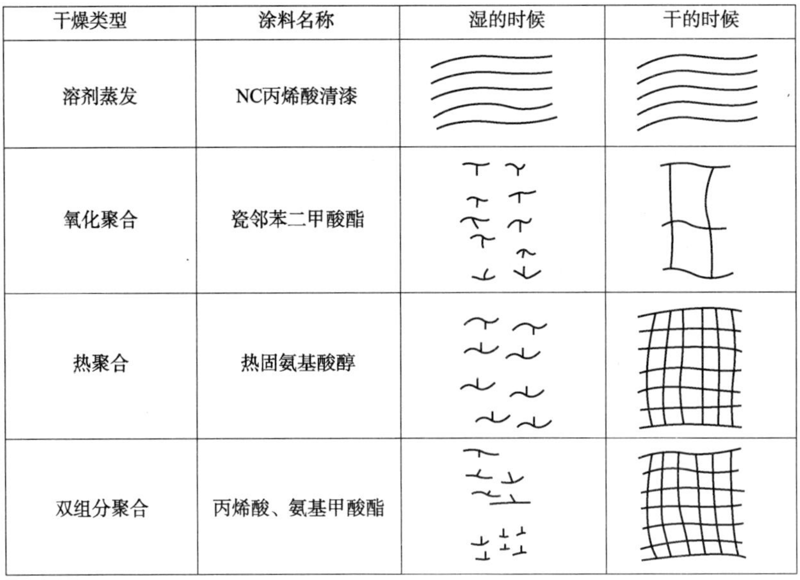

干燥类型	涂料名称	湿的时候	干的时候
溶剂蒸发	NC丙烯酸清漆		
氧化聚合	瓷邻苯二甲酸酯		
热聚合	热固氨基酸醇		
双组分聚合	丙烯酸、氨基甲酸酯		

图 2-2 涂膜的干燥

2.2 汽车修补涂装常用涂料的性能

汽车修补涂装属于专业涂装,必须按照严格的规格选择涂料品种及施工工艺才能达到保护及装饰的目的。汽车修补涂料产品品种的选择决定了产品体系的综合性能。例如20世纪70年代,比较流行的汽车修补涂装产品主要为硝基、醇酸、单组分丙烯酸;90年代,双组分丙烯酸聚氨酯成为主流;进入21世纪之后,汽车修补涂料的发展方向则是水性、高固含量等。

2.2.1 汽车修补涂料的分类

汽车涂料的种类繁多,按照其在汽车修补涂装中的功能分类,汽车修补涂料可分为底漆、中涂漆和面漆等。

色彩是汽车涂装的一个重要特点,也是面漆的重要性能。面漆系统比较复杂,按照施工方式分类,面漆可分为单工序涂装、双工序涂装和三工序涂装。双工序涂装和三工序涂装的最后一道是罩光清漆。如果按照色彩效果分类,面漆可分为纯色漆、银粉漆、珍珠漆以及特殊效果漆(如变色龙)。纯色漆可以有单工序和双工序的施工方式;银粉(铝粉)漆也可以有单工序和双工序的施工方式,但单工序银粉漆在修补涂装中被逐步淘汰;珍珠漆的涂装一般有双工序和三工序的施工方式。三工序的涂装比较复杂,修补也比较困难。

如果按照涂料的树脂种类分类,常用的汽车修补涂料有双组分聚氨酯丙烯酸涂料、醇酸涂料、硝基涂料、环氧树脂涂料等。

2.2.2 常用汽车修补涂料的性能

1. 双组分丙烯酸聚氨酯涂料

目前双组分丙烯酸聚氨酯涂料是汽车修补涂料领域用途最广泛的,几乎所有的汽车修补涂料生产商都力主推广该体系。双组分丙烯酸聚氨酯涂料由两个组分形成的,漆基是羟基聚酯树脂为基料的组分,固化剂是异氰酸酯。当两个组分分别包装时各自可以稳定存储,当两个组分以一定的比例混合时会发生化学反应而固化,化学反应的基团分别是来自于聚氨酯树脂中的羟基(-OH)以及异氰酸酯中的异氰酸基(-NCO)。如图2-3所示,方框表示聚氨酯分子,交界处的十字表示固化剂分子,该图形象地表现了"交联"反应。

无论是饱和的聚氨酯还是丙烯酸树脂,由于含有较多的羟基,可以通过人工加工来达到各种目的,因此丙烯酸聚酯树脂可以用于纯色漆、底色漆(银粉漆)、清漆及底漆中,并达到柔软性好、柔韧性强、坚硬耐久的各种涂料性能。双组

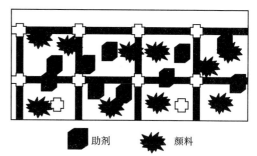

图2-3 分子结构示意图

分丙烯酸聚氨酯涂料的主要特点如表2-1所示。

双组分丙烯酸聚氨酯涂料的特点　　　　表2-1

优 点	缺 点
耐候性好。由于其结构是高分子产品经过交联反应而成的,同单组分产品比较,其分子间结构更紧密,因此其耐候性能非常好	操作复杂(双组分),使用条件要求高
光泽高,光泽保持性好	价格高
黏度低,容易施工,流平性好	
涂膜的力学性能及耐化学品性能好	

由于丙烯酸聚氨酯的以上特性,使得其在汽车涂装行业得到非常广泛的应用和发展,经严格施工控制的丙烯酸聚氨酯面漆系统一般可以提供3~5年的性能质量保证。

由于固化剂异氰酸酯气雾对人体的呼吸道有较大的影响,因此在喷涂双组分丙烯酸聚氨酯涂料时一定要严格使用安全防护用品,最好使用供气式面罩。

2. 环氧树脂涂料(简称环氧涂料)

由于其性质的特殊性,环氧树脂在涂料领域有着广泛的应用。

环氧树脂是由环氧氯丙烷和双酚A缩聚而成的,此反应非常复杂,树脂的结构不同可以得到各种目的和性能的产品以满足不同需求。环氧树脂涂料涂膜的特性如表2-2所示。

环氧树脂涂料的特性　　　　表2-2

优 点	缺 点
良好的耐化学品性(包括腐蚀性强碱)	耐候性差
极好的附着力	
良好的硬度和柔韧性	

由于环氧树脂的耐候性差,所以一般不用于面漆中。

环氧树脂可以制作成单组分的高温烤漆,通过和三聚氰胺树脂交联可得到硬度高、耐久性好、具有一定光泽的涂层。也可以制成以聚氨树脂为硬化剂的双组分产品,在常温下风干。

环氧涂料主要应用于耐腐蚀底漆,如飞机、汽车等的涂装。由于其相对分子质量小、黏度低,可以被制成高固体含量涂料,和煤焦油树脂(即沥青)作用形成较厚的涂层,用于船舶和港湾设施的涂装;也可以用于粉末涂装中,通过静电喷涂及高温烘烤形成有色涂层;还可用于水性涂料中,通过被有活性的氨基树脂乳化,通过电泳涂装用于汽车底漆等。

环氧树脂在汽车修补涂装领域主要用于底漆,一般是有耐腐蚀的底涂和具有填充性的头二道复合底漆两种形式。

3. 醇酸树脂涂料(简称醇酸涂料)

醇酸树脂是由醇和酸缩合而成的线形聚合物。醇类原材料如亚麻油、豆油、桐油、蓖麻油等,酸类原材料如邻苯二甲酸酐。醇酸树脂中油的含量以百分数来表示,低于45%称为短油,45%~60%称为中油,60%以上称为长油。长油度醇酸涂料常用于家庭装修,其特点是柔软及韧性好;中油度醇酸涂料常用于风干磁漆;短油度醇酸涂料常和三聚氰胺用于工业和汽车制造的高温烤漆中。

醇酸涂料的主要干燥机理是氧化,因此其干涂膜不被溶剂溶解。

由于醇酸树脂干燥性较差,所以一般用其他聚合物改性来提高干燥性并同时提高硬度。醇酸树脂一般可用于烤漆及风干漆中。当醇酸树脂用于风干漆中时需要添加干燥剂。

同溶剂挥发干燥型产品比较(如硝基),醇酸树脂涂料的特点如表2-3所示。

醇酸树脂涂料的特点　　　　　　　　表2-3

优　点	缺　点	优　点	缺　点
高膜厚	干燥时间长	温和的溶剂	打磨性差
光泽度高	重涂时间长	成本低	用做清漆可能黄变
流动性好	对施工环境要求高		

同双组分丙烯酸聚氨酯产品比较,醇酸涂料的干燥性、光泽、耐候性等都比较差,因此在高档汽车修补涂装行业,醇酸涂料已逐渐淡出市场,但在货车、低档小客车及客车的涂装和修补领域,醇酸涂料仍在被使用。经改性的醇酸可以使用异氰酸酯作为固化剂的双组分产品用于汽车修补涂装中。

4. 硝基树脂涂料(简称硝基涂料)

硝基树脂常被称为硝化纤维,其实它的正确命名为纤维素硝酸盐。其主要来源是棉绒纤维或针叶木浆通过硝化过程,即用硝酸处理,一些纤维中的羟基氰原子被硝基取代,得到可熔于有机溶剂的纤维素。

硝化纤维可溶解于酯、酮或醇醚中。在制造硝基涂料时一定要注意很好地平衡各种溶剂以保证良好的干燥性和流平性。各种颜料都可以用于硝化纤维中,因此硝基涂料容易制作成各种颜色各种效果的涂膜,如各种颜色的纯色漆和银粉漆等。当硝基涂料被制作成高黏度的涂料时,往往需要加入大量的溶剂才能达到施工黏度,因而降低了施工时固体含量,必须喷涂多层。硝基涂料的成膜机理是溶剂挥发,即溶剂挥发后,涂料就变干、变硬,形成干涂膜,其干涂膜可溶于溶剂。硝基树脂涂料的特点如表2-4所示。

硝基树脂涂料的特点　　　　　　　　表2-4

优　点	缺　点	优　点	缺　点
快干	喷涂时固体含量低	抛光性能好	耐候性不佳
对重涂时间要求低	使用强溶剂、低闪点溶剂		

由于其涂膜的可溶性及不甚理想的耐候性,硝基涂料正逐渐从汽车制造涂装和修补涂装领域退出。

5. 热塑性丙烯酸涂料(TPA)

热塑性丙烯酸也称风干型丙烯酸,英文名简称为TPA,是由甲基丙烯酸酯和乙基丙烯酸酯交联而成,其性能取决于交联比值。此共聚物的分子结构很大,因此制成涂料后的黏度很高,往往需要使用大量的溶剂稀释才能施工。

热塑性丙烯酸树脂可以溶解于酯、酮和芳香烃中。热塑性丙烯酸涂料的成膜机理是溶剂挥发形成干涂膜,而干涂膜是可以溶解于溶剂的。

热塑性丙烯酸涂料干涂膜在加热到160~180℃时,会发生软熔现象,即涂膜会变软,而冷却后,涂膜的光泽更高。该技术在汽车原厂涂料涂装时应用,但由于其涂装工艺是低温烘干涂膜再高温烘烤,比较烦琐,所以该技术也在被逐渐淘汰。在汽车涂装领域,一般只利用热塑性丙烯酸树脂的溶剂挥发成膜性能,不用软熔技术。但由于其喷涂时固体含量低,涂膜光泽低等缺点也逐渐被双组分丙烯酸聚氨酯技术替代。热塑性丙烯酸涂料的特点如表2-5所示。

热塑性丙烯酸涂料的特点　　　　　表2-5

优　点	缺　点	优　点	缺　点
耐久性好	喷涂固体含量低	银粉的控制性好	耐水性好
涂膜不黄变	溶剂挥发漆膜,漆膜亮度不高	非常好的抛光性	
使用方便	必须使用低闪点溶剂,不安全		

2.3　溶剂及常用辅助材料

溶剂是液态涂料不可缺少的组成之一。除在制造涂料时才用溶剂外,在涂装时为将涂料稀释到工作黏度,需要采用一定量的溶剂(俗称稀释剂)。虽然常用溶剂为二甲苯、松节油等有机溶剂单独作为涂料用溶剂,但对多种涂料来讲,一般都采用混合溶剂(水性涂料用水稀释)。

无论在制造涂料时,还是在涂装时,选择溶剂十分重要,它将会直接影响涂料的自身性能、施工性能和涂膜的质量。若在制造涂料时选择不当,还会影响涂料的储运稳定性,或造成部分漆基的析出而变质。在涂装时选择溶剂不当,会影响稀释率和施工性能,会产生白斑、白化、失光等涂膜弊病,严重的场合也会造成胶凝、分层、凝聚,产生沉渣等,致使报废。

2.3.1　常用溶剂的种类

溶剂的种类很多,按其来源、化学成分不同,可分种类如图2-4所示。

```
          ┌ 水
          │ 萜烯类:松节油、松油、樟脑油
          │ 脂肪烃:松香水、汽油、火油、石油醚
          │ 烃类(芳香烃):苯、甲苯、二甲苯、苯乙烯、重质苯
          │ 醇类:乙醇、丙醇、丁醇、甲醇
   溶剂 ──┤ 酯类:醋酸乙酯、醋酸丁酯、醋酸戊酯
          │ 酮类:丙酮、甲乙酮、环己酮、甲基异丁基酮
          │ 醇醚类:乙二醇单乙醚、乙二醇单丁醚、乙二醇单乙醚乙酯
          │ 氯化烷类:二氯甲烷、二氯乙烷、三氯乙烯、四氯化碳
          └ 硝基化烷类:硝基甲烷、硝基乙烷
```

图2-4　溶剂的种类

1. 水

水可以单独地或与醇类或醚醇类溶剂一起用作溶解水性树脂或水性颜料的溶剂。它价廉易得,无毒无味,不燃,但不能与大多数有机溶剂混溶。

2. 烃类溶剂

烃类溶剂是涂料工业用量最多的一类。

1）二甲苯

涂料工业中二甲苯用量最大。溶解力强，蒸发速度适中。既可用于常温干的涂料，也可用于烘干漆。如加入10%～20%正丁醇，溶解力有一定的增强，用于烘干漆中最广。硝基漆中用它作稀释剂。是聚苯乙烯、醇酸树脂和氯化橡胶等漆的主要溶剂，也是天然沥青和石油沥青的溶剂。

2）甲苯

甲苯是稀释剂中用量最大的一种，与各种溶剂的容纳性比其他烃类溶剂大。它不能作硝化棉的溶剂，但能溶解许多树脂，可以和干性油和其他溶剂互溶。对聚氯乙烯、虫胶等不能溶解。

3）重质苯

重质苯的溶解力、蒸发速度稍次于二甲苯，毒性也较小。除作为树脂漆溶剂外，也是煤焦沥青、石油沥青、天然沥青的良好溶剂。但它的气味较浓。

4）纯苯

纯苯有一定毒性，只在硝基涂料中作稀释剂用，但用量较少。它的用途被二甲苯所代替。

3. 醇类溶剂

1）乙醇

乙醇又称酒精。用粮食发酵或人工合成都可产生乙醇。它是一种极性很大的有机溶剂，工业酒精能溶解天然树脂如虫胶，制成虫胶清漆。也可溶解许多合成树脂如环己酮、树脂、缩丁醛树脂。与水、烃及蓖麻油能完全互溶。对一般油性涂料的溶解力很差，甚至几乎不溶。

2）丙醇

丙醇分为正丙醇和异丙醇。正丙醇是羰基合成的副产物，也可以从丙烯合成。异丙醇是从丙烯水合制成的。正丙醇其溶解性和乙醇相似，常作为二乙醇的代用品。异丙醇与水可互溶，也是乙醇的代用料，用于纤维酯的潜溶剂。

3）丁醇

丁醇分为正丁醇、仲丁醇和异丁醇。它们都可以从粮食发酵和人工合成方法生产。正丁醇可溶解许多天然树脂和合成树脂，如脲甲醛，三聚氰胺甲醛等。常用于氨基、环氧等漆中作溶剂。它与二甲苯配合用于烘漆中。正丁醇是一种有效的潜溶剂，可作为硝化棉的湿润剂，在硝基漆中有防潮作用。仲丁醇可用于硝基漆中，也是一种潜溶剂。

4. 酯类溶剂

酯类溶剂是由醇类和有机酸反应而得的产物。也可由石油气直接合成而得。它们的溶解力强，性质相似，只是沸点和蒸发速度有所不同。常用的酯类溶剂有醋酸乙酯、醋酸丁酯、醋酸戊酯等。它们能溶解硝基漆、过氯乙烯漆、丙烯酸漆、乙烯漆、聚氨酯漆等。通常它们往往互相搭配使用来增强溶解力。其中醋酸乙酯在硝基漆中用量很大，它沸点低（低于

70℃),溶解力强。石油工业发达的国家也有用甲乙酮来代替它。醋酸丁酯在硝基漆中用途较广,它挥发速度快,漆膜不会出现骤冷现象,可以防止漆膜变白现象。

2.3.2 溶剂使用注意事项

1. 溶剂要平衡

1) 溶剂的溶解力

要求溶剂对涂料中所含不挥发的成分要有很好的溶解性和互溶性,具有较强的降低涂料黏度能力。在挥发过程中,不会出现成膜物质不溶或沉淀现象。

2) 溶剂的挥发率

要求溶剂的挥发量,应随着漆膜的干燥而均匀地减少,不能忽多忽少,湿漆膜的黏度应缓慢增长,不能突然增稠,导致漆膜表面出现病态。挥发时间太快影响流平;挥发时间太慢造成针孔起泡、流挂,表干时间太长。

3) 溶剂的技术要求

要求使用溶剂色浅、透明、化学性质稳定、刺激和气味少、毒性小、价格便宜、来源充足。这些多方面的要求,往往不是一种单纯溶剂可以胜任的,因此绝大多数涂料溶剂常用两种或两种以上的溶剂配成混合溶剂来使用,尤其是挥发性涂料是这样。在施工中,既要考虑成本,也要考虑施工的时间。通常来说,挥发快的溶剂的价格较同类挥发性慢的溶剂便宜。溶剂挥发快,漆膜干燥快,施工时间缩短。但是在高分子量热塑性高聚物挥发性漆如丙烯酸漆,在喷涂时使用过量挥发快的溶剂,就会产生"干喷"及"拉丝"现象,导致施工困难和涂膜装饰性差。必须加入适量挥发性慢、溶解力强的溶剂才能克服这些弊病。

对一般施工的涂膜,如果有大量挥发快的溶剂挥发,会导致湿涂膜黏度突然增稠,涂膜的流平性就差了,表面会出现凸凹不平、麻点、皱纹等现象,而且使涂膜内层溶剂更难挥发,容易导致针孔等现象。所以涂料在施工时控制好溶剂挥发时间是比较重要的。

2. 涂膜流平性

涂料施工中,湿漆膜的流平性是一个很重要的问题,它直接影响到漆膜的装饰性。如果湿漆膜黏度突然变稠,流动性不良,干后漆膜会呈现橘皮、麻点、丝纹、皱纹、针孔等弊病。在边角或垂直面上湿漆膜黏度太稀或太稠,容易出现漆膜流挂现象。要解决不良流平性,可增加些挥发性慢的溶剂用量。但涂层的厚度、涂料的黏度、被涂物形状、施工温度、手工操作都会影响漆膜的流平性。

3. 涂膜发白性

在涂料施工中,由于溶剂挥发快或溶解力强的溶剂大量挥发,有时会使漆膜表面有一层白色晦暗无光薄膜,此种现象叫涂膜发白。

涂膜发白根据成因和性质,分潮湿发白和纤维发白(或树脂发白)。

潮湿发白是涂料施工中常见的一种现象,其成因是在潮湿天气下,漆膜中溶剂大量挥发,导致漆膜温度下降过低,空气中潮气、水分在涂膜表面凝结并渗透到涂膜中所致。夏季高温高湿度,最易发生"潮湿发白"现象,通常解决办法是加些挥发较慢的防潮剂进行施工。

纤维发白是由于溶剂的挥发,真溶剂、助溶剂和稀释剂的比例失调所引起的。可以增加挥发率低的真溶剂用量来解决。

4. 溶剂释放性

涂料施工后,溶剂应全部挥发光。干燥后的涂膜不应残留溶剂,不然会给涂膜带来许多弊病,如涂膜软、耐候性差、耐水性差、光泽降低等。一般涂料使用溶剂都是为了便于施工。但从溶剂释放性来说,挥发率愈低,其释放性愈差。溶解高聚物能力最强的溶剂,也是其释放性最差的溶剂。要提高涂膜的性能,这类溶剂应尽量少用。

5. 安全使用溶剂

有机溶剂大都是易燃液体,要注意掌握它们的闪点和自燃点,要妥善保管好,不能受热和高温烘烤。使用时绝对不能用明火,以防止火灾和爆炸。有毒溶剂的蒸气,对人体具有危害性。中毒的症状有急性和慢性两种,症状为头昏、眼花、唇色泛紫、皮肤干燥等。溶剂通过呼吸道或皮肤进入人体,人体有排出外来物质的机能,也可能吸收。此外,溶剂的毒性与其浓度、作用、停留时间的长短以及和每个人的适应性有关,在同一情况下,有的人反应敏感,有的人却毫无影响。所以在使用溶剂过程中,如皮肤沾上溶剂应马上揩干净,用肥皂、用水洗涤,如呼吸道干结或感觉不舒服,可多喝开水,以冲淡体内溶剂浓度并促使从尿中排出。施工场地必须有良好的通风设备,避免操作者吸进溶剂和接触溶剂,尽量少用毒性强的溶剂,做好安全防护工作。

2.3.3 常用添加剂

1. 固化剂

固化剂是一种具有催化作用的化合物。其化合物通常有胺类、脂肪酸类及有机过氧化物等,它们能与合成树脂发生化学反应而使其干结成膜。固化剂主要应用于不能自干或烘烤干结成膜的涂料中。随着涂料工业的发展,使用固化剂的涂料品种越来越多,如环氧漆、聚氨酯漆、聚酯漆、氨基漆等。

使用固化剂要注意以下事项:

(1)固化剂用量要准确,不能随意增减,须根据涂料产品说明书严格控制其配比。固化剂用量过大,涂膜干燥快,易造成施工困难,涂膜容易产生脆性或过早胶结造成报废;用量过小,涂膜干燥慢,涂膜会发软,影响使用性能。

(2)室温固化干燥的涂料(如聚氨酯漆、聚酯漆等),固化剂与涂料混合后要充分搅拌,并在室温下静置几十分钟再使用,让固化剂有充分反应的时间。

2. 催干剂

催干剂又称干料、燥液。是一种能够加速漆膜干燥的液体或固体。对于干性漆膜的吸氧、聚合作用起着类似催化剂的促进作用。有的涂料不加催干剂,约需4~5天才可干结成膜,而且干后涂膜性能不好。加入适量催干剂后,可缩短到12h之内即可干结成膜,涂膜光滑不粘手,这样有利于施工,可缩短施工时间,以防未干的漆膜受到雨露风沙的沾污和破坏。催干剂性能的优劣,取决于催干剂对油的溶解性的好坏,溶解性好的催干性其催干效力就优,反之则劣。

3. 增塑剂

和成膜物质的高聚物(树脂)混合以增加其弹性和附着力的溶液叫做增塑剂,也叫增韧剂。高聚物组成的涂料所形成的涂膜,由于其分子链段上的极性基团之间作用力,使得其涂膜柔韧性受到影响,在受力时易脆裂、收缩及剥落。为了克服涂膜的这些缺点,需要在涂料中加入适量的增塑剂。

有的增塑剂加入涂料后可以充塞于相邻大分子链段之间以增大其间距,减弱其相互作用力,从而降低涂膜脆裂或折断的趋势。有的增塑剂利用其极性基团与高聚物的极性基团相互作用,来相应地降低高聚物分子链段间的作用力。增塑剂的功效,往往同时具有上述两种效应或仅是其中之一。由于高分子链段间作用力的降低,增加了柔韧性,使涂膜的耐冲击强度、弯曲性能、延伸率、附着力、耐寒性等物理性能有所提高。但涂膜抗张强度、硬度、耐热性等性能则有所下降。

增塑剂可分为两大类:一类叫溶剂型,是一种挥发率很低的高聚物的溶剂,可以增加高聚物的弹性,并可以任何比例互溶,也叫化学增塑剂。另一类叫非溶剂,是高聚物的一种不挥发的冲淡剂,可以增加高聚物的弹性,但互溶性有一定限制,也叫软化剂。

本章小结

本章主要介绍涂料的组成、干燥和成膜机理,涂料的命名要求,汽车修补涂装常用涂料的性能,涂料的重要组成溶剂的种类、功用和使用时的注意事项以及常用添加剂的介绍。另外简要介绍了目前国内常用的进口涂料的品种和使用要求。

下列的总体概要覆盖了本章的主要学习内容,可以利用以下线索对所学内容进行一次简要的回顾,以便归纳、总结和关联相应的知识点。

(1)涂料的组成。主要介绍了汽车涂料及其要求,涂料的组成,涂料的干燥方法及涂料的成膜机理等。

(2)汽车常用修补涂装涂料的性能。主要介绍了汽车修补涂装涂料的分类,常用汽车修补涂装涂料的性能等。

(3)溶剂及常用辅助材料。主要介绍了常用溶剂的种类,溶剂使用注意事项,常用添加剂等。

自测题

一、单项选择题(在每小题的备选答案中,选出一个正确答案,并将其序号填在括号内)

1. 快干稀释剂用于较低的环境温度(　　)施工和环境比较差,灰尘较多的场合。

   A. 0℃以下　　　　B. 5℃以下　　　　C. 10℃以下　　　　D. 15℃以下

2. 慢干稀释剂用于施工环境温度较高(　　)或大面积喷涂时使用。

   A. 25℃以上　　　　B. 30℃以上　　　　C. 35℃以上　　　　D. 40℃以上

3. 双组分型涂料在加入固化剂后,常温下即可固化。但若温度低于( )会使化学反应缓慢甚至不反应,延长固化时间而影响涂膜的质量。

A. 0℃　　　　　B. 5℃　　　　　C. 10℃　　　　　D. 15℃

二、判断题(正确打√,错误打×)

1. 涂料由两大部分组成,分别为:主要成膜物质和辅助成膜物质。　　　　　( )
2. 涂料用的溶剂是一种能溶解成膜物质(油料和树脂等)的、易挥发的有机液体。在涂料干燥成膜后,溶剂全部或部分挥发而不留存在涂层中。　　　　　( )
3. 闪点即指混合气体在遇火花或火焰产生爆燃的最高温度。　　　　　( )
4. 涂料的干燥方式主要有自然干燥和高温烘烤干燥两种。　　　　　( )

三、简答题

1. 根据汽车的使用条件和汽车涂装的特点,简述汽车用涂料应满足的要求。
2. 简述汽车修补涂料的分类。
3. 简述汽车用涂料的成膜机理。
4. 简述理想的增塑剂性能要求。

第3章 颜色调配

导言

本章主要介绍色彩学基本知识,着重讲解颜色的产生必备三大要素、颜色的特性、颜色的表示方法、颜色的合成及色彩与汽车的联系;并介绍颜色调配的基本概念、调色过程中所用到的主要工具和设备,调色的基本程序,颜色基本属性在调色中的应用,色漆调配的技巧,施工条件等因素对调色的影响。

学习目标

1. 认知目标
(1)掌握影响颜色的要素。
(2)掌握颜色的属性。
(3)掌握颜色的表示方法。
(4)了解颜色的合成方法。
(5)了解汽车用色依据。
(6)了解调色的概念和目的。
(7)了解调色设备和工具的使用方法。
(8)了解色漆调配的要点和方法。
(9)掌握影响颜色调配的因素。

2. 技能目标
(1)能够正确使用调色过程中所用到的主要设备和工具。
(2)能够运用合理方法查找颜色代码及配方。
(3)能够正确对色漆进行调配。

3. 情感目标
(1)初步养成自觉遵守国家标准的习惯。
(2)培养一丝不苟、严肃认真的工作作风。
(3)增强思维能力,提高学习兴趣。

第3章 颜色调配

3.1 色彩学基本知识

3.1.1 颜色的概念

我们生活在一个多彩的世界里。白天,各种色彩争奇斗艳,并随着照射光的改变而变化无穷,但是,每当黄昏,地上无论多么鲜艳的景物都将被夜幕缓缓吞没,也就是说经过光、眼睛、神经的过程才是所看到的颜色。所以,颜色是光线刺激人的眼睛所产生的视感觉。

物体对光线有选择性地吸收、反射、透射而产生颜色。当物体吸收了太阳光中所有可见光,便呈现黑色;如果它反射了所有波长的可见光,便呈现白色;如果能全部透射太阳光,它就是无色透明体;如果只反射(透射)一部分波长的可见光,其余波长的可见光被吸收,物体则呈现反射(透射)光的颜色。我们把物体的可以根据色调、明度和彩度来描述的某个特征称为颜色。

3.1.2 影响颜色的三大要素

影响颜色的三大要素也称为视觉的三大要素,即光、物体和观察者,是我们看到和分辨出颜色必不可少的条件,缺一不可。

1. 光和光谱色

光是产生颜色的首要条件,有光才有颜色。

1)光

光就是能够在人的视觉系统上引起明亮的颜色感觉的电磁辐射。人们凭借光,才能看到物体的颜色。

光波介入人的视觉有三种方式:直射、反射、透射,如图3-1所示。

(1)直射:是指光源直接进入视觉器官,直射光在传播过程中不受外界干扰,保持光源本色。直射光如日光、灯光等。

(2)反射:是指光源发出的光波投射到物体表面后,一部分被物体吸收,另一部分被反射,进入视觉器官的色光就是被反射的光波。反射光如物体色、颜料色等。

(3)透射:是指光源完全穿透物体后进入视觉器官。透射光如有色玻璃、琉璃器的色彩等。

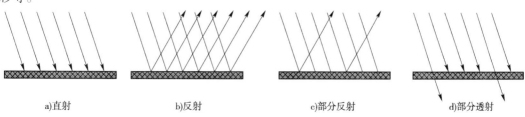

图3-1 光波介入人的视觉的三种方式

2)可见光

从物理学意义上讲,光是在一定波长范围内的一种电磁辐射,它们有着各自不同的波长和振幅。电磁辐射的波长范围很大,从最短的宇宙线($10^{-14} \sim 10^{-15}$m)到最长的交流电(数千km)中,只有一个很窄的波段(380~780nm)能够作用于我们的眼睛并引起视觉,通常叫做可见光,在可见光波范围外还存在着看不见的红外线和紫外线。

太阳光谱由红外线、紫外线和可见光三部分组成,合称光辐射。可见光中紫光的能量最大,红光的能量最小,其他色光的能量按频率高低介于二色之间。

3)光谱色

一束白光通过三棱镜后会发生色散,形成由红、橙、黄、绿、蓝、紫各色组成的光带。形成的按一定次序排列的彩色光带叫做光谱,太阳光形成的光谱叫太阳光谱。

色散光谱中,每一种颜色只有一种波长,这种只含有一种波长而不能再分解的光称为单色光,也叫作光谱色,光谱色由红到紫逐渐变化分级极细,一色与一色之间人眼无法细辨,形成连续光谱。光谱色是单色光,是不能再被分解的色光。单色光以不同的比例混合,就形成千千万万种色光。

由两种以上的单色光混合成的色光叫复色光,白光就是典型的复色光。

如果用狭缝来代替小孔,可以得到同样清晰但是明亮得多的干涉图样。而不同的单色光,在同一实验条件下得到的条纹间的间隔是不同的。红光的条纹间隔最大,紫光的条纹间隔最小。大量的研究告诉我们条纹间隔与光波的波长成正比,所以不同色的光其波长也不同,各色光在真空中的波长和频率的范围,如表3-1所示。

光的波长和频率 表3-1

单 色 光	波长(nm)	代表波长(nm)	频率($\times 10^{14}$Hz)
红	770~620	700	3.9~4.8
橙	620~600	620	4.8~5.0
黄	600~580	580	5.0~5.2
绿	580~490	550	5.2~6.1
青	490~460	470	6.1~6.5
蓝	460~430	450	6.5~7.0
紫	430~360	420	7.0~8.3

我们看到的颜色和波长的关系并不是完全固定的,因为这些颜色受到光强度的影响,随着光强度而变化。总规律是这样的光谱上除了三点即572nm(黄)、503nm(绿)和478nm(蓝)是不变的颜色之外,其他颜色在光强度增加时,都略向红或蓝色变化。

4)色与光的关系

光是人们感觉所有物体形态和颜色的唯一物质。色是由物体的化学结构所决定的一种光学特性,是光作用于人眼引起除形象以外的视觉特性。

在没有光线的暗室中,人们什么都不能看见。而所有本身不发光的物体,只有在光线的作用下才能呈现颜色。所以,一切色彩都离不开光。不同的光作用在物体表面后会发生不同的反映,从而形成不同的色彩。光作用在透明物体上,除部分光线被反射、吸收外,相当部分的光线能透过物体,物体的颜色由透过的光谱成分决定。光作用在不透明物体上时,物体的颜色则由反射的光谱成分来决定。

可见,颜色是光作用于物体后的结果,没有光就没有色彩。色与光两者的关系可概括为"光是色之母,色随光而变"。

但颜色并不是一个单纯的物理量。光线作用于物体后还必须通过一系列的生理活动和心理反应后才能使大脑产生颜色的感觉。所以,颜色在物理学上是可见光的特征,在生理上是可见光对视觉的不同刺激,而在心理学上是可见光刺激大脑的反映。

2. 视觉与颜色

盲人是无法感知颜色的!视觉特性是影响颜色的第二个因素。

光是产生颜色感觉的物理基础,眼睛的视觉特性是产生颜色感觉的生理基础。

颜色作用与人的眼睛刺激视神经引起兴奋,传至中枢神经而产生颜色感觉,引起生理和心理状态出现不同的色知觉。

1) 眼睛

眼睛是人们观察世界的窗口,从物体射进眼睛里的光线在视网膜上形成倒立、缩小的实像,刺激分布在视网膜上的感光细胞,通过视神经传给大脑,于是我们就看见了形形色色的物体。视网膜是透明的薄膜,最外面一层有锥体细胞和杆体细胞。

锥体细胞和杆体细胞执行着不同的视觉功能,在光亮条件下,锥体细胞能够分辨颜色和物体的细节。视网膜一定区域的锥体细胞数量决定视觉的敏锐程度。杆体细胞只在较暗条件下起作用,适宜于微光视觉,但不能分辨颜色与细节。锥体细胞退化或机能丧失的日盲症患者的视网膜中央部位是全盲的,同时也是全色盲。夜盲症患者是由于杆体细胞内缺少感光化学质物(视紫红质),在黑暗条件下视觉便发生困难。

从事颜色工作的人员不能长时间在光源下工作,以防视觉疲劳而不能正常辨色。

2) 颜色视觉

在牛顿做过色散试验之后,英国的扬格从医学的观点出发,提出"以人的视神经种类来说,不可能有那么多种,只有感红、感绿、感蓝的三种基本视神经"并由此来合成多种色感。

该学说认为,在人类的视网膜上存在着三种视神经纤维,即感红(R)、感绿(G)、感蓝(B)的视觉细胞,就是锥体细胞,每种视觉细胞的兴奋都引起原色的感觉。光作用于视网膜上,虽然能同时引起三种视觉细胞的兴奋,但由于光的波长特性,其中一种视觉细胞的兴奋最强烈,所以只有一种颜色感觉。例如:光谱长波段的光同时刺激红、绿、蓝三种视觉细胞,但红视觉细胞的兴奋最强烈,而有红色感觉,中间波段的光能引起"绿"视觉细胞最强烈的兴奋,而有绿色的感觉,短波段的光能引起蓝色感觉。光刺激同时引起三种感色细胞兴奋时,就产生白色感觉。当发生某一颜色感觉时,三种细胞同时兴奋,其中一种视觉细胞兴奋的最强烈,另外两种视觉细胞的兴奋都弱,所以每种颜色都含有白光成分,即有明度感觉。

1806年赫尔姆霍兹补充扬格的学说,认为光谱的不同部分能引起三种视觉细胞不同比例的兴奋,在颜色混合中,混合色是三种视觉细胞被特定的比例同时兴奋的结果。这就对眼睛能看到红、绿、蓝以外的单色光更容易解释了。赫尔姆霍兹学说如图3-2所示。图中横坐标表示光谱色,纵坐标表示视觉细胞的兴奋程度,三条曲线分别表示光谱色使红、绿、蓝三种视觉细胞兴奋的水平。从该图的三条曲线可知,眼睛所看到的任何一种颜色,都是光引起三

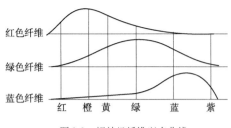

图 3-2 视神经纤维兴奋曲线

种视觉细胞一定程度的兴奋合成的。这个学说就是现在普遍用来解释颜色视觉的三原色视觉学说,也叫杨格—赫尔姆霍兹学说。

3)色觉缺陷

颜色视觉正常的人,可以用红、绿、蓝三原色光混合匹配出光谱上的各种颜色,具有三色视觉称为三色觉者,能够分辨各种颜色。

一个具有正常色彩知觉能力的人在感受可见光谱时将其看成一系列连续的颜色,其顺序为:暗红、亮红、橙色、黄、亮、绿、绿蓝和暗紫。光谱的最明亮部分位于 540~570nm(黄—绿)之间,从该部分的两侧向外明度逐渐降低,直至光谱的两端。肉眼所感觉到的明度变化与其发光功能吻合,该功能在 555nm 时一般可达到峰值。由于正常的观察者在知觉过程中可感受三色,因而它能够分辨明与暗;黄与绿、红与蓝以及黄绿和蓝绿、绿蓝和红蓝。

有的人虽然能用三原色匹配出光谱的各种颜色,但匹配的结果与视觉正常的人不同,他们对某些颜色的辨别能力较差。这种人叫做异常三色觉者或称为色弱。

有少数人出生后就不能辨别某些颜色或甚至所有的颜色,这种人称为先天性色盲,患病率为:男性 4%~5%,女性 0.16%。

有少数人由于视觉系统的疾病,而使颜色辨别能力减退,这种人称为后天性色盲。

如果能用两种颜色匹配出各种光谱色的人称为二色觉者,比如红—绿色盲、黄—蓝色盲。

还有一种人用任何一种颜色,通过改变这一颜色的明度,可以匹配出各种光谱色,这种人只有明度感觉而无颜色感觉,叫做全色盲。

尽管人的肉眼的功能相同,但并不是所有人都以同样方式知觉色彩,对色彩的知觉因人而异,其中涉及眼睛、神经和大脑之间的相互作用。由于实际知觉是在视觉范围内发生,因此人们对色彩的印象各不相同且带有主观性。

3. 物体的颜色

真空是没有颜色的!颜色只能通过物体表现出来!物体是产生颜色的第三个因素。

物体可以分为两大类:一类物体本身是光能的来源即发光体,另一类物体在一般状态下不发生光能,只是在一定程度上吸收和反射来自发光体的光线。日常所见到的物体大部分都是非发光体。

物体的颜色一般是指非发光体的颜色其颜色只有在光照射下才能显现出来,没有光即看不到物体,也看不到颜色,物体显出的颜色乃是光的颜色作用的结果。

物体显现的颜色大体可分为两种情况:一种是光在物体表面产生干涉现象而呈现颜色,如羽毛、贝壳及水面上的油花、肥皂泡等,此法产生颜色即不方便又不易控制。另一种是物体对光有选择性地吸收、反射、透射而产生颜色。当白光照射到物体表面时,有些波长的光被物体吸收了,另一些波长的光被物体反射或者通过物体发生透射,这就是物体的光学特性。

简单地说,一种物体如果它吸收了太阳光中全部单色光,它就呈现黑色;如果它反射了太阳光中全部单色光,它就呈现白色;若能全部透射太阳光,它就是无色透明体,如果只反射

（透射）一部分单色光，其余单色光被吸收，则呈现反射（透射）光的颜色。

4. 三大要素之间的相互作用

色彩是物体反射、光源和观察者三者的结合。很显然，如果这三个因素中的任何一个发生了改变，那么所产生的颜色变化也会随之改变，它们之间是相互影响的，如图3-3所示。

如果我们把一个物体由蓝色变成红色，当观察者和光源保持不动，物体的颜色将完全由所反射的波长决定。

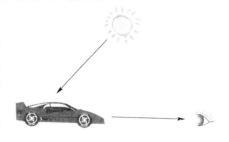

图3-3 颜色的三大要素之间的关系

当物体和观察者保持不变，而只有光源改变时，色彩也自然发生改变，这是由于所反射并感测到的是其他波长。因此，在车身修补车间，应当在"冷白"色灯光或"日光"下判断色彩。

任意两个人不可能以同种方式感受色彩，即使光源和物体保持不变，两个观察者见到的色彩也会略有不同。随着人的年龄的增长，眼睛的晶状体开始变得不那么透明，其结果有如带上了一副黄色太阳镜在感受色彩。

3.1.3 颜色的属性

颜色可分为无彩色和有彩色两大类，无彩色是指白色、黑色和各种深浅不同的灰色。它们可以排成一个系列，由白色渐渐到浅灰再到中灰，到深灰，直到黑色，叫做白黑系列，可以用一条直线表示，一端是纯白，另一端是纯黑，中间有各种过渡的灰色。

有彩色是指除黑白系列以外的各种颜色，包括可见光谱中的所有色彩及具有某种色彩倾向的灰色。

1. 有彩色三属性

尽管颜色很多，但纵观所有颜色，都有三个共同点，即每种颜色都有一定的色彩相貌，一定的明亮程度和一定的浓淡程度。我们把颜色的这三个共同点叫颜色的三属性或特性，分别叫做色调、明度和彩度。无论什么颜色，都可以用这三种特性来定性、定量的描述。颜色的这三种特性可以用仪器测定，也可以用目测比较评定，它是颜色分类和说明颜色变化规律最简练、最容易接受的一种方法。

1）色调

色调是色彩最显著的特征，表示物体是红、黄、绿、蓝、紫或中间色颜色三属性之一。是色与色之间彼此相互区分最明显的特征。

色调是颜色之间的区别，也叫色相或色别，它是一定波长单色光的颜色相貌。是指能够比较确切地表示某种颜色色别的名称。又因为许多单色光的颜色可由其他单色光混合得到，这一单色光的波长被定义为同一颜色混合光的主波长，所以色调又是主波长的同义词。色调随波长变化而变化。

色调由刺激人眼的光谱成分决定。色彩的主波长相同，色相便相同；主波长不同，色相便不同,有很大差别。例如,颜料红色的色感是 700nm 的主波长反射的结果。如在这个红色颜料中加入不同量的白、灰或黑,可得出灰艳、亮暗不同的色彩,但这些色彩仍然属于一个色调。

不同波长的光波给人的视觉感受是不一样的,将每一种色彩感受都赋予一个名称,如红、橙、黄、绿、蓝、紫,其中每一个字都代表一类色的具体色调。紫红、红、红黄等都是表明红色类中间各个特定色调。这三种红之间的差别就属于色调的差别。

2) 明度

明度(Value),也成为亮度(brightness 或 lightness)。

明度是表示一个物体反射光线多少的颜色三属性之一,是一种计量单位,它有两个含义:一是表明了物体表面相对明暗的特性,二是在同样照明条件下,以白板作为基准,对物体表面的视知觉特性给予的分度。

明度是人们看到颜色所引起视觉上明暗程度的感觉,也叫亮度,主观亮度,明暗度和光度。人眼对明暗的改变很敏感。反射光很小的变化,甚至小于 1% 的变化,人眼也能感觉出来。明度随光辐射强度的变化而变化。同一色调可以有不同的明度。比如红色就有红紫、深红、浅红、粉红等之分,即看上去有深淡之别。不同色调也有不同的明度,如在太阳光谱中,紫明度最低,红和绿明度中等,黄明度最高,人们感到黄色最亮就是这个道理。

明度一般用黑白度来表示。愈近白色,明度愈高;愈近黑色,明度愈低。因此,无论哪个色加上白色,也就提高了混合色的明度。加入白色愈多,明度愈提高;反之,加入黑色就降低了明度,黑色越多,明度越低。如加入灰色的话,那就要看灰的深浅而定了。

3) 彩度

彩度也称为纯度或饱和度,是指反射或透射光线接近光谱色的程度。

彩度是表示颜色偏离具有相同明度的灰色的程度。彩度可分为 0~20 挡,一般彩度小于 0.5 时就成为无彩色,彩度接近 20 就接近饱和。彩度是颜色在心理上的纯度感觉。光谱色中,不含白光成分是纯净的。彩度还有纯度、鲜艳度和饱和度之称。可见光谱中各种单色光是最纯的颜色,为极限纯度。

彩度也指某种颜色含该色量的饱和程度,也是就颜色的色觉强弱而言的。当某一颜色浓淡达到饱和,而又无白色、灰色或黑色渗入其中时,即呈纯色(亦称正色)。若有黑、灰色渗入,即为过饱和色,若有白色渗入,即为未饱和色。

高彩度的色调加入白或黑色时,将提高或降低它的明度,同时也降低了它的彩度。

每一色调都有不同的彩度变化,标准色的彩度最高(其中红色最高,绿色低一些,其他居中),黑、白、灰的彩度最低;被定为零。

有彩色物体颜色的彩度往往与物体的表面结构有关。如果物体表面粗糙,表面反射光呈漫反射,在任何方向上都有白光的反射,在一定程度上冲淡了色彩的饱和度,将使得颜色的彩度降低。如果物体表面光滑,表面反射光单向反射,这时对着反射光观察,由于光线亮得耀眼,色彩饱和度较低,颜色彩度较低;而在其他方向观察,由于反射白光很少,色彩饱和度较高,颜色的彩度就较高。

把一些主要的颜色进行排列,可得出它们之间明度和彩度的变化如表 3-2 所示(数字大者为高)。

主要色调的明度、彩度变化　　表3-2

色调	红	橙	黄	黄绿	绿	青绿	青	青紫	紫	紫红
明度	4	6	8	7	5	5	4	3	4	4
彩度	14	12	12	10	8	6	8	12	12	12

由表3-2可以看出：红色彩度最高，青绿色彩度最低；黄色明度最高，而青紫色明度最低。

2. 无彩色的特性

有彩色具有色调，明度和彩度变化，每一颜色都可用颜色三属性来表示。无彩色只有明度变化，没有色调和彩度。

从物理学意义上来讲，无彩色不包含在可见光谱之中，因而不能称之为色彩。但从视觉心理学的角度来讲，它们具有完整的色彩性，并在色彩世界中扮演者极为重要的角色。对于光来说，无彩色的白黑变化相应于白光的亮度变化。当白光的亮度非常高时，人眼就感觉到是白色的；当光的亮度很低时，就感觉到发暗，无光时是黑色的。无彩色只有明度的差别，因为它不呈现彩色，所以就没有色调和彩度的差别。色彩学中规定无彩色从白到黑的黑白层次为明度等级，以白的明度为10，黑的明度为0，中间分成9个视觉上等差的灰色等级共11级。

3. 颜色三属性的相互关系

颜色的色调、明度及彩度都是人在观察色彩时的视觉心理量，是人们的主观颜色感觉。虽然三属性分别与主波长、光强以及光谱能量分布有关，但它们并不是光的物理属性，其表现形式与度量都取决于人类的视觉。

颜色的三个属性是相互独立的，但不能单独存在。它们之间的变化是相互联系、相互影响的。其中，色调和彩度又称为色度，对色感的描述具有重要意义。

某种颜色加白可提高其明度，加黑会降低其明度。而随着白和黑的增加，在颜色的明度改变的同时，颜色的彩度也会变化，白量和黑量越多彩度越小。

颜色的色调、明度和彩度只有在亮度适中的时候才能充分体现出来。在中等亮度下，一般人眼能够分辨的色彩总数在10000种左右。在亮度极低的场合，色彩变成了暗色，这时就很难区别色彩的色相和饱和度。如果在极亮的光照下，人眼接受的刺激的程度已达到了极限，使人产生了耀眼的感觉，这时也无法分辨色彩的一切属性。

颜色三属性可用光谱反射率曲线来表示，如图3-4所示。

曲线的峰值反射率对应的波长为色彩的主波长，主波长表示该色彩的色相，主波长不同则色相不同。在图3-4中，曲线A、B所代表的色彩的主波长分别为500nm和600nm。

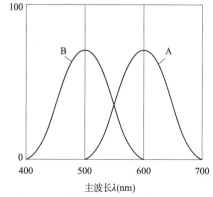

图3-4　不同色调的光谱反射率曲线

曲线的峰值反射率高低可理解为不同的明度,峰值反射率越高,明度越大。

曲线反射峰的宽窄可以理解为色彩饱和度的高低。曲线反射峰窄,表示对光谱有较高的选择性,该颜色的饱和度就高,反之则饱和度低。

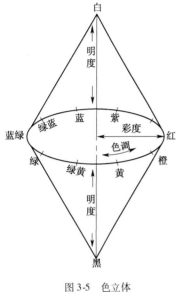

图 3-5 色立体

4. 颜色特性的表示——色立体

用一个三维空间的枣核形立体可以把颜色的三种属性(色调、明度、彩度)全部表示出来。如图 3-5 所示就是色立体。

1) 色立体的表示

在色立体中,垂直轴代表白黑系列明度的变化,顶端是白色,下端是黑色;中间是各种灰色的过渡,中间最大的圆周代表色调,圆周上的各点代表光谱上各种颜色的色调,如红、橙、黄、绿、蓝、紫等,圆心是垂直轴的中心为中灰色,中灰的明度和圆周上各色调的明度相同;从圆周向圆心过渡表示颜色彩度逐渐降低。从圆周向上下白黑方向变化也表示颜色彩度的降低;颜色色调和彩度的改变不一定伴随明度的变化。颜色在色立体同一平面上变化时,只改变色调和彩度而不改变明度;只要颜色离开圆周,它就不是彩度饱和的颜色了。

色立体是理想化了的示意模型,目的是为了使人们更容易理解颜色三属性的相互关系。在真实的颜色关系中,彩度饱和度最大的黄色并不在中等明度的地方,而是在靠近白色明度较高的地方,彩度饱和度最高的蓝色在靠近黑色明度较低的地方。因此,色立体中部的色调圆形平面应该是倾斜的,黄色部分较高,蓝色部分较低,而且该平面的圆周上的各种色调离开垂直轴的距离也不一样,某些颜色能达到更高的彩度,所以这个圆形平面并不是真正的圆形。

2) 色立体的用途

(1) 色立体相当于一本"配色词典"。帮助我们丰富"色彩词汇",开拓新的色彩研究思路。

(2) 色立体展示着色彩的分类,对比、调和等一些规律。各种色彩在色立体中是按照一定的秩序排列起来的,无论色调秩序,彩度秩序和明度秩序都组织得非常严密。

(3) 标准化的色立体色谱,只要知道某种色彩的色立体标号,就可以从色谱中迅速准确地找到。

3.1.4 颜色的表示方法

1. 孟塞尔表色法

孟塞尔表色法是美国色彩学家和美术教育家孟塞尔(A·H·Munsell)在 1905 年创立的,是用颜色立体模型表示颜色的一种方法,是目前最科学的表色体系。它是利用一个三维空间类似球体的模型,把各种颜色的三属性——色调、明度和彩度全部表示出来。在模型中的每一部位代表一个特定颜色,并给予一定的标号,如图3-6所示。孟塞尔颜色立体,是从颜色心理学的角度,根据颜色的视觉特点所制定的颜色分类和标定系统,最初使用于商品购销方面,目的是在买卖双方有一种共同的颜色语言,以后扩大到其他用色领域,目前已成为国际上广泛采用的颜色分类和标定的方法。

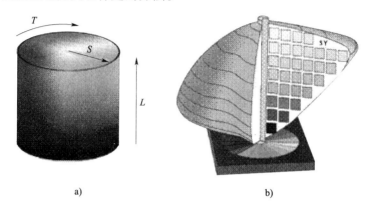

图3-6 孟塞尔色立体示意图(彩图见书后彩插页图1)

1)明度

孟塞尔颜色立体的中央轴代表无彩色白黑系列中性色的明度等级,黑色在底部白色在顶部,称为孟塞尔明度值。它把亮度因数等于102的理想白定为10,而把亮度因数等于0的理想黑色定为0。这样孟塞尔明度值分为0~10共11个在视觉上等距离的等级,每一明度等级都对应于日光下颜色样品上一定亮度因数,在孟塞尔颜色立体上,同一水平面所有颜色明度值是相等的,是该平面中心颜色的明度值。在实际应用中,由于理想的黑色和白色是不存在的,因此明度只有1~9级。

孟塞尔色立体的每一纯度色相与其等明度的中性灰色水平对应,由于各种色相的饱和色的明度不等,故在色立体上的位置高低不一,如图3-7所示。

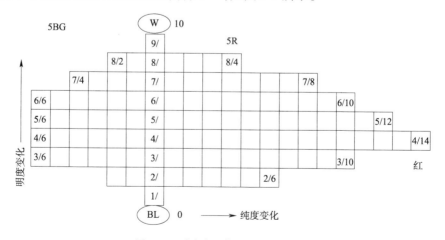

图3-7 孟塞尔色立体明度、彩度关系图

2)彩度

在孟塞尔颜色立体中某颜色离开中央轴的水平距离代表彩度的变化称为孟塞尔彩度。

彩度也分成许多视觉上相等的等级,中央轴上的彩度为0,离开中央轴愈远,彩度值愈大,在同一圆周上彩度相等,在《孟塞尔颜色图册》中一般绘出以每两个彩度等级为间隔的颜色彩度样品,各种颜色的彩度分级是不同的,个别最饱和颜色的彩度可达到20,而且在不同明度时各颜色的彩度等级也不相同。一般颜色都只有在中明度时彩度最高,随着明度的接近0或10,彩度也接近0,因此孟塞尔颜色立体模型近似纺锤形。

3) 色调

在孟塞尔颜色立体中任一水平面将圆周10等分,如图3-8所示。每格代表一种色调,这10种作为基本色调,它包括5种主要色调:红(R)、黄(Y)、绿(G)、蓝(B)、紫(P)和他们的5种间色色调黄红(YR),绿黄(GY),蓝绿(BG);蓝紫(BP)、红紫(RP)。将10个基本色调再细分,各种色调都细分为1~10这样10个色调等级,孟塞尔颜色立体共由100个色调样品,各色调群的第5号色为该色调群的代表色调。在同一直径的两端恰好是一对补色。过连接圆心和每一个等分点的半径叫做垂直面,则每一个垂直面代表一种色调。

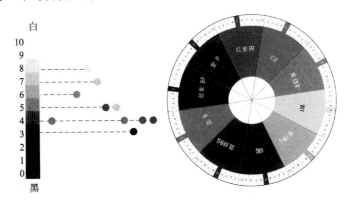

图3-8 孟塞尔色立体水平剖面图(彩图见书后彩插页图2)

4) 孟塞尔色立体色彩表示法

(1) 有彩色。在孟塞尔颜色立体中,任何一种颜色的色调、明度和彩度都可用数字和符号表示出来。表达式为:

$$HV/C$$

式中:H——色调号码;

V——明度值;

C——彩度值。

例如:一个10Y8/12颜色,读做10Y8之12,表示色调是10R,明度为8,彩度等于12的黄色、位于5Y(黄色)和5GY(绿黄)之间的一种颜色。

(2) 无彩色。对于无彩白黑系列的中性色,用下式表示:

$$N/V$$

式中:N——代表中性色;

V——代表明度值。

例如:一个N5/颜色。表示明度值等于5的灰色。对于彩度低于0.3接近中性色的微彩灰色一般按中性色来标定。

(3) 微彩灰色。对彩度低于 0.3 的中性色做出彩度标定时,一般可用下式:
$$NV/(H,C)$$
例如:一个略带黄色的浅灰色可标为 N8/(Y,0.2)。

5) 等色调面

在孟塞尔颜色立体模型上每一个垂直剖面上的色调处处相同,所以叫做等色面。图 3-9 是孟塞尔颜色模型明度等于 5 的水平剖面,之上所有颜色的明度值都等于 5,只有色调和彩度变化。

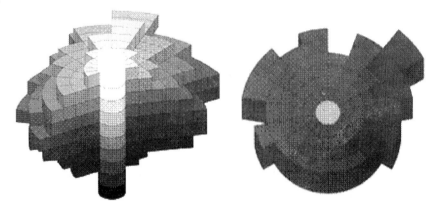

图 3-9 孟塞尔颜色立体的等色图及明度值 5 的水平剖面(彩图见书后彩插页图 3)

在孟塞尔表色法中,通过颜色立体模型的颜色分类方法,用纸片按 100 种色调做成 100 页标准颜色样品,每一页就是模型上一个垂直剖面,汇编成颜色图册,称为孟塞尔图册。

2. 奥斯瓦尔德表色法

奥斯瓦尔德(Ostwaid,1853~1932 年),是 20 世纪德国的一位拥有世界声誉的色彩学家。对染料化学做出很多贡献,是 1909 年诺贝尔化学奖获得者。1914 年创造了用 24 张色调三角形表环绕成的色立体,从物理角度创立色彩体系。他在 1921 年出版了一本《奥斯瓦尔德色彩图册》,被命名为奥斯瓦尔德色立体。以后随测色学的发展进行了一系列的修正。

奥斯瓦尔德表色法的基本假定是:同一色调的各色颜色都是由黑色(B)、白色(W)和全彩色(C)按不同比例混合的结果。

即:
$$黑量(B) + 白量(W) + 纯色量(C) = 1(总量) \tag{3-1}$$

所谓纯色是指最鲜明最饱和的色调颜色。

奥斯瓦尔德色立体如图 3-10 所示。好像是一个上下对称的陀螺,这个色立体的特点是均匀对称,便于推理和记忆。

3. $L^*a^*b^*$ 表示法

$L^*a^*b^*$ 表示法是由国际照明委员会 CIE 定义的。在颜色的三属性中,色值用 L^* 表示,色调和彩度用 a^*、b^* 表示。$+a^*$ 表达式表示给定颜色的方向;$+a^*$ 表示红色方向,$-a^*$ 表示绿色方向,$+b^*$,表示黄色方向,$-b^*$ 表示蓝色方向。在这些坐标中,数越大(越远),彩度越生动;数越小(离中心越近),彩度越模糊。颜色图中心为亮度轴,在这个轴上,颜色的值向上方向越远,颜色越亮(白);向下方向越远,颜色越暗(黑)。

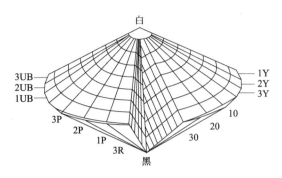

图 3-10 奥斯瓦尔德色立体

如图 3-11 中带编号的柠檬用下例数字表示颜色。

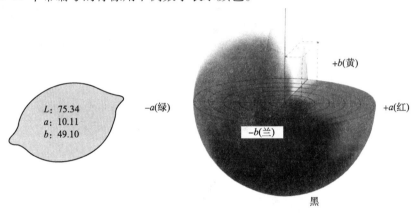

图 3-11 $L^*a^*b^*$ 色立体（彩图见书后彩插页图 4）

虽然比较两种颜色时，可以三维地表示颜色的特性，但我们可以将 L^* 坐标和 a^*b^* 坐标分开，用平面表示颜色，这种方法可以将颜色在色相、色值和彩度方面的差别更清楚地表示出来，如图 3-12 所示。这样如果 A 表示汽车的颜色，B 表示混合涂料的颜色，B 要比 A 的红颜色浅（较绿），黄颜色要深（浅蓝）。因此，B 比 A 颜色深。

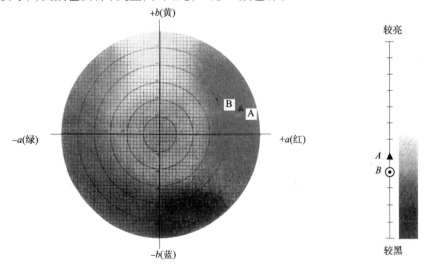

图 3-12 $L^*a^*b^*$ 色立体剖面图（彩图见书后彩插页图 5）

3.1.5 颜色的合成方法

颜色相互混合,能得到新的颜色,可以用色光相加的方法或色光相减的方法实现。用两种或两种以上的色光采取直接混合或间接混合成新的色光,这种方法叫做加色法。根据白光是复色光和色料有选择性吸收色光的光学特性,用色料从白光中减去(吸收)某些色光的量,从而得到所需要的颜色,这种方法叫减色法。加色法和减色法虽然都能调出所需要的颜色,但是这两种调色法用的手段不同,混合过程不同,得到的结果也不同。如彩色电视,彩色印刷,某些工艺美术品是加色法的应用,印刷、涂料、印刷油墨,印刷制版都是减色法的应用。

1. 色光混合

色光混合又称加色混合,是指不同的色光或色料的反射光同时或在极短的时间内刺激了视网膜,从而产生另一种新色调的混合方式。

1)色光三原色

在白光光谱中有三种色光,其中任意一种都不能由另外两种光混合而产生,除这三种色光以外的任何色光均可由这三种色光按不同比例混合得到,这三种色光就叫做色光三原色或色光三基色。国际照明委员会(CIE)在 1931 年规定用红(R)波长 700nm、绿(G)546.1nm 和蓝(B)435.8nm 的单色光作为色光三原色。

R 代表红光,为大红色调,红中具有黄味;G 代表绿光,为比较鲜嫩的绿色色调,B 代表蓝光,色调为蓝中带有紫味。

三原色原理与人眼睛彩色视觉中三原色视觉学说,是相符合的。实验证明:红、绿、蓝作为三原色产生其他颜色也方便,色域也广,是最优的三原色。

2)色光加色混合

自然界中的光有着各种各样的颜色,绝大多数是混合色光。像太阳光、白炽灯等发出的光都是复合光,由各种波长的色光混合并同时刺激人眼视网膜的三种感色细胞,在大脑中就产生了一种综合的白色感觉。也就是说,当两种或两种以上色光同时到达人眼的视网膜时,人眼视网膜的三种感色细胞分别受到等量或不等量的刺激,从而在大脑中产生一种综合的颜色感觉。

2. 色料混合

颜料或染料等物质对不同波长的可见光进行选择性吸收后会呈现出各种不同色彩,这些物质称为色料。

不同的色料混合后,吸收的光波增加而体现颜色的反射光波或透射光波被减少了,这种混合称为减色混合。

1)原理

减色法调色,一般都是在白色物体(如白纸)表面进行的。因为白色物体反射光是白光,这时只要能把分别吸收红光、绿光和蓝光的三种物质——色料按需要着在白纸表面,就可以改变着色范围内白纸的反射光成分,呈现所需要的颜色,如图 3-13 所示。

把能吸收红(R)光的色料印在白纸上,当白光照射到这种色料表面上时,红光便被吸收

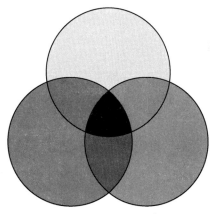

图3-13 色料混合（彩图见书后彩插页图6）

了，绿（G）光和蓝（B）光透过色料层到达白纸表面，又被白纸反射出来。这样在反射光中这种色料便减去了红光，只反射绿（G）光和蓝（B）光，所以，人们看到的是青色。同样，如果把吸收蓝光和吸收绿光的色料分别印在白纸上，就可以看到黄色和品红色。这种使白纸呈现品红（M），黄（Y）和青（C）的色料便是减色法三原色。

如果在白纸上先印上黄（Y）色，上面再叠印一层品红（M）色，当白光照到上层品红色料层时，该层便吸收了绿光，透过了红光和蓝光，透过的这两种色光抵达黄色料层时，又被吸收了蓝光，这时只有红光透射过去，又被白纸反射出来，呈现出大红颜色。

同样，如果分别将品红和青、黄和青、品红和黄和青叠印在白纸上，经过各个叠色层相应的减色后，便在白纸上分别呈现出蓝、绿和黑色。

2）色料三原色

在颜色相加的混合中，我们知道，通过红、绿、蓝三原色相加可以获得最多的混合色，他们在国际CIEl931色度图上占有较大的色域。因而，在颜色减色法混合中，最好也控制红、绿、蓝三原色，才能获得较多的混合色。在三色减法过程中应用了三个减法"原色"，他们分别是红、绿、蓝的补色，即青、品红和黄色。是用能控制（吸收）原色红、原色绿和原色蓝三种原色光的三种色料在白光下分别反射绿光和蓝光、红光和蓝光、红光和绿光而呈现出的颜色。这三种减色色料的密度分别控制透过的红、绿、蓝光的量，各减色法原色的密度大时，将分别吸收更多的红、绿、蓝成分，密度小时，则透过更多的红、绿、蓝成分。"减红"原色印在白纸上由白光照射时呈蓝绿色，称为"青色"，是控制红色用的。"减绿"原色印在白纸上是紫红色，称为品红色，是控制绿色用的。"减蓝"原色印在白纸上是黄色，是控制蓝色用的。因为品红减法原色减掉绿色，黄减法原色减掉蓝色，品红和黄重叠时只留下红色波长。黄和青减法原色重叠在一起产生绿色。青和品红减法原色重叠在一起产生蓝色。品红、黄和青三种减法原色重叠在一起产生黑色。如果三者的密度都较小时，则产生白色成灰色。在减法颜色混合中，每一减法原色都控制它所吸收的光谱波段的颜色，三者的密度变化分别控制红、绿、蓝出射光的比例，而得出各种混合色。这就达到了用红、绿、蓝三个加法原色相加混合的同样效果。

有时人们不甚了解加法原色与减法原色的区别，同时常常对减法原色给予错误的命名，把青误称为蓝色，把品红误称为红色，而使减色法原色称为红、黄、蓝。这就造成了减法原色红、黄、蓝和加法原色红、绿、蓝的混乱。两个原色相混合出来的颜色称为间色（或第二次色），如：红＋黄＝橙；红＋蓝＝紫；蓝＋黄＝绿，橙、紫、绿均为间色。两个间色混合或一个原色与一个间色混合调出的颜色称为复色或第三次色。由于混合颜色的分量不等，所出现的复色色调倾向也不尽相同。颜色比例愈接近，其色调便愈混浊，所以复色也称浊色。

可见，理想的色料三原色应该是吸收一种色光三原色而反射另外两种色光三原色。色料三原色是黄（Y）、品红（M）和青（C），其特点是调整色料三原色的比例可以混合出所有的色彩,但色料三原色不能由其他色料混合得到。因为吸收红光反射绿光和蓝光的色料呈青色,为了便于与色光三原色联系称为减红色。同样品红称为减绿色,黄色称为减蓝色。

理想的色料三原色实际上是不存在的。实际曲线的特点是该反射的色光和该吸收的色光都不彻底,与理想曲线有较大的差别,造成的结果是色料的颜色亮度低、饱和度小、色相不纯正并且不鲜明。

3) 减色法物质

物体对光选择性的吸收叫减色。所以一切呈现颜色的物体都是减色物体。但是能呈现颜色的物体不一定都能用来调色,故不一定都能成为减色法物质。只有那些能够用来涂染(覆盖)到其他物体表面,用来改变这些物体表面颜色,并能用来互相混合调色的物质叫减色法物质。色料和滤色片等物质都是减色法物质。

(1)色料。色料有染料与颜料之分,凡能溶于水、油、乙醇等有机溶剂的色料都称为染料,一般用于印染工业。在以上溶剂中不能溶解的色料,都叫做颜料。绘画用的色彩、建筑及工业上用涂料,印刷油墨中所用的色料都是颜料。颜料又有有机颜料和无机颜料之分,铬黄、铁蓝、铁红、群青、铬绿以及各种白色都是无机颜料,最早的无机颜料都是天然的,其中杂质较多,颜色纯度较低。有机颜料最早也是使用天然颜料(炭黑)和一些植物染料(靛蓝、滕黄)等,现在多被人工合成的有机颜料所取代。

(2)彩色涂料。颜料与树脂混合所产生涂料的颜色属于减色法混合过程。例如:白色油漆的基底是无色透明的树脂液体称为"载色剂",其中悬浮着微小的无色透明颗粒物质,如铝、锌、钛等的氧化物,这些悬浮物质和载色剂的折射率不同,当光线射到两种不同折射率的介质的分界面时,一部分光线便从表面上反射出来,其余的辐射进入涂料内部,射到颗粒物质与载色剂的分界面上,有一部分又从涂料表面反射出来,其余的辐射进一步穿射到涂料的深层,每遇到新的颗粒交界面都发生透射和反射,反射部分也要穿过其他颗粒物质射出涂料表面。由于这些颗粒物质是中性的,入射光的各种波长辐射都得到大致相同的反射,所以反射光的光谱功率分布仍包含着各种波长的辐射,作用在人的视觉器官上,涂料被看成是白色的。涂料的基底油质和颗粒物质都是透明的。"白"色是由载色剂和悬浮的颗粒物质表面的反射和透射造成的。

3.2 颜色调配的知识

3.2.1 调色概述

1. 调色的目的

随着汽车工业的不断发展,汽车漆的颜色种类及色彩特性也层出不穷,人们不可能把每一种颜色都做成涂料并储存起来以备随时使用。唯一的解决办法是提高调色人员的配色技能,利用涂料制造商提供的几十种基本色素(色母),按照一定的用量比例(颜色配方),对现有颜色进行调配,以达到我们所期望的理想色彩。

2. 调色的概念

所谓调色是指根据颜色的三个基本性质(色相、明度和彩度),将两种或两种以上的不同的基本色素(色母、涂料)按一定比例混合在一起,以产生所需要的理想颜色的过程,如图3-14所示。

3. 调色的基础

调色过程中,主要是利用调漆人员的眼睛,充分发挥其作用,而最重要的工作是理解所看到的现象。最基本的起点是颜色基础理论,然后是把理论知识灵活应用到实际工作中,选出正确的色母,完成调色工作。调色人员掌握下列几个原则对于调色工作非常重要。

(1)颜色的基本过渡规律,如图3-15所示。

红色 + 黄色 = 橘色;
黄色 + 蓝色 = 绿色;
蓝色 + 红色 = 紫色。

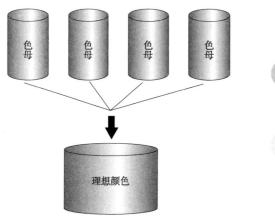

图3-14 调色的概念(彩图见书后彩插页图7)

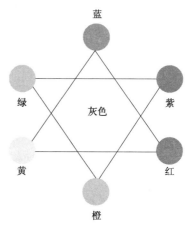

图3-15 颜色的基本过渡规律
(彩图见书后彩插页图8)

(2)所有的颜色都有主色和副色,主色往往由两种色母组成,副色总是位于主色两侧。以红色为例:主色(红色),副色(橘色 + 紫色)。

(3)颜色的调配。对头色(又称互补色)混合后(如红色 + 绿色;黄色 + 紫色;蓝色 + 橘色)会产生灰色,即彩度降低,变浑浊;添加色母时,以配方中的色母为第一选择,然后是靠近主色的近似色母,避免加入对头色母;灰色系列中的黑色和白色,主要用于控制明暗度和彩度。

3.2.2 调色设备

调色中心在进行调色时用到的主要设备有:调漆机、配色灯箱、调色计算机、电子秤、颜色分杆仪、比色卡、比例尺等。

1. 调漆机

调漆机又称油漆搅拌机,各大油漆公司都有调漆机和其配套产品,根据油漆数量不同有各种不同规格的调漆机。调漆机配有电动机、搅拌桨,利用这种工具很容易混合及倒出涂料。涂料中的树脂、溶剂及颜料相对密度不同,经过一段时间就会分离,因此涂料在使用以前需要充分搅拌混合。油漆搅拌工具如图 3-16 所示。为了确保色母质量的稳定性,最好在每天早上调色工作开始前,开动调漆机搅拌 30min,午饭过后搅拌 15min。

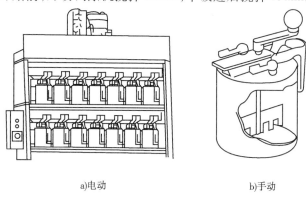

a)电动　　b)手动

图 3-16　油漆搅拌工具

2. 配色灯箱

如果在阴天、晚上或光线不足的车间内调配颜色时,需要使用配色灯箱,如图 3-17 所示。灯箱的主要用途是提供一个接近日光的光源。

物体常处于各种不同的光源的照明下,最主要的光源是日光和灯光。照明光源不同,物体的颜色是有差异的,为了统一测量标准,CIE 规定了标准光源。

（1）D65 光源。以日光灯为代表的 CIE 标准光源,以日光的真实测量光谱为依据,与之相关的色温为 6504K,是一般常用的测试照明体。

图 3-17　配色灯箱(彩图见书后彩插页图9)

（2）A 光源。以白炽灯为代表 CIE 标准光源,黄—橙色,与之相关的色温为 2856K。

（3）F 光源。以荧光灯为代表的 CIE 标准光源。

3. 调色计算机

查阅油漆配方的工具主要有胶片阅读机和调色计算机。胶片阅读机又称菲林片阅读机,可以读取菲林胶片上的颜色配方,但由于菲林胶片更新慢、不易保存等缺点,目前已基本不用。调色计算机中存有所有色卡配方,用户只需将自己所需漆号和质量输入计算机就可以直接查阅计算好的配方数据,快捷、方便、准确,而且数据更新,是一种先进的调色方法。目前各大涂料公司都具有完善的计算机调色系统。

4. 电子秤

电子秤又称配色天平,是一种称涂料用的专用天平,帮助计算适当的混合比,由托盘秤、电子显示器、集成电路板组成,如图 3-18 所示。常用的电子秤量程可达 7500g,精确度为

图 3-18 电子秤

0.1g,由明亮的发光二极管作显示器,安装在托盘上方,使用方便,属于专为汽车修补漆称量用的配套产品。电子秤的灵敏度较高,使用时应避免大的气流。

电子秤的操作程序如下:

(1)电子秤必须水平放置,绝对避免高温、振动。

(2)打开电子秤总电源开关,按下电子秤电源处,暖机5min。

(3)按下归零键,将被秤物轻置于秤板中心,依序操作。

(4)使用完毕后,按下电子秤电源关闭键,关闭电子秤电源总开关。

5.颜色分析仪

颜色分析仪又称分色仪,是一种可以进行计算机分色的电子仪器,它具有修正软件,可以手提,并可以结合智能秤使用。分色仪操作简单,用途广泛,对技术要求不很高。

6.其他调色工具

1)比例尺

比例尺是一种用金属或塑料制造的尺子,上面带有刻度,可计量适当量的固化剂、稀释剂,能方便快捷的帮助进漆调配。各大油漆公司的比例尺一般不可混用。混合涂料也可作为搅杆用,涂料一般不会沾在比例尺上,用完后也容易清洁。

2)容器

涂装所用容器,多为聚丙烯型一次性容器。在调配油漆时最好使用上下口径一样的直筒型容器。

3)烘箱

烘箱是一种强制烘干实验样板的烘干设备,在人工调色烘干样板时使用。

3.2.3 色漆调配的要点

由于涂装技术的发展,现代的汽车有着丰富多彩的外观颜色。在汽车面漆修补过程中涉及的涂装颜色种类,粗略地可以认为分成三大类:素色漆、金属色漆和特殊效果色漆。这里,金属漆包含我们通常所说的银粉漆和珍珠漆。

素色和金属色几乎就是当今所有汽车颜色的范围,在实际应用时,习惯把其中的金属色漆细分为两工序金属漆和三工序金属漆。

特殊效果色漆往往用于汽车内饰件表面,例如仪表板、门把手等。这类颜色多数需要使用到特殊的纹理添加剂,或是一些常规修补涂料以外的工艺。

1.素色漆

素色漆也叫纯色或实色漆。它与金属漆不同,喷涂的因素对素色漆颜色变化的影响较小,大体上是"所见即所得"的效果,所以这类漆颜色容易调配。

素色漆调色比较简单,往往只需要注意其彩度和色调,对明度的考虑不太重要。一般而言,我们可以使用少量的白色母来降低颜色的彩度,同时会让明度稍微上升;但过多的白色母则只会使两者都下降;使用黑色母来降低颜色的彩度,明度会稍微下降;黑、白色母少的颜色除了彩度高之外,通常明度也高。

在大多数的汽车修理厂,对于素色漆一般都使用单工序喷涂的工艺,这样既方便快捷,又省时省料。因此,素色漆色母一般要求高遮盖力、高彩度、干涂膜光泽高。但由于调色的需要,一套完整的色母系统中还要求有低遮盖力的色母,称为低强度色母,这些色母常用于微调颜色。

和金属漆不同,素色漆在喷涂后不会出现侧面色调的效果,往往正面颜色调得准确,侧面也不会有什么差别。此外,施工条件、施工环境对素色漆颜色的影响也非常小,这些因素都使得素色漆相对容易调配。

素色漆除了在汽车上使用外,还在广告设计、物件的表面装饰等其他方面广泛使用。在各大品牌修补涂料的颜色配方库里,一般都会有流行的国际标准颜色的配方。因此,在这方面素色漆比金属漆有更多的商业机会。

调配素色漆时应该注意以下几点:

(1)色母的沉降效果。白色母和某些黄色母是最重的一类色母,原因是其颜料的密度大,造成的直接效果是产生湿涂料与喷涂色板之间的明显色差。如果湿涂料中含有一定量的白色母或某些黄色母,在用调漆尺搅拌湿涂料、目视比较标准板时,要求湿涂料调配得比标准板的颜色要浅、淡。这是因为在搅拌湿涂料时,重的色母来不及沉降,涂料的颜色就较浅;而喷涂后的流平时间内则发生了沉降,轻的色母在表面聚集较多,外观表现得"暗"一点。刚喷涂完的漆面和干涸后的漆面状况不同,烤干后的漆面都会显得偏暗一点。

(2)尽量选用彩度高的色母。汽车素色漆大多数是明快、鲜艳的色彩,以红色、蓝色、黄色为主。这些颜色调配要根据需要少用黑色母,偶尔会用相当数量的白色母调节亮度,但要认识到这会造成一定程度的颜色浑浊。

(3)尽量不选用低强度的色母做主色。必须选用时,也要尽量搭配使用高遮盖力的色母,这种情况以鲜艳的红色最为常见。

(4)白色在使用了一段时间后会变得稍黄,如果按照配方调色,可以适当增加配方中黄色母的用量。

(5)在白颜色中加入其他色母时尽量选用低强度的色母,即透明的色母。强度高的色母浓度一般是低强度色母的6~10倍,即使1L里面只用一滴,在白色中也能明显地反映出来,因为人眼对白色的分辨能力比对其他颜色强,所以选用低强度色母的好处是微调时容易控制变化范围。

(6)黑色的表面光泽对判断其色差起着决定性的作用。新喷涂的黑色由于表面光泽太高而容易给人造成新喷涂的漆面过黑的误解,可以先打蜡抛光再进行比较;或者在喷涂时就加入少量的白色母使原黑色配方稍微浑浊一点。

(7)调配因长时间暴露而褪色的涂料时,可以添加少量白色母或黄色母。虽然在实际操作过程中,素色漆往往使用单工序的工艺,但在某些情况下,素色漆也用双工序喷涂,即在色漆上喷涂清漆。当今市场上的各个涂料品牌大多采取两种不同的做法:一种是保留色母不变,改变调和树脂,从而达到转换色漆类型的目的;另一种是直接使用不同的色母。使用前者会很方便，但更换树脂后，个别的颜色多少都会有一点变化，必须先喷涂样板确认后再施工。如果使用后者，也许稍微麻烦一些，当今市场上大部分采用这种类型的涂料系统。在单、双工序的色母之间一般都有相互近似颜色的色母，使用时可以直接替换。唯一需要注意的是，不同色母之间的颜色强度是不同的，转换时往往要调整相应的质量，有时甚至还要使用强度较弱的同颜色的色母。

2. 金属（珍珠）色漆

金属漆颜色是现代轿车使用量最大的颜色，与素色漆相比，金属漆的颜色更鲜艳、亮度更高、更富于变化。一般称使用了铝粉的色漆是金属漆或银粉漆，而把使用了云母粉的色漆称为珍珠漆。在颜色外观上，前者显得颗粒较粗、正面反光能力强，而侧视效果较暗；后者颗粒较细，光反射比较柔和，侧视色调稍微浅、亮一些。另外与银粉漆比较起来，所谓的侧面效果在珍珠漆里更明显。所有的金属色漆都是由银粉（珍珠）色母和颜色色母组成，对于需要掺入调和树脂的系统，一般可以认为树脂对颜色的影响很小。

由于修补涂料手工喷涂的特点，施工条件和施工环境对金属漆颜色的影响非常显著，金属漆调色没有素色漆那种"所见即所得"的效果。这样，目视比较只能得到大概的轮廓，少数时候甚至是完全错误的。可以说，正确调配金属漆比较可靠的方法是喷涂试板。

1）色母特征

对于每个颜色配方来说，银粉色母决定了该颜色的亮度和彩度。它既包括了银粉，也包括了珍珠粉。银粉色母选择的正确与否对调配银粉漆是非常重要的，不能正确地选择银粉色母，颜色无论怎么调都感觉缺少什么；相反，如果选择合适的银粉色母，调整色调的工作就相对简单了。因此，了解和掌握所用涂料系统中的银粉色母的特性是准确调配金属漆的关键因素。

另外一个是颜色色母，它决定和控制该颜色的色调。对于颜色色母，又可以分为决定颜色基调的色母（基调色母、主色母）和微调色调的色母（微调色母）。

基调色母在配方里的用量大，这些色母用量在较小范围内增减，一般不能反映到手工喷涂的样板上，即不会对颜色变化产生较显著影响。在配方中，它们是该颜色基调的主要来源，所用的色母和数量比例确定后，就基本决定了这个颜色的基调。

一般情况下，选用两三种色母配合作为基调色母，因为这样的色母组合变化能更丰富，供选择的余地大。现在常见的各种修补涂料系统，在每种主色调下的色母往往都会分成两种偏向以保证能配合使用。例如，绿色的色母在各种系统中都是最少的，但都会提供一个偏黄的绿色母和一个偏蓝的绿色母。实际使用中，通过改变这两种色母之间的质量比例来调整主色调的走向，可以使绿色调偏黄或者偏蓝。我们在选用基调色母时尽量在同一种色调内选择，这样做能够容易地控制侧视色调的偏向，同时又能保证不会严重影响到正面色调。所以有多种色母组合可供选择时，在调配正面颜色的同时还要考虑到这种组合对侧视色调的大致影响。因为对于侧视色调，可供调节的范围是不大的，只有一开始就考虑全面，才可以减少以后的工作量。

使用3种以上色母构成主色调的颜色也有很多，组合增加后，色彩变化就越复杂。这里也要注意一个原则：构成主色调的色母越多，主色调的彩度就越低。这是由涂料颜料的特性所决定的，各种颜料太多，吸收掉更多的光线，反射的光线就越少，整个颜色外观上就容易变浑浊、不纯净。

2) 选用基调色母的原则

(1) 改变这些色母之间的质量比例时,尽可能在保持正面色调不变的同时,能够改变侧视色调。

(2) 要使用纯度高的色母,因为这些色母用量大,纯度不高会使整个颜色浑浊。

(3) 一般情况下,主色母不要超过 3 种。现在质量好的修补涂料色母纯度都很高,即使四五种色母混合,颜色整体效果也不一定不好。但是,多种色母混合会加大调色的难度。

(4) 使用主色母越多,越容易造成颜色异构。相对于基调色母,微调色母用量较少。微调色母的作用是:在主色调的基础上进一步微调颜色,以达到最佳效果;微调颜色的侧视色调、亮度;微调颜色的彩度。这类色母的数量在调整时一般不需要改变太多,个别的色母甚至在 1g/L 以下的变化都能影响到整个颜色的效果。只有当颜色的正面开始接近或基本接近、侧面相差不大或者整个颜色的色调只有细微差别时,才需要调整微调色母的用量。

3) 使用微调色母遵循的基本原则

(1) 如果在涂料供应商提供的颜色配方基础上调色,尽量使用原配方中提供的色母。

(2) 在微调颜色的色调时,尽量不要再次影响亮度和彩度,也就是尽可能加入少量色母。加入太多的色母,包括银粉和珍珠,都会降低颜色的彩度,引起浑浊。

(3) 颜色侧视色调只能往浅、亮的方向调整,在这里最常用的是白色、亮黄色和控色剂等。如果需要把侧视色调调整得更暗、更黑,只能通过改变配方中银粉比例和主色调的构成色母来解决。

(4) 在尽量保持正面色调不变的情况下,颜色侧视色调往黄、红方向调整比较容易,往蓝色方向调整比较难。

3. 银粉色母

1) 银粉色母的分类

每家涂料供应商一般都会供应十几种银粉色母,根据银粉色母的特点有以下三种分类方法:

(1) 按银粉颗粒大小分类。涂料厂家生产颗粒大小不同的色母是为了增强调色能力,颗粒的大小在外观上很容易就能看出来。但是当两种不同颗粒的色母混合后,人的眼睛就难以分辨,我们只能感觉到混合后的颗粒度会介于两种色母的颗粒度之间。在实际调色的时候,我们利用这个原理,通过改变颗粒度不同的色母的质量比例,控制调配出来的颜色的颗粒度。调色时要注意,同一类型的银粉,颗粒越粗,侧视越暗。

(2) 按银粉颗粒外形分类。可分为不规则形和椭圆形,如图 3-19 所示。不规则形的银粉每个颗粒都没有固定的形状,每一粒银粉的上面有各种各样的棱角,用放大镜观察就像一堆奇形怪状的石头,而椭圆形的银粉是椭圆的橄榄球形状。不规则形的银粉对光线有漫反射作用,正面的亮度相对稍低,而侧视的亮度反而较高;椭圆形的银粉由于表面反射光的角度一致,所以正面亮度较高,但侧面很暗。实际应用时如果需要把正面调得更白、更亮或需要把侧视色调调暗,那么更换银粉的种类是最有效和最常用的手段,事实上很多时

a) 椭圆　　　　b) 不规则

图 3-19　银粉形状

候也是唯一的手段。

（3）按银粉颗粒的亮度可以把银粉分成三类，即无（平）光银、亮银和闪银。正面亮度按此顺序增大，侧视亮度则是按此顺序变暗。实际使用中，一般以使用亮银和闪银为主，因为它们的纯度高，调出来的颜色彩度高，操作时主要用它们来提高颜色的亮度和纯度。一般不使用过多的平光银，否则调出来的颜色正面将变得很灰暗，稍远处一看就会感到整体发黑。平光银还有一个特点，可以用亮银和白色母近似地调配出来。因为在亮银中加入少量白漆，可以使得银粉正面变灰降低亮度，而同时使得侧视变浅。

目前使用的各大品牌的修补涂料系统基本使用第三种分类方法，把所有的银粉色母分为无光银、亮银和闪银三类，每类色母都有一系列颗粒度不同的两个或两个以上色母。无光银、亮银是不规则形的银粉，闪银是椭圆形银粉。

银粉漆调色中，选择正确的银粉是关键的一步。在实际调漆工作中，单使用某一种的银粉常常达不到应有的效果，所以经常使用两三种银粉。当两种银粉混合后，表现出来的属性就是原来各个银粉属性的折中。例如，亮度不同的银粉混合，所得亮度就介于它们之间，侧视亮度也是如此。

2）银粉色母的特点

（1）在亮银和闪银中，银粉颗粒越小，正面越暗。

（2）银粉的颗粒越大，正面就越闪亮，但侧面会越暗。

（3）加入少量亮、闪银粉，颜色的正面亮度升高，彩度基本不变或微降；数量继续增加只会使颜色正面和侧视变灰，颜色彩度下降。加入无光银，颜色正、侧面都变灰。

（4）相对细颗粒银粉，粗颗粒的银粉在湿涂料中把颜色反衬得很鲜艳，与喷涂效果有明显的区别。

（5）在颗粒大小相近时，椭圆形的银粉侧视比颗粒不规则形状的银粉更暗。

（6）无光银的正面最暗，侧面最浅；闪银的正面最亮，侧面最黑。

（7）常提到的银粉很"白"，一般是指颗粒不太粗而且亮度很高的银粉。

（8）银粉的正面效果（亮度和颗粒度）是首要考虑的要素。配好的颜色侧视一般偏暗，这样可以微调；假如侧视偏浅，只能重新选择银粉组合。

（9）选择银粉色母时，先判断需要使用的银粉亮度级别，明确需要使用哪一类或哪两类亮度的银粉色母；再判断银粉的颗粒度，确定使用何种粒度的银粉色母和质量比例。

（10）可以在阳光直射下检查银粉的颗粒度和亮度。

4. 珍珠色母

我们常说的珍珠色母大多数是在云母粉表面镀上一层二氧化钛加工而成的，图3-20是珍珠色母的示意图。通过控制二氧化钛层的厚度，就得到了我们所见到的一系列不同颜色的珍珠色母粉，例如白珍珠、黄珍珠、红珍珠、绿珍珠和蓝珍珠等。另外一些常见珍珠色母，如珍珠铜、珍珠红等的结构稍有不同，是在二氧化钛层外又镀了一层氧化铁，产生出红色或金红色。还有一

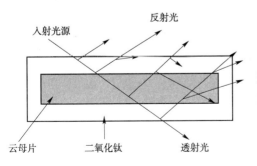

图3-20　珍珠色母的示意图

种比较新的银色云母则不是用氧化铁镀层,而用铝粉镀层,这是为了提供立体效果强烈的金属银色的光泽。

珍珠色母的正面颜色由反射光组成,而侧视色调则由透射光组成。根据光学原理,具有上述结构的珍珠色母对光的反射和透射的规律是:白珍珠反射白光,也透射白光;红珍珠反射红光,也透射红光;黄珍珠反射黄光,透射蓝光;绿珍珠反射绿光,但透射红光;蓝珍珠反射蓝光,但透射黄光。反映到色母的外观上,正面表现出相应的颜色,侧面就表现出透射光的颜色。但是这种侧视色调在纯珍珠色母中表现得不明显,与其他色母混合后就会影响到侧视色调的走向了。所谓的"珍珠漆有变色的效果",主要就是因为这个原因。选择珍珠色母比较简单,调什么颜色就使用什么珍珠。

与银粉色母比较,珍珠色母有以下特点:
(1)使用珍珠色母能使颜色的彩度更高,显得更纯更鲜艳。
(2)珍珠色母的颗粒比银粉色母更细,且同色珍珠中也有粗细之分。有时在配方中仅使用很少量的闪银也能近似模仿出珍珠的正面效果。
(3)珍珠色母在配方中的数量多,侧视色调就较浅,且无法调暗。
(4)无论加入哪种珍珠色母,都能提高正面(效果不如银粉)亮度和侧面亮度(银粉则不能)。
(5)在湿涂料状态下,珍珠色母在颜色方面表现得比较突出,实际喷涂后则没有这么明显。特别是使用黄、绿珍珠等。
(6)可以在阳光直射下检查珍珠的颗粒闪亮和颜色反射程度。

3.3 颜色的调配方法

通常情况下,每辆汽车在出厂时汽车生产厂都会对每种车色编定色号,而涂料生产厂商也会为每个色号开发、制作修补漆颜色配方,但由于车辆使用、气候环境等诸多方面的因素,车辆在实际修补时往往需要对色漆配方进行调整,以更好地与车辆颜色匹配,这就是我们平常所说的调色,或者说人工微调。

色漆需要微调的原因包括:不同批次 OEM(Driginal Eqnipment Manufacturer)高温漆颜色不同导致颜色差异;或车辆生产中更换了某个颜色色漆的高温漆供应商导致颜色差异;车辆在生产线涂装时不同的涂装条件也会导致颜色差异。每个汽车生产厂商都有对车辆颜色的检查标准,所以,颜色合格的车辆,其颜色和检测所用的标准颜色差别都在该汽车生产厂商规定的标准范围之内,但是由于不同的差异色色差方向不同,加上不同汽车生产厂商对颜色的检查标准不同,因此,不同时期、不同批次生产的车辆相互之间的颜色差异就可能会较大。当车辆出厂及交付使用后,在不同的环境条件下受到紫外线及各种气候环境的影响,就会导致颜色有一定变化,这也是车辆修补时需要微调的一个原因。所以色漆颜色调配工作非常关键,对于高质量完成修补工作至关重要。目前,在汽车修补涂装领域使用的色漆体系分为溶剂型系列和水性系列两种,本部分内容分为溶剂型色漆调配和水性色漆调配两部分进行介绍。

3.3.1 溶剂型色漆调配

溶剂型色漆在我国市场上使用较为广泛,颜色调配的体系和工具较为完善,主要调色步骤如下:

1. 安全防护

调色时需要佩戴安全眼镜、活性炭防护口罩、耐溶剂手套、防静电工作服(浅色或灰色)、安全鞋。

在试色板上喷涂溶剂型色漆以及比色时,当喷涂含有异氰酸酯(双组分油漆的固化剂)的涂料(如中涂底漆、清漆)时,需要佩戴供气式防护面具;喷涂底色漆时需要佩戴活性炭防护口罩,另外须戴安全眼镜、耐溶剂手套,穿防静电工作服、安全鞋。

调色时不要穿着色彩鲜艳的工作服,因为色彩鲜艳的衣服会把光反射到涂料上,影响正确判断颜色,也不要在鲜艳的地面、墙壁、窗帘附近比较颜色。调色时,周围的环境最好是无彩色即灰色环境。

2. 查找原厂颜色代码

大部分汽车制造厂商都会在车身上安装一个金属或者其他材质的标牌,在标牌上注明色号。不同的汽车标牌贴在车内不同的位置上,常见汽车标牌位置如图3-21所示。

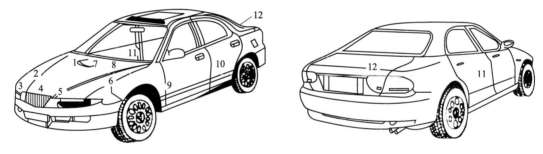

图3-21 色号铭牌位置标识图
1~12-常见标牌位置

3. 选择颜色配方

查到色号后,从色卡中找出这个色号的颜色色卡,和车身比对选择最接近的一个色卡,并依据色号查找该颜色的最接近配方。一般情况下每一个颜色都有一个标准色配方及一个或多个差异色配方,标准色配方是依据该车色最早被应用时的原厂颜色制作,由于各种车辆在生产线涂装中会导致颜色不同的原因,不同年代、批次的车辆,虽然是同一个色号,但实际上会存在多种差异色,涂料厂商会不断开发不同的差异色配方,所以选择配方时不要以为选择标准色就是最接近的,应该使用色卡比对挑选,或者在计算机配方系统中进行比对分析,有些涂料厂商的计算机配方系统中有比对一个色号各种配方差异的功能,从而使调色人员能够根据计算机的分析及色卡比对的结论选择没有色卡的某个差异色配方,比如比对选择了一个相对最接近的差异色色卡,但是从色卡看该颜色仍然有些偏深,那么可以根据计算机分析选择另外一个较色卡颜色浅的配方作为起始配方来进行微调。

对于无法查到原厂颜色代码的车辆,可以使用色卡对比选出最接近的一个颜色,使用这个颜色代码从计算机数据库中查找配方。同样的道理,如果从色卡看该颜色仍然有些偏深,那么可以根据计算机分析选择另外一个较色卡颜色浅的配方作为起始配方来进行微调。

有些涂料厂商开发了测色仪,即使无法查到某个车色的对应色号,也可以使用测色仪测出该颜色在配方数据库中最接近的配方,准确而且高效,从而能够大大简化调色工作。

无论是使用色卡比对选择最接近颜色,还是使用测色仪测色,如果车辆表面涂层老化,或者划伤比较严重,必须先用抛光蜡对涂层表面进行抛光处理,以恢复原始颜色表面,再使用色卡比色或使用测色仪测色,这样才能选择出最接近的颜色。

另外需要注意,由于颜色从鲜艳色向浑浊色调整相对比较容易,即调色时降低彩度比较容易,增加彩度则比较难,并且加入的色母种类越多颜色就往往越浑浊。所以无论使用哪种方法选择最接近配方,都要选择较鲜艳的配方。

4. 添加色母

使用电子秤按照配方称量、添加已搅拌均匀的色母调配出色漆,此时须留意计算机上查出的配方有累计添加量和绝对添加量两种,如果所使用的配方是累计量配方,则添加完一个色母后不能将电子秤归零,而应继续添加。色母添加完成后,将混合好的色漆搅拌均匀。

按照配方添加色母时,可以使用通常所说的"减量法"调色,在前一步骤中使用这个颜的色卡和车身对比时,我们已经判断出了颜色差异,此时我们可以根据这种差异预先减少某种色母的添加量,以使接下来的颜色微调工作更为简单。减少的量需要根据颜色差异的程度判断决定。

调配色漆前要确保色母已经搅拌均匀,由于色母浓度较高,微小的用量差异都会导致颜色产生较大变化,而且色母中较重的颜料会下沉,故添加未搅拌均匀的色母就相当于添加的色母量较小,自然会导致颜色不准。保证色母搅拌均匀要做到以下几个方面:

(1)将新的色母罐安装到调漆机上之前,先手工充分搅拌 5~10min 或使用振荡器振荡 1~2min,再放到调漆机搅拌 15min。

(2)日常工作中每天上、下午各使用调漆机搅拌油漆一次,每次搅拌时间为 15min 左右。

(3)每次调漆前打开调漆机搅拌 5min 再混合色母。

5. 制作试色板

素色漆调色可以用漆尺把湿涂料拉出来与车身板样比色,但是由于湿态的素色涂料比其样板颜色会更鲜艳、明亮些,涂膜干燥后,亮度和彩度都会降低一些,所以更准确的办法是在调色的最后阶段采用喷涂试色板比色来判断颜色的差异。

试色板喷涂层数要与实际喷涂车辆时的层数一致,通常单工序面漆喷涂两层,但必须达到足够的遮盖力,而试色板是否喷涂可调灰度底漆会对遮盖力产生影响。当面漆喷涂在灰度值相同的灰色中涂底漆上或者灰色底色上时,面漆遮盖力最好且用量最为节约。为了节约面漆,确保喷涂试色板和喷涂车辆的条件一致,在调色时最好使用已喷涂好不同灰度的中涂底漆或有灰色底色的试色板,具体灰度值按照颜色配方中的要求进行选择。

双工序金属漆由于里面颗粒的排列会对颜色造成影响,所以调色时更需要喷涂试色板进行比色,双工序金属漆添加合适的稀释剂并搅拌均匀后,用过滤网过滤并加入喷枪喷涂试色板以比较颜色。喷枪的调配和喷涂试色板的手法需和喷涂车辆的手法完全一致,通常喷涂两层和一个雾喷层,并且要等涂料试色板干燥后再比较颜色。清漆也要按照喷涂车辆同样的喷法,喷涂同样层数,以避免因为清漆膜厚、亮度、流平不同影响对颜色的比较。

由于三工序珍珠的颜色更容易受到喷涂条件和手法的影响,比如喷涂遍数只要多喷一遍,颜色就会有很大不同,故三工序珍珠漆要喷涂同一底色漆及不同层数珍珠漆的比色试色板(通常称为"分色样板")来比色。可以用4个试色板,1个只喷涂底色漆,另外3个分别喷涂1层、2层、3层珍珠漆,也可以用以下方法喷涂分色样板,以判断珍珠层喷涂几层时颜色最为接近,以及在这种情况下如何最小限度的微调底色漆。分色样板的喷涂方法如下:

(1)准备一块已经喷好底色漆的试色板,并分为四部分,如图3-22a)所示。

(2)使用三份遮蔽纸分别遮住下面三部分,喷涂一遍珍珠漆,如图3-22b)所示。

(3)闪干后,撕去一张遮蔽纸,并继续喷涂第二遍珍珠漆,如图3-22c)所示。

(4)闪干后,撕去一张遮蔽纸,并继续喷涂第三遍珍珠漆,如图3-22d)所示。

(5)撕去最后一张遮蔽纸,喷涂清漆,即最下面一部分是在底色漆上喷涂清漆,如图3-22e)所示。

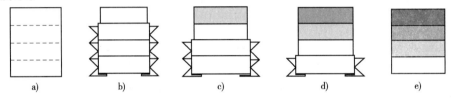

图3-22 多层喷涂试验的方法

可以看出,由下往上我们分别喷涂了0、1、2、3遍珍珠漆。喷涂清漆并烘干后,我们就可以把所做的分色样板和目标板颜色作比较,选出最接近的颜色,以此确定在实际施工时所需要的喷涂遍数。一般而言,珍珠层喷涂得较薄,底色的色调就容易在正、侧面透出来,而珍珠层喷涂得较厚,正面的珍珠粉颗粒明显,侧视反而会逐渐变暗。

底色漆的颜色也会影响到整个涂层的颜色,但是由于车体表面的底色漆已经被珍珠层所覆盖,但是可以寻找车身的内表面,如内饰件、加油口盖背面等,看这些部位是否还保留着原始的底色;另一种方法是打磨需要修补位置的面漆至露出底色层,从而可以对比底色层颜色差异以判断如何微调。如果都无法找到参考的底色,那就只能通过喷涂的分色样板来判断如何微调底色漆了。

如果使用纸质试色板喷涂样板比色,要选择不易吸收涂料的纸质试色板,否则样板和车身的喷涂效果会不同,导致判断颜色差别和添加色母失误。另外还要注意由于纸质试色板通常为白色,容易使调色者误以为已经遮盖,而事实上下面白色未被遮盖,从而使颜色较浅,误导调色者加入更多色母去微调。解决的方法有两种:一是使用带黑白格的试色板或在白色试色板贴黑白格遮盖力测试胶带,以使调色者喷板时能够判断颜色是否已经完全遮盖;二是使用不同灰度的纸质试色板。目前有一些涂料厂商制作了不同灰度的纸质或金属试色板,调漆时可根据面漆的灰度选择合适灰度的试色板喷板比色,节约油漆用量。但是喷涂车辆时也要使用相同灰度的灰度底漆,以避免底漆颜色不同,色漆喷涂遍数不同造成调色和喷涂车辆颜色现差异。

6. 烘干试色样板

试色板喷涂完成后,为提高比色效率,可以将试色板放到样板烤箱中进行烘干。在取试色板时,由于刚喷涂完清漆,所以要注意不要碰触到试色板表面,以免碰伤。而且在烘烤前应闪干至指触不拉丝为宜,否则在烘烤过程中易产生痱子等缺陷,严重时会影响比色效果。开启样板烤箱,按产品使用要求设定烘烤温度,以免产生缺陷。

在样板烘烤过程中,可以将试色样板的对应配方收集保存,在烘干的样板后面写明配方并存档,以后遇到相同颜色的汽车,可以很快从这些样板中找到你需要的配方,这样就可以使调色工作越来越简单。

7. 比对样板

在自然光下或者标准光源对色灯箱里比较颜色差别,根据颜色差别及色母特性图、色母色环图判断选择合适的色母,加入色漆对颜色进行微调。不要在阳光直射处或者在很暗的光线下比色,也不要在普通荧光灯等非标准光源下比色。不合适的光源会导致颜色产变化,误导对颜色差别的判断,导致调色不准确。

对于金属漆,要从以下三个角度比较颜色以确保各个角度下的颜色准确:

(1)正面。即与比色板成90°~120°角。

(2)半侧面。即与比色板成约45°角。

(3)侧面。即与车身成约180°角。

微调颜色时加入的色母尽可能是原配方中所用到的色母。如需加入配方外的色母,必须在不同光源下比较颜色,即除了自然日光,还应该在较强亮度的白炽灯、荧光灯及冷白光源下比较颜色,避免条件等色。

选择色母时要充分利用色母指南和色环等调色工具。色母指南列出了每个色母的特性及这种色母加入涂料后所能产生的效果,色环上会列出各个色母的位置,可以让我们正确地比较色母之间的差别,以选择合适的色母加入涂料内。

由于颜色由浑浊向鲜艳调整较为困难,所以除非为了将颜色调得更加浑浊,否则不要在微调时加入色环上色调与涂料中色调相对的色母。

重复制作试色板、烘干试色板、比对样板,直至颜色接近至可以喷涂。

3.3.2 水性色漆调配

由于在各类溶剂型汽车修补漆中,色漆中VOC含量最高,所以随着环保等多方面的要求,水性底色漆几年来在汽车修补领域得到广泛应用。本部分主要介绍水性底色漆在调色方面与溶剂型底色漆的不同,对于水性底色漆和溶剂型色漆调配是方面知识和内容相同不再重复介绍。

由于水性底漆和溶剂型底色漆的调配步骤1~4相同,所以下面将从制作试色板开始介绍。但需要注意的是,调配水性漆时应使用塑料容器,不要使用金属容器。有些品牌的水性漆使用了特殊的技术,不需要使用搅拌机搅拌色母,也不能使用振荡器振荡,调漆前用手轻轻晃动几下就可以使用,否则会导致水性漆产生泡沫而影响调色和使用。而且有些品牌水性色漆或某些水性产品需要合适的温度储存,通常水会在温度低于5℃时开始结晶,这将导致水性漆出现结晶颗粒而不能使用,所以应存放在可控温度的专用保温柜中,或在调漆间安装空调以保证存放和使用温度不低于5℃。

1. 制作试色板

按照水性底色漆产品调配要求,添加合适的水性漆稀释剂。搅拌均匀后,用水性漆专用的尼龙过滤网过滤并加入水性漆专用喷枪,这是因为水性漆会溶解普通过滤网的黏结用胶水,所以要使用水性漆专用尼龙过滤网过滤。

为了有利于环保及节约油漆,喷涂水性底色漆时一般使用口径为1.2~1.3mm的HVLP高流量低气压环保面漆喷枪,所以喷涂试色板时同样要使用口径为1.2~1.3mm的HVLP高流量低气压环保面漆喷枪,按照喷涂车辆的喷枪设定及喷涂手法喷涂试色板。

喷涂水性底色漆推荐使用带灰度底漆的铝制试色板或带灰度底色的防水试色板,并且在喷涂车辆时使用同样的灰度底漆或灰度底色漆,这样可以使水性底色漆更易遮盖,更节省用量,并且调色效率更高,准确度更高。

具体水性底色漆喷涂要点因涂料供应商不同有所差异,但都要以保证足够的遮盖力和颗粒排列。为提高施工效率,层间闪干时可以使用专用吹风枪吹干,以大约45°的角斜吹试色板表面,使色漆吹干燥至哑光状态,通常吹1~2min即可,然后再喷涂下一层。通常在温度25℃、相对湿度小于70%的情况下水性漆干燥速度比较快。

2. 喷涂清漆

水性底色漆喷涂完成后,留出一定挥发时间,或用水性专用吹风枪吹干,即可喷涂清漆。清漆也要按照喷涂车辆同样的喷法,喷涂同样层数,以避免因为清漆膜厚、亮度、流平不同影响的比较。

其余步骤与溶剂型色漆调配完全相同。

3.4 对颜色调配的影响因素

除了对颜色的调配以外,还有好多因素都会对颜色产生影响,例如涂料的调配比例、辅料类型、喷涂方式、施工环境等诸多因素。一般情况下,深颜色的金属漆受到的影响小,浅颜色的金属漆受到的影响大,素色漆基本上不受影响。

3.4.1 条件等色对颜色调配的影响

在进行颜色调配时,偶尔会出现一些特殊情形,即在某种光源下两件物体呈现相同的颜色,但在不同的光源下进行观察时,则会出现明显的色差,这种现象我们称为条件等色,又称光源变色、颜色异构。其原因是光源中各种彩色光线的强度不同造成的,这是在调配色漆的过程中需要注意的一个问题。

我们知道,不同的颜料具有吸收和反射特定的波长及能量的色光能力,而调色的实质则是在当时的光源条件下筛选组合不同的颜料,确定它们的配比,使混合后的涂料能够在该光源下反射某种颜色所具有的波长及能量的光线。有时可以用不同组合和比例的色母调配出非常近似的颜色,而且这两种颜色都能够达到修补的要求,即配方不同颜色相同。我们一般是在自然日光下进行调色工作的,如果把上述不同配方的颜色置于其他光源下,这两种颜色的差异可能就会显现出来了。判断两个色漆是否是条件等色的方法就是在日光(或标准的人造光源)和白炽灯光下对比这两个颜色,如果在这两种光源下色漆的颜色都相同,基本可以排除条件等色。

条件等色在颜色调配中是相当常见的现象,往往因为颜色偏差不大而被忽略。如果出现了严重的异构现象,基本上都与色母选用不当有关。这种情况下仅在原配方基础上增减色母数量是无法改变的,必须要改变所用的色母才能调配出来。

如果修补的汽车有颜色代码,并依照颜色代码在胶片或者光盘上查出配方,在此配方的基础上做颜色微调时,只要使用配方中的色母进行微调,就可以避免条件等色。如果所修补的汽车没有颜色代码,而是用色卡与车身颜色相比选择一个颜色代码,尽可能在不同光源下比较色卡与汽车的颜色,也可以避免条件等色。如果用条件等色的涂料来进行修补工作,在日光下一般不会察觉出颜色的差异,但在其他光源下汽车修补痕迹就会显现出来。

3.4.2 施工条件对颜色调配的影响

金属漆中铝片的排列有三种状态:第一种状态:铝片平铺在涂膜的上部,颜色比较浅、亮;第二种状态:铝片沉在涂膜的下部,颜色比较深、暗;第三种状态:铝片的排列介于第一和第二种状态之间。刚喷涂的湿涂膜一般是第一种状态,在涂膜干燥过程中,铝片的密度比较大,渐渐下沉,颜料颗粒向上迁移,颜色由浅变深。如果涂膜的表干时间比较长,就将达到第二种状态;如果涂膜表干时间较短,铝片还没有下沉涂膜就干了,就是第一种状态。同样的银粉漆喷涂后亮度不同是因为干燥时间不同而造成的,所以在施工时,凡是会影响涂膜干燥时间的因素都会影响金属漆涂膜的亮度。

3.4.3 颜料密度对颜色调配的影响

色母中颜料的密度是不同的,所以在涂料流平、闪干的过程中,颜料的密度会影响到颜料颗粒在涂膜中的分布状态,这样就会影响到涂膜的颜色。

含有大量白色母的素色漆在湿涂料状态下颜色又浅又亮,喷涂烤干后颜色不但鲜艳了,而且还会变暗。这是因为白色颜料的密度大,在涂膜干燥过程中白色颜料会下沉,显现出其他颜色,所以涂膜颜色的彩度就提高,即鲜艳了;白色是亮度最高的颜料,其他颜料的亮度一般不会高于白色的亮度,白色颜料下沉后,涂膜亮度必然降低。

蓝色母是密度较小的一类色母,根据施工条件的不同,干涂膜的蓝色有可能出现偏红或偏绿的各种差异色。一般情况下,若湿涂料涂膜薄、干得快,颜色容易浮现出红色;若湿涂料涂膜厚、干得慢,颜色容易发绿。

由于这些因素,采用手工喷涂的方法喷涂的修补涂料时,涂料颜色的重现性是比较差的。即使是同一罐涂料、同一把喷枪、同一个人,只要在不同的时间喷涂,都有可能得到不同的涂膜颜色。如果让一位喷漆师傅在一张大的纸板上喷涂容易产生色差的金属漆(如沙滩黄等),待涂膜完全干燥后,纸板上的涂膜颜色看起来比较均匀,但是若把大纸板切成小色卡,比较从不同部位切下的色卡,就会发现颜色差异,这也是汽车修补涂料颜色匹配中无法避免的缺陷。但从另一方面来看,如果喷漆师傅技术高超、应变能力强,也可以利用改变喷涂方式来弥补颜色的细微差别。

本章小结

本章主要介绍色彩学基本知识,着重讲解了颜色的产生必备三大要素、颜色的特性、颜色的表示方法颜色的合成及色彩与汽车的联系。介绍了颜色调配的基本概念、调色过程中所用到主要工具和设备,调色的基本程序,颜色基本属性在调色中的应用,色漆调配的技巧,施工条件等因素对调色的影响。简要介绍新型颜料幻彩颜料和电脑调色的基本知识。

下列的总体概要覆盖了本章的主要学习内容,可以利用以下线索对所学内容进行一次简要的回顾,以便归纳、总结和关联相应的知识点。

(1)影响颜色的要素。主要介绍了颜色的概念、影响颜色的三大要素及三大要素之间的关系等。

(2)掌握颜色的属性。主要介绍了颜色的三属性、无色彩的特性、颜色三属性的相互关系、颜色特性的表示等。

(3)掌握颜色的表示方法。主要介绍了蒙赛尔表色法、奥斯瓦尔德表色法、$L^*a^*b^*$表色法、三刺激值表色法等。

(4)了解颜色的合成方法。主要介绍了颜色的合成方法、补色、消色等。

(5)汽车用色依据。主要介绍了色彩配合、汽车与色彩、汽车用色依据等。

(6)调色的概念和目的。主要介绍了调色的概念和目的、调色基础等。

(7)调色设备的使用方法。主要介绍了调漆机、电子秤、颜色分析仪及其他调色工具的使用方法及操作程序等。

(8)色漆调配的要点和方法。主要介绍了素色漆、金属(珍珠)色漆的调配要点,介绍了银粉色母、珍珠色母的特点及分类,溶剂型油漆、水性漆的调色程序等。

(9)影响颜色调配的因素。主要介绍了条件增色、施工条件、颜料密度对色差的影响等。

自测题

一、单项选择题(在每小题的备选答案中,选出一个正确答案,并将其序号填在括号内)

1.可见光的波长为( )。
　　A. 300~700nm　　B. 380~680nm　　C. 380~780nm　　D. 400~780nm

2.色光的三原色是( )。
　　A.红、黄、蓝　　B.红、绿、蓝　　C.品红、黄、青　　D.红、绿、蓝紫

3. 色料的三原色是( )。

　　A. 红、黄、蓝　　　　B. 红、绿、蓝　　　　C. 品红、黄、青　　　　D. 红、绿、蓝紫

二、判断题（正确打√,错误打×）

1. 光波介入人的视觉有三种方式：直射、反射、折射。　　　　　　　　　　（　　）

2. 某种颜色加白可提高其明度,加黑会降低其明度。而随着白和黑的增加,在颜色的明度改变的同时,颜色的彩度不会变化。　　　　　　　　　　　　　　　　　　　　（　　）

3. 按银粉颗粒的亮度可以把银粉分成三类,即无(平)光银、亮银和闪银。　　（　　）

4. 选择银粉色母时,先判断需要使用的银粉亮度级别,再判断银粉的颗粒度。（　　）

三、简答题

1. 简述调配素色漆的注意事项。

2. 简述银粉色母的特点。

3. 简述珍珠色母的特点。

4. 简述溶剂型色漆的调配方法。

第4章 汽车修补涂装设备

导言

本章主要介绍喷枪的结构和工作原理以及分类方法,喷枪的调整、操作方法,喷枪的维护方法和常见故障的诊断与排除的有关知识,手工打磨设备、机械打磨设备和一些抛光设备的性能和使用方法,压缩空气供给系统的主要设备和涂装之后的加温烘干设备。

学习目标

1. 认知目标
(1) 掌握喷枪的工作原理。
(2) 了解喷枪的类型及应用场合。
(3) 掌握喷枪的结构组成。
(4) 了解喷枪常见故障的诊断和排除方法。
(5) 了解烘干设备的类型。
(6) 掌握不同烘干设备的干燥原理。
(7) 了解空气净化设备的工作原理。
(8) 了解空气压缩机的分类、构造及工作原理。
(9) 了解储气罐、调压器、油水分离器和空气干燥装置的作用。
(10) 了解压缩空气分配系统的组成及作用。

2. 技能目标
(1) 能够正确调整及测试喷枪。
(2) 能够分析喷枪常见故障。
(3) 能够根据喷枪故障现象排除故障。
(4) 能够根据不同情况选用正确的烘干设备进行干燥。
(5) 能够根据实际情况布置压缩空气供给系统。

3. 情感目标
(1) 初步养成自觉遵守国家标准的习惯。
(2) 培养一丝不苟、严肃认真的工作作风。
(3) 增强思维能力,提高学习兴趣。

4.1 喷枪

目前汽车修补涂装大多采用空气喷涂法,空气喷涂的设备主要有空气压缩机、喷枪、油水分离器压力调节设备、输气软管等,另外需要的涂装设备还有烘干设备、打磨设备、除锈设备、抛光设备等。

喷枪是涂装修补的关键设备,其质量会对涂装修补的质量影响很大。喷枪的类型和规格较多,适用于不同场合的喷涂,但其基本功能和原理是一致的。

4.1.1 喷枪的雾化

空气喷枪是指利用空气压力将液体转化为小液滴的喷涂工具,该过程即雾化。雾化的过程就是喷枪工作的过程,雾化使涂料成为可喷涂的细小且均匀的液滴,当这些小液滴被以正确的方式喷到汽车表面后就会结合形成一层厚度极薄的、像镜子一样的平整的膜。

如图4-1所示,用力吹空气管,空气将快速流过竖直管的上端,使竖直管内气流压力下降,容器中的液体通过竖直管吸出,被高速流动的空气吹散。流过竖直管上端的空气流速越快,管内的压力下降越多,就会有更多的液体被从容器中吸出。

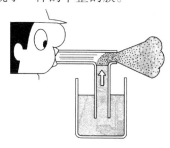

喷枪雾化的基本原理与此类似,只是喷枪的雾化更为复杂,喷枪雾化分为以下三个阶段进行,如图4-2所示。

第一阶段:涂料由于虹吸作用从喷嘴喷出后,被从环形中心孔喷出的气流包围,气流产生的气旋使涂料分散。

图4-1 雾化原理

第二阶段:涂料的液流与从辅助孔喷出的气流相遇时,气流控制液流的运动,并进一步使其分散。

第三阶段:涂料受从空气帽喇叭口喷出的气流作用,气流从相反的方向冲击涂料,使其成为扇形的液雾。

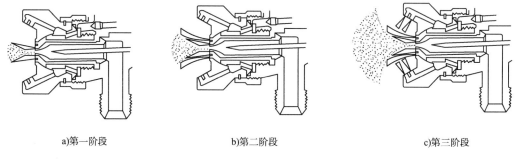

a)第一阶段　　　　　　b)第二阶段　　　　　　c)第三阶段

图4-2 雾化的三个阶段

4.1.2 喷枪的类型

空气喷枪根据涂料的供给方法分为吸力式、重力式和压力式三种,修补涂装常用吸力式和重力式,按涂料杯的安装位置常称为下壶枪和上壶枪。根据空气帽的类型,喷枪又分为外部混合型喷枪和内部混合型喷枪。根据喷枪的用途又分为底漆枪、面漆枪和修补喷枪。各式喷枪的特点如表4-1所示。

各式喷枪的特点　　　　表4-1

类　型	涂料进给方式	优　点	缺　点
吸力进给式（下壶枪）	涂料杯安装在喷嘴下方,仅用吸力供应涂料	喷枪工作稳定,便于向涂料杯加涂料或变换颜色	喷涂水平表面困难,黏度变化导致出漆量变化;涂料杯比重力进给式难操作,因而涂装人员较易疲劳
重力进给式（上壶枪）	涂料杯安装在喷嘴上方,用涂料重力及喷嘴处的吸力供应涂料	涂料黏度变化,出漆量不会变化,涂料杯的位置可按喷涂件的形状变更角度,节省涂料	由于涂料杯安装在喷嘴上方,反过来就会影响喷枪的稳定性;涂料杯容量小,不适合喷涂较大的表面,多用于修补喷涂
压力进给式	用压缩空气储罐或泵给涂料加压	喷涂大型表面时不必停下来向涂料杯内加涂料,也可以使用高黏度涂料	不适合小面积喷涂,变换颜色及清洗喷枪需要较多时间

1. 根据涂料的供给方式分类

1)吸力式喷枪

在吸力式喷枪中,压缩空气流在空气帽处产生一个低压区,提供虹吸作用。涂料杯中的涂料在大气压的作用下向上进入虹吸管和喷枪,在空气帽处得到雾化,并从喷嘴处喷出。涂料杯盖上的通风孔必须打开。这种喷枪的涂料杯容量一般不大于1L,现只适用于中低黏度的涂料。

吸力式喷枪适用于颜色多变以及油漆用量少的场合。

2)重力式喷枪

重力式喷枪的涂料杯位于喷枪的上方,它是利用气流的吸力和涂料的重力使涂料流入喷枪。这种涂料杯不需要液体吸管,因为涂料的出口正好位于涂料杯的底部。涂料杯顶部的通风口必须打开,考虑到其质量和平衡感,涂料杯的容量一般限制在600mL左右。

重力式喷枪适用于小规模作业,如:局部修补等。这种喷枪可用于比吸力式喷枪用料少的场合,但涂料的黏度可以大一些。

3)压力式喷枪

压力式喷枪的涂料通过涂料杯、压缩空气储罐或泵加压。在压力的作用下,涂料经过喷嘴,在空气帽处得到雾化。

当涂料太重、无法虹吸时,或喷涂作业需要迅速完成时,经常使用压力式喷枪。这种喷枪适用于大面积的作业,一般汽车制造厂中的喷涂车间均采用这种喷涂系统。

2. 根据喷枪的使用方式分类

1)底漆喷枪

底漆喷枪是专门用于底漆、中涂底漆喷涂的喷枪,中涂底漆是填充待涂物件表面的砂痕或沙眼,也就是给面漆打基础,以免面漆漆膜上产生一些瑕疵。底漆喷枪主要是要求填充性要好,并不强调雾化效果,所以大多数底漆喷枪的空气帽处无辅助喷孔。喷枪的椭圆形的喷幅有三层:最里面是湿润层,中间是雾化层,外面是过喷雾化层。底漆喷枪的喷幅必须是湿润层应比雾化层要宽大,它只需要将底漆均匀地喷涂到工件的待涂表面即可,雾化层应比湿润层窄小,尤其是过喷雾化层更不宜过大。底漆喷涂要求填充性要好,而填充性主要靠湿润层来完成;否则,就会给底漆的喷涂质量带来较差的效果,甚至还会给底漆涂层的打磨工序带来费工费时费料的后果。

2)面漆喷枪

面漆喷枪是主要用于色漆、清漆涂层喷涂的喷枪,面漆主要是给被涂物件表面着色和装饰,着色这个环节非常重要,就必须要使面漆的颜色喷涂均匀,并且要求流平性要好,所以面漆喷枪强调雾化效果;面漆喷枪的喷幅必须是雾化层应比湿润层要宽大。

3)小修补喷枪

小修补喷枪(图4-3)是专门用于小面积修补的小喷枪,目前广泛用于专业的汽车修理厂、汽车美容店、汽车制造厂的下线修补、喷绘图案等。这种喷枪所需气压较小,可以轻易地喷出较薄的涂层,反弹的漆雾较少,可以有效地控制喷涂区域。特别对于银粉漆的修补,可以较容易的避免"黑圈"的出现。

为提高涂料的有效使用率和环保方面的要求,目前在汽车修补涂装领域逐渐在推广使用环保型喷枪。环保型喷枪又称为HVLP喷枪,HVLP是高流量低气压(High Volume Low Pressure)的英文缩写。高流量是指用大量的空气来进行涂料雾化,耗气量约为430L/min;低气压是指喷涂时喷枪空气帽处最大空气雾化压力低,仅为70kPa(0.7bar),进气压力为200kPa(2.0bar)。环保型喷枪的一个重要指标是传递效率,传递效率是指喷涂过程中材料表面实际获得的油漆量。传统喷枪的涂料传递效率为30%~40%,而HVLP环保型喷枪的涂料传递效率高达65%以上。高传递效率减少了不必要的空气污染、改善了工作场所

图4-3 小修补喷枪

的环境、维护了涂装工人的身体健康、提高了产品质量,从而也降低了涂料的成本费用;由于上漆率高,获得相同漆膜厚度需要的喷涂行程次数就少,可提高生产率,同时也降低了处理飞漆的费用。因此,HVLP环保型喷枪已迅速发展成为当今涂装行业中最主要方向。

由于HVLP环保型喷枪对于压缩空气供给系统的要求较高,有一些维修企业无法满足,同时从喷漆技师的操作习惯来讲,有一些技师不习惯使用低气压喷枪,喷枪制造商也推出了介于传统高气压喷枪和HVLP环保型喷枪之间的低流量中气压喷枪,又称RP喷枪。该种喷枪比传统喷枪省漆15%~20%,推荐进气压力200~250kPa(2.0~2.5bar),耗气量不到300L/min,喷涂压力、运枪速度等使用方法与传统喷枪较为接近,目前应用也较为广泛。

4.1.3 喷枪的结构

喷枪主要由枪体和喷枪嘴组件组成。枪体又分空气阀、涂料控制阀、扇形控制阀、涂料杯、过滤装置、气嘴管、扳机、手柄等。喷枪嘴组件由空气帽、喷嘴、针阀等组成。典型的上吸式空气喷枪的结构如图 4-4 所示。

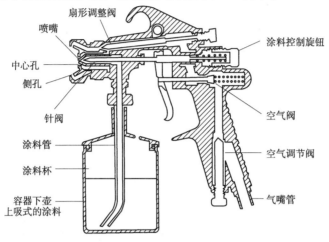

图 4-4　上吸式空气喷枪的结构图

扳机为两段式转换,扣下喷枪扳机时,空气阀先开放,从中心孔以高速喷出的压缩空气在喷嘴前面形成低压区,再用力扣下扳机时,喷嘴打开,涂料由此处被吸出。压缩空气在喷枪中的运动路线如图 4-5 所示。

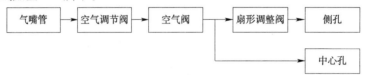

图 4-5　压缩空气在喷枪中的运动路线

空气帽引导压缩空气撞击涂料,使其雾化成有一定直径的漆雾。空气帽上有三种小孔,分别为中心孔、辅助孔、侧孔,如图 4-6 所示。中心孔位于喷嘴末端,作用是产生喷出涂料所需的负压。辅助孔可促进涂料的雾化,对于喷枪性能有很大影响,孔大或多,则雾化能力强;孔少或小,则需要的空气少,雾形小,喷涂量小,便于小工件的喷涂或低速喷涂,如图 4-7 所示。侧孔借助空气压力可控制喷雾的形状,当扇形调节旋钮关上时,喷雾的形状是圆形,当调节旋钮打开时,喷雾的形状变成长椭圆形。

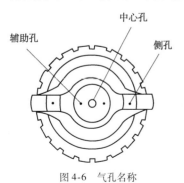

图 4-6　气孔名称

枪针和喷嘴的作用是控制喷漆量,并对气流进行导向。喷嘴内有顶针内座,枪针顶到内座时可切断漆流,从喷枪喷出的实际漆量由枪针顶到内座时喷嘴开口的大小决定。涂料控制阀可以改变扳动扳机时枪针离其内座的距离。喷嘴有各种型号,可以适应不同黏度的涂料。一般情况下,喷嘴的口径越大涂料的喷出量越大,底漆等下层涂装多用大口径的喷嘴,面漆等上涂层涂装多用小口径喷嘴。

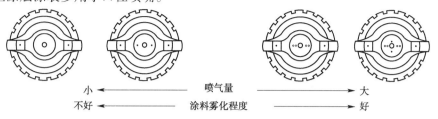

图 4-7 辅助孔的大小与喷枪工作性能的关系

4.1.4 喷枪的调整

为确保喷涂质量,喷枪在使用之前要经过相应的调整和喷涂测试。

1. 喷枪的调整

喷枪的调整主要是喷雾扇形区域的调节,喷雾扇形取决于空气和雾化的涂料液滴的混合是否合适。涂料的喷涂应平稳,喷涂出的湿润涂层应没有凹陷或流泪现象,在一般情况下要想获得合适的喷雾扇形,有三种基本调节方式。

1) 调节压力

喷枪喷嘴处的压力对于得到合适的喷雾扇形有明显的影响。以前调节压力是通过调节供气管路中的油水分离器处的压力来实现,但由于压缩空气从油水分离器经过供气软管到达喷枪还受到摩擦力作用,因此存在压降。油水分离器处测得气压与喷枪处测得气压的差值取决于供气软管的长度和直径,一般来说孔径越大压降越小,管长越短压降越小,但管长一般不超过 10m。因此,应该在喷枪处测量气压值,而且我们所提到的压力值都是指喷枪处的气压。

测量气压的最可靠的方法是使用一块插在喷枪和输气管接头之间的气压表。有些喷枪本身就带有气压表,可用来检查和调节喷枪处的压力值,而大多数喷枪的气压表是可选件,建议在生产实际中使用带气压表的喷枪。

2) 调节喷雾扇形

通过调节喷雾扇形控制旋钮可以调节喷雾直径的大小。调节喷雾形状时,将扇形控制旋钮旋紧,可使喷雾的直径变小,形状变圆。将扇形控制旋钮完全打开,可使喷雾形状变成宽的椭圆形。较窄的喷雾可用于局部修理,而较宽的喷雾则用于整车喷涂,如图 4-8 所示的是扇形控制旋钮从旋紧到完全打开时,喷雾形状的变化。

3) 调节涂料流量

调节涂料控制旋钮可调节适应不同喷雾形状所需的涂料流量,如图 4-9 所示。逆时针转动涂料控制旋钮可增大出漆量,而顺时针转动将减小出漆量。

最佳的喷涂压力是指获得适当雾化,挥发率和喷雾扇形宽度所需的最低压力。压力过高会产生过多弥漫的喷雾,从而导致用料量增加,而涂层流动性降低,因为在涂料到达喷涂表面之前已有大量的溶剂被蒸发掉了,易产生橘皮等缺陷。如果压力过低,会使涂层的干燥困难,因为大多数溶剂都保留下来了,因此容易产生起泡和流挂。不同涂料、不同类型的喷枪操作时所需的空气压力有所区别,具体参看涂料供应商和喷枪设备厂家的要求。

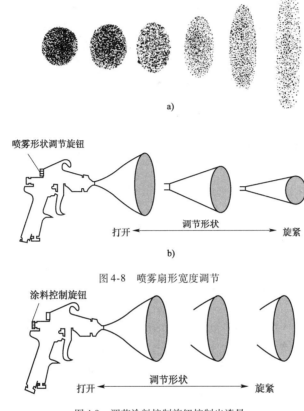

图 4-8 喷雾扇形宽度调节

图 4-9 调节涂料控制旋钮控制出漆量

2.喷涂测试

设定好空气压力、喷雾扇形、出漆流量后,就可以在测试纸上进行喷雾形状测试。使用高流量低气压喷枪时喷枪与测试纸相距为 13～17cm,而使用传统高气压喷枪时则相距 18～23cm。试验应在瞬时完成,将扳机完全按下,然后立即释放。喷射出来的涂料应在纸上形成长而窄的形状,如图 4-10 所示。然后旋转喷雾扇形旋钮,使试样高度达到一定高度为止。

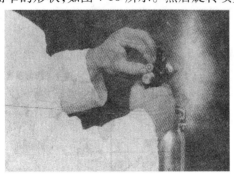
a)

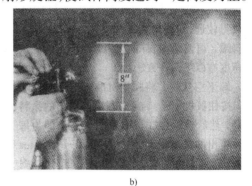
b)

图 4-10 测试喷涂形状

图 4-11 表示了涂料雾化质量的两种情况，图 4-11b)所示的雾化质量好一些。如果涂料颗粒粗大，可以旋进涂料流量控制旋钮 1/2 圈以减少流量；如果喷得太细或过干，则旋出涂料流量控制旋钮 1/2 圈，以达到调节涂料喷出量的目的。

进行这种喷涂测试，既可以确定涂料雾化是否均匀，又可以确定涂料雾化的颗粒是否足够小，以保证合适的流动性。

完成以上测试后，还应测试涂料分布是否均匀，松开空气帽定位环并旋转空气帽，使两个侧孔处于竖直位置，此时喷出的图案将是水平的，如图 4-12 所示。

a)不良的雾化　　b)良好的雾化

图 4-11　涂料雾化质量

再喷一次，按住扳机直到涂料开始往下流，这叫做"流泪"，检查流痕的长度。如果所有的调节都合适，流痕的长度应大致相等，如图 4-13a)所示；如果流痕两边长中间短，如图 4-13b)所示，是喷雾形状调得太宽或气压太低，将喷雾扇形控制旋钮转回半圈或增加压力，反复进行这两项调节，直到流痕的长度相等；如果流痕中间比两边长，如图 4-13c)所示，说明喷涂量太大，调节流量控制旋钮，直到流痕的长度相等。

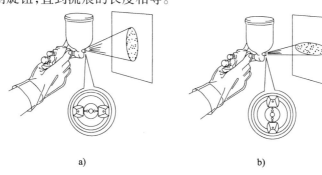

a)　　　　　　　　　　b)

图 4-12　转动空气帽调整试喷图形

a)合适的喷涂图形　　b)分离的喷涂图形　　c)中间过重的喷涂图形

图 4-13　测试喷涂图形

4.1.5　喷枪的操作要领

1.喷涂操作注意的要领

对喷涂工作而言，要想获得良好的效果，要时刻注意枪距、枪速、垂直、重叠量等要素的正确运用，掌握好以下这些相关的要领：

1)握喷枪的方法

喷枪的常用握法是靠手掌、拇指、小指以及无名指握住的,中指和食指用以扣动扳机。在喷涂操作时间较长时,有时也可以改换握枪的方式,如仅用拇指、手掌配合小指,有的配合无名指握枪,中指和食指用来扣扳机,以缓解疲劳,提高劳动效率。

2)喷枪必须与被喷构件表面保持垂直

为便于操作一般情况下应以一字步或丁字步站立,在喷枪移运过程中,不论是使用横型的喷雾扇形还是纵形的喷雾扇形,在上下或左右移动时,均要保持喷枪与工作表面成90°直角,并以与表面相同的距离和稳定一致的速度移动,绝对不可以由手腕或手肘作弧线摆动,如果喷枪有一些歪斜,其结果会造成喷幅偏向一边流淌,而另一边则显得干瘦、缺漆,极有可能造成条纹状涂层,见图4-14、图4-15。

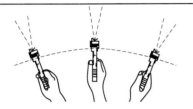

图4-14 握喷枪成弧线运动

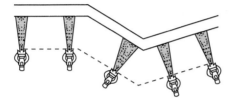

a)正确的喷枪运动

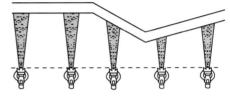

b)不正确的喷枪运动导致涂层不均匀

图4-15 喷枪运动与弧形表面垂直

3)与被喷涂构件表面保持一定的距离

喷涂距离与涂膜质量好坏有密切的关系,喷枪离得太近,则涂膜会很厚,喷涂的漆雾易被冲回,容易造成涂膜"流挂",或产生"橘皮纹";喷枪距离被涂物太远,稀释剂挥发太多,会使飞漆增多,漆雾不能在物体表面成膜,或涂膜粗糙无光,如图4-16所示。而正常的喷涂距离应与喷枪的气压、喷枪的扇面调整大小以及涂料的种类相配合。一般喷涂距离为20cm左右(可按涂料供应商提供的工艺条件操作),实际距离可通过对贴在墙上的纸张试喷而定。简易测定距离的方法是,手掌张开,稍大于拇指尖至小指尖的距离。

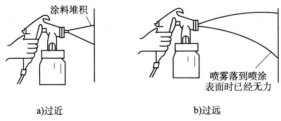

a)过近   b)过远

图4-16 喷涂距离对喷涂效果的影响

4)掌握好喷枪的移动速度

喷枪的移动速度与涂料干燥速度、环境温度、涂料的黏度有关,行进速度为30~40cm/s,移动速度过快,会使漆膜表面显得干瘦,流平性差,粗糙无光;移动速度过慢,会使涂膜过厚发生流泪。速度必须一致,否则涂膜厚薄不匀。喷涂过程中绝对不能让喷枪停住不走,否则会产生流挂。若使用干燥较慢的涂料,可适当提高移动速度至40~80m/s。

5)掌握好被喷涂料的喷涂气压

选择正确的喷涂气压与多种因素有关,如涂料的种类、稀释剂的种类(快、慢)、稀释后的黏度等。一般要求要在喷涂操作时尽量使涂料雾化,同时又要求涂料中所含溶剂尽可能少的蒸发,传统喷枪调节气压在 0.35～0.5MPa,或进行试喷而定。在调节过程中要养成严格遵守涂料厂商产品说明书所提供的施工参数的良好习惯,因为只有这样做才能够获得理想的效果。合适的喷涂气压是获得适当的喷雾、挥发率和喷幅的首要要求。压力过低极有可能雾化不好,会使稀释剂挥发过慢,涂料像雨淋一样喷涂到构件的表面,容易产生"流泪"、"针孔"、"起泡"等现象。而压力过高极有可能过蒸发,严重时形成所谓干喷现象。

6)控制好喷枪的扳机

喷枪是靠扳机来控制的,扳机扣得越深,涂料流量越大。在传统运枪的过程中,扳机总是扣死,而不是半扣。为了避免每次运枪将要结束时所喷出的涂料堆积,最好略略放松一点扳机,以减少供漆量。即手握喷枪向待喷涂构件表面移动,在喷枪移动到距离待喷涂表面的边缘5cm左右地方扳动扳机,在喷枪扫过已喷涂表面的边缘大约5cm以外的地方放开扳机。

有一种操作手法叫"收边","收边"的意思是在运枪开始时不扣死扳机,使得开始时的供漆量很小,随着喷枪的移动,逐渐加大供漆量,直到运枪将要结束时再将扳机放开,使供漆量大大减少,从而获得一种特殊的过渡效果的操作。在进行点修补或者在作新喷涂层与旧涂层的边缘润色加工时都要进行"收边"操作。

7)掌握好喷涂方法、路线

喷涂方法有纵行重叠法、横行重叠法和纵横交替喷涂法。喷涂路线应从高到低、从右到左、从上到下、先里后外顺序进行。应按计划好的行程稳定地移动喷枪,在抵达单方向行程的终点时放开扳机,然后再扳动扳机开始相反方向仍按原线喷涂。在行程终点关闭喷枪可以避免出现流挂并把飞漆减少到最低。难喷部位如拐角或边缘要先喷涂,要正对被喷涂部位,这样拐角或边缘的两边各得到一半喷漆,喷枪距离要比正常距离近2.5～5.0cm,或将喷雾扇形控制旋钮旋进几圈。如果离的较近,则移动速度应快一些,以使漆膜厚度保持一致。喷涂完所有边角后,就可以开始喷涂平面或接近平面的部件了。对竖直面板通常从板的最上端开始,喷枪的喷嘴位置与上边缘平齐。喷枪第二次单方向移动的行程与第一次相反,喷嘴位置与第一次行程的下边缘平齐,扇形的上半部与第一次扇形的下半部重叠,重叠幅度第二层应与上一层重叠 2/3 或 1/2,如图 4-17 所示,下半部喷涂在未喷涂过的区域。各涂层之间要留出几分钟的闪干时间。

图 4-17 喷涂的重叠行程

8)喷涂非常窄的表面的方法

喷涂非常窄的表面时可以使用小修补喷枪来进行操作,或者降低气压和涂料流量后,也可以使用普通喷枪进行操作,但是要特别注意操作的技巧。

9)持续进行来回连续操作

每走到头应松开扳机,并降低喷涂图案一半的距离。最后一趟应使喷雾的一半低于已喷涂平面。对车门而言,喷雾的下一半就射空了。

上述步骤是针对单涂层的,对于双涂层,应在此基础上重复上述操作。一般而言,良好的喷涂面层是由双涂层或多涂层涂料组成,在两个涂层之间应有一段快速蒸发的时间,即溶剂蒸发以使涂层稍微变干的所需时间,一般为几分钟。这时可以观察到涂层外表面稍微变暗。

2. 持枪应注意的问题

(1)持枪应注意避免倾斜、曲线运动、移动速度、重叠、覆盖等问题。

(2)倾斜是指漆工将喷枪向下倾斜。因为喷枪与喷涂平面不相垂直,会导致喷雾过多,喷漆发干以及橘皮等现象。

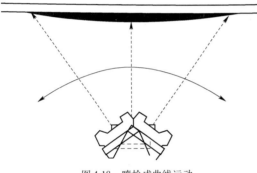

图 4-18 喷枪成曲线运动

(3)曲线运动是指漆工移动喷枪的轨迹与喷涂平面不平行,如图 4-18 所示。在曲线行程的两头,喷枪距离喷涂平面比行程中间远。其后果是漆膜不均匀,局部喷涂过厚,以及橘皮。

(4)如果移动速度太快,涂料就不会均匀地覆盖喷涂表面;如果移动速度太慢,就会产生流挂。正确的移动速度主要依靠严格的训练和经验来保证。

(5)不正确的重叠会导致漆膜厚度不均匀,颜色的对比度也不均匀,以及流挂。

(6)在板的边缘如果扣扳机不当,会导致漆膜厚度不均匀,应注意交接部分。

4.1.6 喷枪的维护及常见故障处理

要保证喷枪的使用寿命及喷涂质量,必须对喷枪进行良好的清洁和维护。喷枪清洗应在使用完毕后立即进行,尤其是双组分涂料,如果不及时清洗,涂料就会干结在喷枪中,导致喷枪损坏甚至报废。

1. 喷枪的清洗维护

喷枪的清洗方法有两种,一种是手工清洗,另外一种是使用洗枪机清洗。无论采用哪一种清洗方法,清洗喷枪的关键在于清洁干净枪杯、涂料通道、空气帽及喷嘴。手工清洗的方法如下:

(1)将剩余涂料倒入专用废弃物收集容器,加入少量洗枪溶剂,用毛刷洗净枪杯。扣下扳机,使溶剂流出,冲洗涂料通道及喷嘴。

(2)为了洗净空气帽内部的涂料,把空气帽卸下,用毛刷及溶剂清洁空气帽及喷嘴。如果有必要清洗枪针,再旋下内置弹簧的涂料流量调节旋钮,抽出弹簧及不锈钢枪针,用毛刷及溶剂小心地清洗枪针,防止枪针受损、弯曲变形。

（3）如果有必要清洗喷嘴,可以用专用扳手小心卸下喷嘴,可以用毛刷及溶剂清洗。喷嘴通常无须每次清洗,一般来说在喷枪使用频率较高的情况下,每月清洗1次就可以了。

（4）如果喷嘴、空气帽、枪针这些金属构件上面有较难清洗的涂料,可将它们浸泡在溶剂中,但不要把其他部位乃至枪身整体浸泡在溶剂中,因为这会使密封圈硬化受损,影响到喷枪的雾化及喷涂质量。

（5）不能用针或任何金属硬物清洁喷嘴和空气帽上面的孔,以免导致喷嘴或雾化孔变形,如果需要可以使用软毛刷清洁。

（6）清洗完毕后,先安装喷嘴（注意适当的松紧度）,再安装枪针、弹簧、涂料流量调节旋钮、空气帽及涂料杯。安装好后加入少量溶剂,在具有抽排风的地点用压缩空气喷出并完全吹干净喷枪中溶剂。

目前市场上常见的有快速洗枪机（图4-19）和普通洗枪机（图4-20）两种。快速洗枪机可以方便快捷的清洗喷枪,使用时将枪杯卸下,能够快速地洗净喷枪涂料通道、空气帽、喷嘴等位置,能够快速清洗喷枪以接着喷涂另外一种颜色或者其他涂料。使用免洗枪壶时,由于涂料杯无需清洗,则清洗一般在30s内就可以完成。

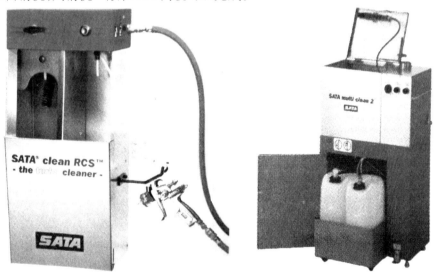

图4-19　快速洗枪机　　　　图4-20　普通洗枪机

使用洗枪机的好处是清洗效率较高,洗枪后的废溶剂可以集中收集、储存、处理,有利于环保。清洗过程中产生的挥发物也较手工清洗喷枪少。

使用洗枪机清洗的方法:将喷枪和涂料杯的较脏部位预清洗一下;连接喷枪清洗机空气接头并完全打开气压调节旋钮,将喷枪扳机拉至完全打开并固定好;将喷枪放在洗枪机内正确位置,盖上盖子;设定清洗时间后打开阀门,气动泵会将溶剂输送到洗枪机中的清洗喷头处,清洗喷头就可以清洗喷枪的喷嘴、涂料通道等位置;清洗完毕后,按下吹干按钮,吹除涂料通道中的残留溶剂;取出喷枪,手工补充清洁未洗净的地方,并用干净的抹布擦干喷枪的外部。具体每种洗枪机的使用方法有所不同,需参照使用说明书使用。

无论是快速洗枪机还是普通洗枪机,都可以用于清洁喷涂溶剂型涂料的喷枪或喷涂水性涂料的喷枪,只需要使用不同的清洗液(清洁剂)即可,但由于溶剂型涂料的废弃物和水性漆废弃物的处理方式不同,故洗枪机需要专用于溶剂型涂料或水性涂料,不能混用。

2.喷枪故障的诊断

喷枪在使用过程中,由于维护、零件磨损、老化、使用不当等原因,喷枪本身都可能发生故障,造成涂装工作不能正常进行,遇到这种情况应首先了解发生故障的原因,漆工应具备排除一些简单故障的能力。现将一些常见的喷枪故障及原因、采取措施列表予以说明,见表4-2。

喷枪故障的诊断 表4-2

故障	可能的原因	建议采取的措施
喷涂过厚或底部过厚	空气帽侧孔部分堵塞(外部混合物)	拆下空气帽清洗干净
	涂料喷嘴堵塞、损坏或安装不正确	清洗、更换或重新安装喷气嘴
	空气帽座或涂料喷嘴座有脏东西	拆下来清洗干净
喷涂图案向左偏或向右偏	空气帽发脏或量孔部分堵塞	要判断故障原因,可将空气帽旋转180°进行喷涂测试如果喷涂图案仍向原来的方向偏,则问题出在涂料喷嘴上;如果喷涂图案和原来正相反,则问题出在空气帽上。相应的清洗空气帽、量孔,以及涂料喷嘴
	空气帽损坏	更换空气帽
	喷嘴堵塞或损坏	清洗或更换喷嘴
	喷雾形状控制旋钮调节的太低	调节设置
喷涂图案的中心过厚	雾化压力过低	增加压力
	涂料的黏稠度过大	使用适当的稀释剂稀释
	涂料压力相对空气帽通过能力过大(压力式喷枪)	降低涂料压力
	喷嘴的口径由于磨损而增大	更换喷嘴
	中心孔过大	更换空气帽和喷嘴
喷涂图案分散	涂料不够	降低空气压力或增加涂料流动速度
	空气帽或涂料喷嘴发脏	空气帽、喷嘴拆下来清洗干净
	空气压力过高	降低空气压力
	涂料黏稠度过小	加大涂料的黏稠度

续上表

故　　障	可能的原因	建议采取的措施
针眼	喷枪距离工作表面太近	喷枪应距离工作表面 15~20cm
	涂料压力过大	降低压力
	涂料过重	使用稀释剂稀释涂料
清漆涂层发红或发白	涂层吸潮	避免在潮湿和寒冷的气候进行喷涂
	清漆干燥过快	在清漆中适当地加入慢干剂
橘皮(涂层表面看起来就像橘子的外皮)	雾化压力过高或过低	根据需要调节合适
	喷枪距离工作表面过近或过远	喷枪应距离工作表面 15~20cm
	涂料没有稀释	进行正确的稀释操作
	表面预处理不正确	表面必须进行预处理
	喷枪移动过快	小心缓慢地移动喷枪
	使用的空气帽不合适	根据涂料和供料形式的不同选择合适的空气帽
	多余的漆雾喷到已喷涂的表面	正确安排喷涂操作的顺序
	涂料没有完全溶解	彻底混合涂料
	涂层表面气流过强(合成涂料和清漆)	消除涂层表面的气流
	湿度过低(合成涂料)	增加室内的湿度
过量的多余喷雾	雾化气压过高或涂料压力过低	根据需要正确调整
	喷射经过喷涂部件的表面	喷枪经过目标时松开扳机
	空气帽或涂料喷嘴不合适	确定并使用正确的组合
	喷枪距离工作表面太远	喷枪应距离工作表面 15~20cm
	涂料稀释得太过分	应适量使用稀释剂
无法控制喷雾锥形的大小	空气帽座已损坏	检查损坏的情况,必要时更换
	空气帽座内进入过大的异物颗粒	确保空气帽座的表面干净
流挂	空气帽和涂料喷嘴发脏	清洗空气帽和涂料喷嘴
	喷枪距离工作表面太近	喷枪应距离工作表面 15~20cm
	行程的末端没有松开扳机	每一行程的末端都应该松开扳机
	喷枪与工作表面的角度不对	喷枪与工作表面应成直角
	涂料堆积过厚	学会计算涂层湿润时的厚度
	涂料稀释得太过分	加入稀释剂时应仔细量好适当的使用量
	涂料的压力过大	调节涂料流量控制旋钮降低涂料的压力
	喷枪移动太慢	提高喷枪通过工作表面的速度
	雾化不正确	检查空气和涂料的流量;清洗空气帽和涂料喷嘴

续上表

故障	可能的原因	建议采取的措施
条纹	空气帽或涂料喷嘴发脏或损坏	和处理流挂现象一样
	行程重叠不正确或不充分	准确地沿着上一行程
	喷枪通过工作表面太快	小心缓慢地移动喷枪
	喷枪与工作表面的角度不正确	和处理流挂现象一样
	喷枪距离工作表面太远	喷枪距离工作表面应为15~20cm
	空气压力过高	必须降低空气压力
	喷雾分散	松开空气调节阀或更换空气帽或涂料喷嘴
	喷雾形状与涂料流量控制旋钮的调节不正确	重新调节
喷枪的喷射持续呈脉冲状	连接和密封不严或不当	按使用说明拧紧或更换
	涂料管或涂料控制针阀套的连接处泄漏（虹吸供料式喷枪）	拧紧连接处；润滑针阀套
	涂料杯内的涂料不足	加满涂料杯
	涂料杯倾斜成锐角	如果必须倾斜涂料杯，改变杯内涂料管的位置，并保持涂料杯的装满涂料
	涂料通路堵塞	卸下涂料喷嘴，针阀和供料管清洗干净
	涂料过重（虹吸供料式）	稀释涂料
	储料罐顶部的进气口堵塞（虹吸供料式）	清理干净
	储料罐顶部的接头螺母发脏或损坏（虹吸供料式）	清理或更换
	输料管与压力储料罐或涂料杯盖的连接不紧	将其拧紧
	筛网堵塞	清洗筛网
	密封螺母没拧紧	确保密封螺母拧紧
	输料管没拧紧	按使用说明指示的转矩将输料管拧紧
	喷嘴上O形圈磨损或发脏	必要时更换O形圈
	从储料罐接出的输料管没拧紧	拧紧
	锁紧螺母垫圈安装不正确或锁紧螺母没拧紧	检查并正确安装或拧紧螺母
喷涂图案不均匀	空气帽损坏或堵塞	检查空气帽，然后进行清洗或更换
	涂料喷嘴损坏或堵塞	检查涂料喷嘴，然后进行清洗或更换

第4章　汽车修补涂装设备

续上表

故　　障	可能的原因	建议采取的措施
喷嘴处有涂料泄漏	涂料控制针阀锁紧螺母太紧	松开螺母；润滑针阀套
	涂料控制针阀套发干	经常润滑针阀和针阀套
	涂料喷嘴被异物堵住	拆下涂料喷嘴清洗干净
	涂料喷嘴或涂料控制针阀损坏	将涂料喷嘴和针阀都更换掉
	涂料控制针阀规格不适合	根据使用的涂料喷嘴换上规格正确的控制针阀
	涂料控制针阀弹簧断裂	拆下并更换
锁紧螺母处有涂料泄漏	锁紧螺母没拧紧	将锁紧螺母拧紧
	针阀套磨损	更换针阀套
	针阀套发干	将针阀套拆下来并用轻型润滑油润滑
当扣动扳机时涂料喷嘴处有涂料泄漏	涂料喷嘴有异物进入	清洗涂料喷嘴，并将涂料滤干净
	涂料控制针阀被涂料粘住	将所有干燥的涂料清洗干净
	涂料控制针阀损坏	检查损坏的情况，必要时更换
	涂料喷嘴损坏	检查出涂料喷嘴的裂口，必要时更换
	涂料控制针阀弹簧错位	确保针阀弹簧复位
喷涂过量	扣扳机的操作不正确	应养成每个行程结束后松开扳机的习惯
	喷枪与工作表面的角度不正确	喷枪应与工件表面成直角
	喷枪距离工作表面太远	喷枪距离工件表面应为 6～8in
	空气帽或涂料喷嘴的规格不合适	使用合适的组合
	厚度不规则的涂膜沉淀	学会计算湿润涂层的厚度
	空气压力过大	使用最少量的空气
	涂料压力太大	降低气压
	涂料控制旋钮调节不合适	重新调节
涂料不能从喷枪喷出来	涂料用完了	添装涂料
	颗粒、灰尘、漆皮等堵塞住空气帽、涂料喷嘴、涂料控制针阀或筛网	彻底清洗干净喷枪和过滤涂料；工作前必须过滤涂料
	没有空气供应	检查气压调节器
	使用的虹吸供料式喷枪的空气帽内部混合	检查空气帽以及涂料的供应
涂料从储料罐出不来	储料罐内气压不足	检查有无气漏；调节气压以得到充分的气流
	储料罐上的进气口被干燥的涂料堵塞住	这是常见的问题；定期清理进气口
	储料罐盖的垫圈泄露	更换新垫圈
	喷枪在不同的储料罐之间不能通用	按使用说明调整正确
	涂料管堵塞	清理干净
	气压调节器的连接不正确	按使用说明调节正确

续上表

故　　障	可能的原因	建议采取的措施
涂层缺乏液态材料	空气压力过高	降低气压
	涂料稀释不正确（仅对虹吸供料式喷枪）	将涂料稀释到要求的程度,使用合适的稀释剂
	喷枪距离工作表面太远或调节不当	调节喷涂距离;清洗喷枪的涂料与喷雾形状控制阀
起斑点,涂层不均匀,成膜慢	涂料流量不足	将涂料控制旋钮调至最紧
	雾化气压过低（仅对虹吸供料式喷枪）	增加空气压力,重新将喷枪调平衡
	喷枪移动过快	按适当的速度移动喷枪
得不到圆润的喷涂效果	喷雾形状控制旋钮回位不正确	清洗或更换
涂料喷嘴滴漏	针阀套发干	润滑针阀套
	针阀卡滞	润滑
	锁紧螺母太紧	调节
	MBC型喷枪的喷头调节不当会导致针阀堵塞	用小木棍或生皮鞭轻敲喷头的周围,并拧紧锁紧螺母
多余喷雾过量	雾化气压过大	降低气压
	喷枪距离工作表面太远	调节距离
	喷枪移动不正确,如弧线运动或速度太快	以合适的速度移动,并且注意与喷涂表面平行
涂层过度模糊	稀释剂过量或干燥太快	重新混合
	雾化气压过大	降低
虹吸供料式喷枪不能工作	涂料过浓	使用稀释剂进行稀释
	使用的喷嘴内部混合	安装外部混合的喷嘴
	涂料没有过滤	工作前必须过滤干净
	储料罐盖上的进气口堵塞	确保该口通畅
	储料罐垫圈磨损或错位	检查清楚,必要时更换
	筛网堵塞	清洗或更换筛网
	涂料流量控制旋钮调节不当	正确调节
	没有空气供应	检查调节器
松开扳机后,喷枪仍然喷射空气（对无泄放口的喷枪）	空气阀泄漏	将阀拆下来,检查有无损坏并清洗干净,必要时更换
	针阀卡滞	清洗或疏通针阀
	柱塞卡滞	清洗柱塞,并检查O形环有无损坏,必要时更换
	锁紧螺母拧得太紧	调节锁紧螺母
	控制阀弹簧错位	确使弹簧复位

续上表

故　　障	可能的原因	建议采取的措施
储料罐的储料罐垫圈处有空气泄漏	储料罐的盖子没有密封	检查储料罐的垫圈,清理螺纹,并盖紧储料罐
储料罐顶部的定位螺钉处有空气泄漏	螺钉没拧紧	清洗螺纹,并拧紧螺钉
	定位螺钉的螺纹损坏	检查,必要时更换
储料罐的盖子和喷枪之间有空气泄漏	定位螺母没拧紧	拧紧螺母
	储料罐的垫圈或垫圈座损坏	检查,必要时更换
压力储料罐问题		
储料罐盖顶部有空气泄漏	垫圈位置不对或有损坏	放掉储料罐内的所有空气,使垫圈复位。重新拧紧翼形螺母,然后重新放进空气。罐盖应该拧紧
	翼形螺母没有拧紧	确保拧紧所有的翼形螺母按上面1号介绍的处理方法处理可以使螺拧得更紧
	管接头泄漏	检查所有管接头,必要时使用密封胶布
	空气压力过高	最大气压不应超过414kPa(4.14bar),正常气压的范围应为172~207kPa(1.72~2.07bar)
喷枪喷不出涂料	储料罐压力不足	调节气压直到有涂料喷出但气压不应超过414kPa(4.14bar)
	涂料用完了	检查涂料供应
	涂料通道堵塞	检查输料管、管接头和喷枪。清洗干净上述部件,确使没有残留涂料

4.2　烘干设备

4.2.1　烘干设备的类型

按干燥设备的外形结构,烘干设备分为室式、箱式和通过式三种。修理厂常用的喷烤漆房就属于室式烘干设备;箱式烘干设备适用于小批量、间歇式生产;通过式烘干设备主要用于汽车生产厂大批量、机器化生产。

按生产操作方式分,烘干设备分为连续式和周期式两种。前者适合于批量生产,后者适合于大批量流水作业。

按加热和传热方式分,烘干设备分为对流式和辐射式。对流式烘干设备是指用蒸气、电热和炉火加热空气,使热空气在房内对流加热;辐射式烘干设备是指将热能转变为各种波长的电磁波,对物体加热,利用红外线作辐射源的称为红外线辐射干燥设备。在汽车修补领域,对流式干燥设备和辐射式干燥设备使用比较普遍,在本部分将做简单介绍。

4.2.2 红外线辐射干燥设备

1. 辐射干燥

辐射干燥是指通过辐射将热能以电磁波的形式,直接辐射在被加热的物体上,利用辐射热使物体受热干燥。辐射加热要比对流加热速度快热能损失少。

红外线辐射加热是辐射干燥的一种,在汽车维修行业通常使用短波红外线辐射来加速油漆涂层的干燥。

2. 红外线定义

红外线是太阳光线中众多不可见光线中的一种,由英国科学家赫歇尔于1800年发现,又称为红外热辐射。将太阳光用三棱镜分解开,可分为红、橙、黄、绿、青、蓝、紫七色可见光,在各种不同颜色的色带位置上放置温度计,测量各种颜色的光的加热效应,结果发现,位于红光外侧的那支温度计升温最快。因此得到结论:太阳光谱中,红光的外侧存在看不见的光线,这就是红外线。

其实在红色光和紫色光两端都存在着不可见光,即红外线和紫外线。可见光、红外线和紫外线都属于电磁波,其区别仅是波长不同而已。电磁波的波长范围很大,它包括宇宙射线、X线、紫外线、可见光、红外线、雷达波、无线电波和交流电波。各种电磁波的分布如图4-21所示。

图4-21 各种电磁波的分布

由图可见,红外线介于可见光与雷达波之间,其波长范围在760nm～1mm之间,一般以5.6μm为分界线,波长在760nm～5.6μm的称为近红外线,而波长在5.6μm～1mm的称为远红外线。

另一种分法是将红外线按波长分为短波红外线、中波红外线和长波红外线。波长在760nm～3μm的称为短波红外线;波长在3～40μm的称为中波红外线;波长在40μm～1mm的称为长波红外线。其中短波红外线的穿透力最强,长波红外线的穿透力最弱。因此,在汽车维修行业通常使用短波红外线烤灯来烘烤涂层。

3. 红外线传播

红外线与可见光一样,都是直线传播的。当其辐射到物体时,会出现以下三种情况:一部分红外线在物体表面被反射,一部分红外线被物体吸收,其余部分透过物体。被吸收的红外辐射能量就转变成热能,使物体温度升高。

不同的物质对红外线的反射、吸收和透射是不同的;同种物质对不同波长的红外线的反射、吸收和透射也是不同的。即使是同种物质对同波长的红外线的反射、吸收和透射也可因其结构、表面颜色及状况的不同而不同。图4-22所示的是用红外线烘烤不同颜色工件时的升温曲线。

另外,被加热物体上的红外线辐射能量与红外线传播的距离也有着密切的关系。红外辐射源至被加热物体之间的距离每增加一倍,到达物体的红外辐射能量便变为原来的1/4。所以用红外线对物体加热时,辐射源与被加热物体之间的距离应合理掌握。

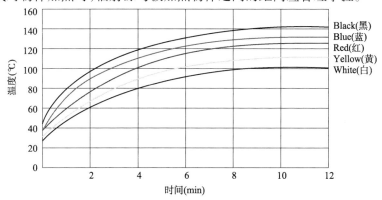

图4-22 红外线烘烤不同颜色工件升温曲线

红外辐射加热效果的好坏,主要取决于被加热物体吸收红外辐射能量的多少,这就需要采用辐射率大的材料来进行辐射,并尽量缩短辐射距离,使到达被加热物体的红外辐射能量尽可能大;同时,要尽量扩大被加热物体的红外吸收率,以吸收尽可能多的辐射能量。

短波红外线的优点是其红外辐射可穿透漆膜表面至金属表面再反射出来,使涂料的底层先吸收能量升温,漆膜能由里向外干燥,漆膜内的溶剂也由内向外挥发,热能损耗小,漆膜干燥速度快,漆膜质量高,不会造成溶剂泡、失光等缺陷。如图4-23所示的是不同波长的红外线的辐射特点。

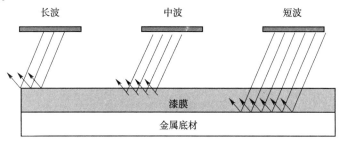

图4-23 不同波长红外线辐射的特点

4. 红外线烤灯

红外线烤灯又称为红外线辐射加热器。红外线辐射加热器虽有各种型号,但一般都由金属板、灯管、碳化硅板、陶瓷等部分组成。短波红外线烤灯一般使用石英卤素短波红外线灯管,所产生的红外线波长一般在 $3\mu m$ 以下。红外线烤灯最关键的部件是灯管,好的短波红外线烤灯的灯管使用寿命应达到 6000h 以上。

红外线烤灯通常使用电作为能源,红外线辐射加热器的形状一般为管状、平板状或灯泡状。红外线辐射加热器一般包含两部分,分别是热源和红外辐射层。热源的作用是给辐射层提供热能,使其辐射红外线。辐射层由能有效辐射红外线的材料所组成,其作用是在受到加热后,能从表面辐射出与其温度相对应的红外辐射能量。

红外线辐射加热器通常会安装在反射镜内起到定向照射效果,其反射镜形状一般分为椭圆反射镜和抛物面反射镜两种。其中椭圆反射镜能把红外线聚焦在某一点上,使某一点产生高温。而抛物面反射镜能够更好、更均匀地反射红外线,红外线能够平行到达目标物,反射光线能够更好、更均匀地覆盖目标物。因此在汽车维修行业通常使用抛物面反射镜。

由于汽车维修行业的特殊性,要求干燥加热装置具有移动性、可变性。因此常使用可移动的红外线烤灯(图4-24)用于原子灰、底漆、面漆等各个部位的局部强制干燥,以提高工作效率。

通常红外线烤灯都具有双电子定时器,烘烤时可设定半功率(脉冲烘烤)、全功率两种烘烤模式,分别用于闪干阶段和烘烤阶段等。比较先进的红外线烤灯,还具备激光测温、感应器测距(距离太近时能自动调温或自动关机)、全自动控温等功能,即这种红外线烤灯能根据与工件的距离自动测温及调温,确保按照设定温度烘烤,即使距离过近也不会因温度过高而烤坏工件或漆面。

除移动式红外线烤灯之外,轨道式红外线烤灯也越来越多地被用于汽车维修行业(图4-25)。

图4-24 移动式红外线烤灯　　　　　图4-25 轨道式红外线烤灯

红外线烤灯烘烤时工件表面升温很快,通常2min即可升至60℃,使用红外线烤灯烘烤原子灰、底漆、面漆时应注意烤灯距离工件表面的距离,距离过近会造成过度烘烤导致起泡。不同的红外线烤灯功率不同,烘烤距离及加热范围也不同,通常烤灯距离工件表面需大于80cm。

一般红外线烤灯的使用及操作规程如下:

(1)使用烤灯时,要注意用电安全,由专业人员操作。

(2)烤灯启动前,检查线路连接是否牢固可靠。

(3)烤灯启动前,检查销轴连接是否牢固可靠。

(4)烤灯启动前,调节灯面与漆面平行,调节灯面与漆面之间距离(一般距离为80~120cm),以保证能覆盖待烘烤区并且烘烤温度不会过高。

(5)启动电源开关,根据烘烤需要选择烘烤模式,一般选择为脉冲+常规模式,或分别设定半负荷、满负荷时间,再启动开关。

(6)烘烤时,请勿将皮肤暴露于灯管下。

(7) 烤灯在移动时,应尽量避免磕碰或振动灯管接口。

(8) 烤灯电源接线应选择 6mm² 以上电源线,以防过热引发事故。

(9) 烘烤时,深颜色漆面较浅颜色漆面升温快,银粉漆中铝粉会反射热导致升温慢,银粉含量越高,升温越慢,须据此设定合理的烘烤时间。

(10) 塑料件烘烤时要格外小心,避免温度过高使材料变形、软化、熔融。烘烤车体时,对于无需烘烤的塑料件、轮胎,可使用铝箔保护,铝箔能反射红外线波,避免这些物件烘烤产生问题。

4.2.3 紫光固化设备

由图 4-21 各种电磁波的分布,可知在紫色光的尽头还存在着相邻的不可见光——紫外线。紫外线的波长比可见光短,比 X 射线长,其波长范围为 10~400nm。紫外线可划分为长波紫外线(UVA)、中波紫外线(UVB)和短波紫外线(UVC)。

长波紫外线的波长刚好小于可见光,其范围为 315~400nm,在所有紫外线中能量最低、伤害最小。长波紫外线不会引起皮肤的急性炎症其对皮肤的作用较缓慢,对衣物和人体皮肤的穿透性远比中波紫外线要强,可达到真皮层,并可对表皮部位的黑色素起作用,从而引起黑色素沉着,使皮肤变黑,起到防御紫外线、保护皮肤的作用。因而长波紫外线也被称做"晒黑段"。但长期受到长波紫外线的照射会导致皮肤老化和损害。

长波紫外线比可见光的穿透性强,可透过能够完全截止可见光的特殊着色灯管,辐射出以 365nm 为中心的长波紫外线。科学家常以紫外线来进行透视或鉴定工作(就像用 X 射线进行健康检查一样),如利用紫外线来检查金属上细微的裂缝、图画的真伪、食品安全及矿石鉴定等,此外,也可用于舞台装饰、验钞等用途。由于每一种生物所能够接收的光频率范围不同,有些动物要靠紫外线才能找到路或看清物体,而 360nm 的长波紫外线符合昆虫类的趋光性反应曲线,诱虫灯即是使用此原理制成的。

中波紫外线的波长范围为 280~315nm,其能量比长波紫外线要高,此类紫外线的极大部分会被皮肤表皮所吸收,并不能进入皮肤内部,但由于其能量较高,可对皮肤产生强烈的光损伤,被照射部位的真皮血管扩张,皮肤可出现红肿、水泡等症状。长久照射皮肤会出现红斑、炎症及皮肤老化等症状,严重的可能引起皮肤癌。中波紫外线又被称作紫外线的"晒伤段",是应重点防护的紫外线波段。近年来,医学研究发现,照射适量的长波紫外线或中波紫外线可以治疗干癣、白斑等皮肤病变。不过这种"光照治疗"只能在医师的指示下进行,如果过量照射,可能会造成副作用或永久损伤。

短波紫外线的波长为 190~280nm,又被称为短波灭菌紫外线,在所有紫外线中能量最高,伤害也最大,是最应该防范的紫外线。短波紫外线的穿透能力最弱,无法穿透大部分的透明玻璃及塑料。日光中的短波紫外线几乎全部会被臭氧层所吸收,所以到达地表的紫外线中,中波紫外线占 2%~5%,长波紫外线占 95%~98%。短波紫外线对人体的伤害很大,短时间照射即可灼伤皮肤,长期或高强度照射会造成皮肤癌。目前广泛使用的紫外线杀菌灯所发出的就是波长为 260nm 的短波紫外线,杀菌效果很好。

紫外光固化技术(UV 固化技术)是指在特殊配方的体系(称为光固化体系)中加入光引

发剂（光敏剂），经过吸收紫外光固化设备中产生的高强度紫外线后，产生活性自由基或阳离子，从而引发聚合、交联和接枝反应，使其在一定时间内由液态转化为固态的技术。

紫外光固化技术在工业中有多种用途，目前主要应用于印刷工业，例如应用在印刷杂志、手册等需要高质量印刷的材料上，所使用的高固体分紫外光固化材料能够在印刷材料表面产生高光泽的膜，并且因为能够快速固化从而能保证高速印刷。此外，还可以通过调整材料配方使其具有极高的柔韧性，并且在金属、箔和塑料表面具有良好的附着力，从而能够印制在这些材料的表面。

紫外光固化型涂料是指通过照射紫外线，引起交联反应，形成干涂膜的涂料。紫外光固化涂料通常有紫外光固化底漆和紫外光固化清漆。清漆往往喷涂面积较大，而要所有的部位照射同量的紫外线是非常难的，形状复杂的被涂物会存在紫外线照射不到的阴影部位，导致固化不足，而凸出部位则可能由于紫外线照射能量过剩而发生变黄现象。此外，一般的颜料会吸收紫外线，导致交联反应程度受到影响，因此，紫外光固化清漆在汽车修补喷涂企业应用较少。而底漆、中涂底漆通常喷涂面积较小，其中又可以不添加颜料，所以紫外光固化底漆在修补喷涂企业得应用较多。

UV灯及紫外线面罩如图4-26所示。

目前，紫外光固化底漆通过使用混合反应型树脂及添加剂，使紫外光固化底漆能够达到理想的附着力、柔韧性、硬度及面漆高保光性，同时也具有优秀的干湿磨性能。为了使操作者能在施工和固化时识别该底漆，紫外光固化底漆通常还使用荧光增白剂，使整个修补区域在用紫外光固化时发光，从而使喷涂技师能够判断紫外光灯是否照射到所有喷涂区域（图4-27）。紫外光固化底漆有罐装及自喷罐装两种包装形式，由于紫外光灯照射范围有限，紫外光固化底漆通常只用于较小面积喷涂，因此在修补喷涂企业自喷罐装紫外光固化底漆比罐装紫外光固化底漆得到了更广泛的应用。

图4-26　UV灯及防紫外线面罩　　　　图4-27　UV灯的使用

有一些紫外光固化底漆使用高强度的UVB和UVC光线，虽然固化时间比较短，但易对人的皮肤和眼睛产生伤害，可以利用发射危害较小的UVA灯照射紫外光固化底漆，在做好个人防护的情况下，就能保证使用安全。一般使用手持式小型的UVA灯，能耗较红外线烤灯更低。固化时，UVA灯距离工件表面20cm，固化面积约一张A4纸大小（30cm×20cm），固化时间约为2min。

紫外光固化涂料能大幅度减少修补时间，提高生产效率。喷涂时安全防护措施与喷涂双组份涂料的要求基本相同,紫外光固化涂料在安全性、效率、使用方便等方面都有保证,所以在一些追求高效率或快修企业应用较广。

4.2.4 对流干燥烘干设备

对流干燥也称热空气干燥,应用对流传热的原理,利用空气为载热体,将热能传递给被涂层,加快涂层的干燥。一般来说温度越高,涂料的化学反应越快,涂料干燥也越快。

对流烘干室有以下一些特点,对流烘干加热均匀,从而保证了涂层颜色的一致性;烘干温度范围较大,基本上能满足一般类型涂料烘干温度的要求;设备使用管理和维护较为方便,运行费用较低。但是,对流烘干室也有一定的局限性,如升温时间长、效率低;设备庞大,占地面积大;涂料表面成膜快,阻碍内部溶剂的挥发,易产生针孔、起泡、皱纹等涂膜故障。

对流式烘干设备类型也很多,按照使用的热源,对流烘干室可分为燃油型、燃气型和电热型;按照加热空气介质的方式,又有直接加热和间接加热两种类型;按照热空气在烘干室内的对流方式,可分为强制对流式和自然对流式。不管对流烘干室是何种类型,一般由烘干室体、加热系统、空气过滤层、温度控制系统等组成。下面就燃油式、电热烘干式对流烘干室以及喷涂烤漆房做简单介绍。

1. 燃油对流烘干室

燃油式对流烘干室的结构如图4-28所示。

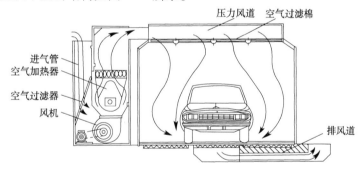

图 4-28 燃油式对流烘干室结构示意图

(1)室体。烘干室室体的作用是使循环的热空气不向外流出,维持烘干室内的热量,使室内温度保持在一定的范围之内;室体也是安装烘干室其他部件的基础。

(2)加热系统。对流烘干室的加热系统是加热空气的装置,它能把进入烘干室内的空气加热至一定的温度范围,通过加热系统的风机将热空气引进烘干室内,并形成环流在室内流动,连续地加热工件,使涂层得以干燥,为了保证烘干室内的溶剂蒸气浓度处在安全范围之内,加热系统需要排出一部分带有溶剂蒸气的热空气,同时,需从室外吸入一部分新鲜空气给以补充。加热系统一般由进风管、空气过滤器、空气加热器和风机等部件组成。

(3)温度控制系统。温度控制系统的作用是调节烘干室内温度的高低和使室内温度均匀。对流烘干室温度控制有循环热空气量调节和循环热空气温度调节两种方法。

2. 电热烘干室

电热烘干室使用电能作为能源,老式的电热管式烘干室直接通过电热管升温加热,而目前更多的则是将电能转换成其他形式热能来实现加热的目的,比如常见的红外线辐射干燥型或电加热空气型。量子式加热是目前汽车维修行业内较新的产品,细分属于电热型辐射及热空气对流干燥型,一般采用高能宽波源定向强辐射加热及热空气对流方式加热,一般具有更高的效率。

电热烘干室的最大特点是能源不污染环境,但电能消耗量大,使用成本高,随着环保方面的要求,应用逐渐增多。

3. 汽车喷涂烤漆房

汽车喷涂烤漆房集喷漆与烤漆为一体,常称为烤漆房,其节约场地,使用方便,可提供清洁的喷涂环境,提高喷涂质量,同时可对原子灰及底、面漆进行强制干燥,加快工作节奏,提高了工作效率和涂层质量。

烤漆房的种类繁多,根据能源来分有燃油型、燃气型和电热型;根据干燥方式有热空气对流干燥、远红外线辐射干燥等。目前国内燃油式热空气对流干燥的低温烤漆房在汽车修理行业中使用较普遍。该烤漆房采用高性能钢组合式房体,无接缝式无机过滤棉,配合进风过滤系统及正风压,确保进入烤房内空气彻底净化。全自动循环进风活门使烤房内烘烤时的热空气能在烤房内经净化后循环使用,配合房体的夹心式隔热棉提供极佳的保温效果。烤漆房内的照明设备采用无影灯式日光照明灯管,其发出的光的光谱与太阳光线相似,为漆工师傅对颜色的辨别提供了良好的光源。应用计算机技术全自动操作控制台经设置程序后,能自动控制风压、温度、时间。在结构上采用了正压原理,室内风压高于室外 4~12Pa,使灰尘不能进入室内,再加上进入室内的空气经多次过滤,因而空气净化度较高。在烘烤过程中空气循环加热,每次大约补充 10% 的新鲜空气,这样热量利用充分,电能节约。废气经滤网、活性炭吸收过滤后排放于室外,排放浓度符合环保标准要求。

1) 烤漆房的特点

(1) 空气流动好,新鲜空气不断进入,废气及时排出室外。根据喷涂状态和烘烤状态的需要调节排气管和进气管,使喷涂状态时排出废气,烘烤时则不断循环空气并将热空气反复使用以保持温度节约能源。

(2) 过滤层网采用钢丝网,美观大方,坚固耐用。

(3) 室内温度可调节,烘干时最高温度可达 80℃。室内温度均匀,每一点的温度变化范围为 ±2℃。升温迅速,一般情况下室温从 20℃ 升至 55℃ 不超过 20min。

(4) 空气循环量可达 $12000m^3/h$,装机容量为 62kW,其中加热量最高容量为 54kW。喷涂室正压送风时,其送风气压一般保持在室内高于室外 4~12Pa,并可通过调风门来调节;照明采用 40W 日光灯每组四只,一般为八组,从房顶两侧向下照射,有的在室内两侧也安装照明,使室内光线明亮,工作时可达到无影效果,噪声不大于 80dB。图 4-29 所示为烤漆房立体图。

目前使用的烤漆房一般采用气流下行式,即空气从天花板进入,经过车顶向下从车身两侧的排气地沟排出,经三级(粗、中、细)过滤后干净、干燥、适温的空气,在流过车身时不会留下任何灰尘,并连同飞扬的飞漆也一起被下吸,可防止飞漆污染新涂的物面,气流下行式减少了喷涂操作人员可能吸入的飞漆和溶剂蒸气,有利于喷漆工的身体健康。

由于喷涂烤漆房喷与烤在同一室内进行,喷涂时与烘烤时空气流速是有差别的,一般喷涂时空气流速最好控制在 0.3~0.6m/s。对涂膜进行加温烘烤时空气流速应在 0.05m/s 左右。在对汽车涂膜进行加温烘烤时,烘烤温度要适当控制,汽车修补涂装温度调节一般以被烘烤物体表面温度达到60℃为宜,若温度过高,达到85℃以上会造成仪表、塑料件变形等,达到90℃以上则可能引起燃油起火、爆炸等。

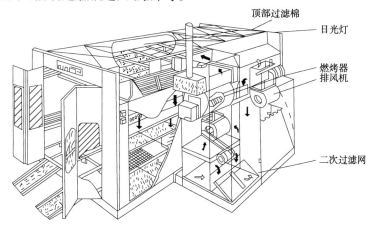

图4-29 烤漆房立体图

2)空气滤清系统

喷漆房最重要的系统是空气滤清系统,它不仅关系到喷涂质量,还关系到保护喷漆工的身体健康及环境保护。因此烤漆房的空气滤清系统的维护非常重要。目前喷漆房常用的空气过滤系统按去除飞漆和尘埃的方式主要分为湿式过滤法和干式过滤法。

(1)湿式空气过滤系统能滤清喷涂时产生的飞雾,并不受涂料黏度和干燥速度的影响,工作容量大,能减少更换过滤网、棉的费用和不便,并符合环保要求,广泛应用于气流下行式喷漆房。在湿式空气过滤中主要有喷淋式、水旋式、水帘式、无泵式等,其中水帘式处理效果最好,喷漆房的废气经过水帘式清洗,与空气混合在一起的飞漆被水从空气中冲洗掉而净化,同时倒流板按与空气相反方向转动,利用离心力的作用收集小液滴,使空气干净、干燥。

(2)干式空气过滤系统主要使用纸、棉、玻璃纤维、聚酯纤维等,对空气进行过滤,其工作原理类似于筛网,当空气通过这些过滤材料时,将其中的飞漆、尘埃及其他污物分离掉,有些过滤材料能粘住小纤维或捕获飞漆,如玻璃棉过滤材料具有捕获飞漆的特性。目前大部分汽车修理厂和汽车制造厂都使用装有这种过滤系统的喷漆室,这种过滤系统主要用于低流量的喷涂作业。其造价比采用湿式过滤系统的喷漆室要低,但由于需要定期更换过滤介质,其运行成本比较高。通过粗滤、中滤、细滤三级过滤的有效措施,去除飞漆率可达到99.8%,并能全部滤去人眼在涂膜表面所能见到的最小尘埃(10μm粒径),有效防止在涂膜表面产生粗粒的缺陷。使用时要经常检查过滤材料的过滤状况,并清洗或更换过滤材料。

3)烤漆房的日常维护时应遵循的主要原则

(1)喷涂烤漆房内不准进行任何原子灰打磨及其他打磨工作,也不准进行钣金作业或各种抛光作业。

(2)必须经常检查过滤系统,按规定时限更换各级过滤网或过滤棉。定期检查排风系统、加热系统、电器系统、控制系统以确保安全,正常运行。照明设备损坏应及时修复。

(3)喷涂工作结束后,把烤房内的喷涂工具、喷涂材料清理出烤房后,才能加温烘烤。

(4)烤漆房内工作结束后,车辆驶离后应清除一切杂物,如遮盖纸、残留废弃物,并擦净地板、墙壁及烤漆房内的其他设备。压缩空气输送软管要盘好,放在专用的工具箱内。

(5)除每天的日常清扫外,定期对烤漆房进行彻底清扫。

(6)更换因高温而老化的门封条,防止因破裂而使灰尘吸入和热量流失。

4.2.5 空气净化装置

为满足国家与地方日趋严格的环保要求,对涂装过程中及烘干设备排放的废气要进行净化治理,使废气排放总量和排放浓度达到相应的环保要求。对排放的废气进行收集并经过裂解设备或吸附,常用的净化处理方法有:微波等离子光催化法、等离子法、活性炭吸附法、光触媒裂解法等。但是由于每种方法在设备投入和运行成本方面,各不相同,有的设备投入费用高,运行成本低,适合业务量特别大的企业,有的设备投入较低,但运行成本高,适合业务量小的企业。一般都是先采用几级前处理方法,对漆雾粉尘进行吸附过滤处理,然后根据实际情况采用不同的处理方式,最后再采用活性炭进行吸附,增加活性炭的吸附效率,延长活性炭饱和时间,增加更换间隔周期。有些经过几级前处理过滤后,直接用一定数量的蜂窝状活性炭将废气处理,由于蜂窝状活性炭表面上存在着未平衡和未饱和的分子引力或化学键力,因此表面与气体接触时,就能吸引气体分子,使其浓聚并保持在固体表面,此现象称为吸附利用固体表面的吸附能力,使废气与大表面的多孔性固体物质相接触,废气中的污染物被吸附在固体表面上,使其与气体混合物分离,达到净化目的。

蜂窝状活性炭吸附是目前汽车维修行业比较流行的废气处理方式,吸附能力强,净化效率高;但使用周期短,更换频率高(增加员工的劳动强度),风阻大(需取消原设备排风机,额外加装约18kW的排风机),再加上后期回收再收利用能力跟不上,只能花相当大的费用寻求污染废物处理单位代为回收处理,易产生二次污染,导致使用成本相当昂贵,虽然前期投资较低,但运行、维护成本相对较高,已逐渐被使用单位认识到这一问题的严重性。

1. 微波等离子光催化装置

1)废气前处理

因为喷烤漆房所排放的气体中除了苯系物废气,还含有大量的漆雾粉尘,所以在苯系物废气治理前要对漆雾粉尘进行处理,称之为前处理,苯系物废气的处理称之为后处理。

喷涂产生的废气在负压气流的作用下,先从烤漆房格栅下的漆雾过滤毡进行初级过滤,拦截大颗粒的尘埃,漏捕的大颗粒和中小粉尘再通过排风道进入到第二道过滤系统,即多层活性炭棉过滤,活性炭棉密度较大,对于较小的粉尘颗粒具有较强的吸附能力,从而对漆雾粉尘进行有效过滤;漆雾过滤毡(玻璃丝棉)和活性炭棉成本低廉,但根据工作量情况需要定期更换;经过前处理的含粉尘量极低的废气进入后处理阶段。

2)废气后处理(微波等离子)

首先利用矿用无极驱动技术,利用微波发生器产生特定波段的电波驱动紫外发光管,利用特定波长的高能紫外线光束迅速分解空气中的氧分子产生游离氧,即活性氧,因游离氧所携正负电子不平衡,所以需与氧分子结合进而产生足量臭氧。运用高能紫外光束及臭氧对恶臭气体进行协同分解氧化反应,使恶臭气体物质降解转化成低分子化合物、水和二氧化碳。

利用特定波长的高能紫外线光束的高效裂解能力,裂解喷涂废气中苯、甲苯、二甲苯的分子链结构,使分解后断裂有机或无机高分子恶臭化合物分子链,迅速与臭氧反应降解转变成低分子化合物,如 CO_2、H_2O 等。达到有效处理喷涂挥发的有机苯类污染废气目的。

利用光触媒作为光化学反应的催化剂,使有毒有害气体在极短的时间内被氧化分解,光触媒是一种纳米级的金属氧化物材料,它涂布于基材表面,在光线的作用下,产生强烈催化降解功能,能有效地降解空气中有毒有害气体;能有效杀灭多种细菌,并能将细菌或真菌释放出的毒素分解及无害化处理;同时还具备除臭、抗污等功能。

经过几个过程的处理后,剩余的少量废气进入附加废气处理部件,即蜂窝活性炭。由于蜂窝活性炭表面上存在着未平衡和未饱和的分子引力或化学键力,因此表面与气体接触时,就能吸引气体分子,使其浓聚并保持在固体表面,使废气与大表面的多孔性固体物质相接触,废气中的污染物被吸附在固体表面上,使其与气体混合物分离,达到净化目的。净化后的废气经过后端风机抽风形成负压从15m高的烟囱安全、达标的排放到大气中。

2. UV 光氧催化设备

废气前处理方式基本类似,然后进入 UV 光氧催化设备。光氧催化设备分解废气分子:首先运用纳米波段光切割、断链、燃烧、裂解废气分子链,改变分子结构,为第一重处理;然后纳米波段光对废气分子进行催化氧化,使破坏后的分子、中子或原子以 O_3 进行结合,使有机或无机高分子恶臭化合物分子链,在催化氧化过程中,转变成低分子化合物 CO_2、H_2O 等,为第二重处理;再根据不同的废气成分配置多种相对应的惰性催化剂,催化剂采用蜂窝状金属网孔作为载体,全方位与光源接触,惰性催化剂在纳米光源下发生催化反应,放大光源效果,使其与废气进行充分反应,缩短废气与光源接触时间,从而提高废气净化效率,催化剂还具有类似于植物光合作用,对废气进行净化效果。最后经高能紫外线光解催化氧化处理后的废气通过后端风机抽风形成负压,从15m高的烟囱安全、达标的排放到大气中。

3. 蜂窝状活性炭处理装置

蜂窝活性炭作为处理装置的核心部分,活性炭的选择是废气处理设备能否达到良好净化效果的关键。由于蜂窝活性炭表面上存在着未平衡和未饱和的分子引力或化学键力,因此表面与气体接触时,就能吸引气体分子,使其浓聚并保持在固体表面,使废气与大表面的多孔性固体物质相接触,废气中的污染物被吸附在固体表面上,使其与气体混合物分离,达到净化目的。更适用于大风量低浓度的有机废气治理,它能有效地净化环境、消除污染、改善劳动操作条件,对苯、醇、酮、酯、汽油类等有机溶剂的废气吸附,确保工人身体健康,并能回收再生利用,降低成本。

4.3 压缩空气供给装置

4.3.1 空气压缩机及其他设备

所有的气动工具、喷枪、打磨机等都必须使用符合要求的压缩空气。空气压缩机就是整个压缩空气供给系统的核心,它以电动机为动力,将空气压力从普通大气压升到更高的压力,为整个企业的气动设备提供动力,如喷枪的喷涂及其他气动工具的使用,是现代汽车维修企业必不可少的设备。目前使用的空气压缩机根据机械运动的方式基本有三种,即膜片式、活塞式、螺杆式。

1. 空气压缩机的构造、工作原理

1) 膜片式空气压缩机

膜片式空气压缩机的内部,有一张永久性的膜片绷在极浅的压缩腔的孔口处。安装在电动机转轴上的偏心轮带动与膜片相连接的平板,进行推拉膜片,使膜片上下运动。当膜片被推向下时,空气被吸入膜片上方的小腔内,当膜片被推向上时,被吸入的压缩空气腔内的空气受到挤压,并被排进储气罐和供气系统内。膜片式空气压缩机每一个工作循环只能压缩极少量的空气,只适用于小型喷枪或喷笔工作,不适合汽车修理所需消耗较大气量和较高气压的喷涂,所以在汽车维修企业使用较少。

2) 活塞式空气压缩机

活塞式空气压缩机是利用活塞的往复运动来压缩空气,并不断提高压力,根据生产的情况和需要,所需的空气量和压力值是各不相同的,可选择单缸或多缸及一级压缩或二级压缩的活塞式空气压缩机。压缩后空气由排气阀直接进入储气罐,为一级压缩式。若压缩后空气由排气阀再进入高气压缸,经二次行程压缩后,再由高气压缸排气阀送入储气罐,为二级压缩式。一级、二级压缩机压缩空气的工作原理如图4-30所示。

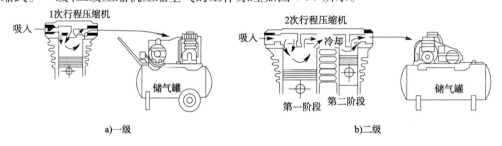

图4-30 一级、二级压缩机压缩空气工作原理

双级压缩机工作时,空气被吸入后在内径较大的汽缸中被压缩成中等压力,然后经过内置冷却器,再进一步在内径较小的汽缸中第二次被压缩成高压气体。双级压缩机在0.7~1.4MPa的压力范围内提供稳定压缩空气的性能很好,能很好地满足各种气动工具的需要。活塞式空气压缩机能提供足够的压缩空气,适合消耗空气量较多和压力较高的喷涂设备、气动设备,适用于具有中等气量要求的汽车维修企业。

3) 螺杆式空气压缩机

螺杆式空气压缩机是新的一代空气压缩机,具有美观、高效、低速、低噪声、节能等特点。螺杆式空气压缩机通过两个相互啮合的螺旋转子高速运动产生压力,其工作效率和可靠性很高,已在工业领域成为标准配置。近年来,已在汽车维修行业得到普及,并逐步取代活塞式空气压缩机,适用于耗气量较大的大型汽车维修企业。

螺杆式空气压缩机的工作循环大致可以分为吸气、压缩和排气三个过程,具体工作工程如下。

(1) 螺杆式空气压缩机的吸气过程如图4-31a)所示,所研究的一对齿用箭头标出。图中阳转子按顺时针方向旋转,阴转子按逆时针方向旋转,图中转子端面为排气端面。随着转子旋转,相互啮合的齿在进气端逐渐脱离,其组成的齿间容积逐渐增大,并与进气口连通,开始吸气;转子继续旋转,齿间容积不断增大,当齿间容积达到最大值时,此对齿即与吸气孔口断开,此时吸气过程结束。

a) 吸气过程　　　　　　b) 压缩过程　　　　　　c) 排气过程

图 4-31　螺杆式空气压缩机结构示意图

(2)图 4-31b)所示为螺杆式空气压缩机的压缩过程。阴阳转子齿相互啮合,形成一条完整的密封接触线,气体被转子齿和机壳包围在一个封闭的容积中,随着转子旋转,齿间接触线向排气端推移,齿间封闭容积逐渐减小,其内气体压力逐渐提高,当齿间容积与排气孔口连通时,气体的内压缩结束。

(3)图 4-31c)所示为螺杆式空气压缩机的排气过程。齿间容积被转子间接触线分割成低压侧与高压侧,当处于高压侧的容积与排气孔口连通后,即开始排气过程,此时低压侧的容积正处于吸气过程。随着转子的继续旋转,高压侧的容积减小为零,其内气体被全部排出,同时,低压侧容积达到最大值,完成吸气过程。从而使吸气、压缩、排气周而复始地进行。

2. 储气罐

空气压缩机输出的压缩空气一般都要进入储气罐暂时储存。只有当储气罐气体的压力达到气动工具所需要的压力值时,气动工具才能正常工作。储气罐实质上是个蓄能器,其容积越大,所能储存的压缩空气量越多。只有当气动工具使用时,压力下降到一定值,压缩机才会启动重新向储气罐充气。可见储气罐的作用在于减少压缩机的运转时间,同时又能保证供给气动工具用气的需要,因此可以减少压缩机的磨损和维修工作。

储气罐通常为圆柱形,根据工作需要容积和工作压力有所不同,一般在顶部安装安全限压阀,底部有排水装置。

3. 油水分离器

空气中含有水分,经压缩机压缩后的气体中会带有水分和油气,虽然在经过一部分的过滤和分离,使压缩空气中只含有非常少量的水、油和微粒,但极少量的水分、油分及微粒还是有可能在喷涂时导致涂膜产生质量问题。为确保获得高质量的喷涂效果,必须保证喷涂用压缩空气无尘、干燥,因此在压缩空气管路中必须安装油水分离器。普通油水分离器有两种类型,圆柱形气筒油水分离器和叶片旋风式油水分离器,如图 4-32 所示。圆柱形气筒油水分离器是一种有气密性顶盖的圆柱形气筒,气筒内放着几层薄薄的毛毡,在毛毡之间装满活性炭,或金属网、PVC 海绵等空气滤清器,当压缩空气通过时能去除细微的粉尘。水、气、油在筒内膨胀所导致的降温使水分、油气成为水滴、油滴。筒的底部有一个排放开关,水滴、油滴由此排出。此种油水分离器一般安装在排量较大的空气压缩机上。叶片旋风式油水分离器利用叶片旋转产生离心力将油水从压缩空气中分离出来,从而确保纯净而干燥的空气输送到喷枪。叶片旋风式油水分离器和微孔过滤器结合使用,效果会更好。

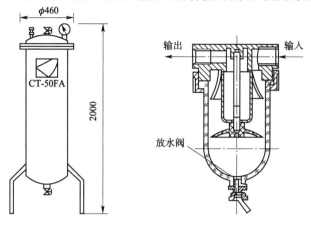

a) 圆柱形气筒油水分离器　　b) 叶片旋风式油水分离器

图 4-32　油水分离器(尺寸单位:mm)

目前随着对涂装质量要求提高,在支供气管道与空气软管之间安装分离效果更高的油水分离器,保证打磨、喷涂质量。通常供打磨、除尘的普通工位可安装单节油水分离器;供喷涂的工位可安装双节油水分离器(图 4-33)或三节油水分离器(图 4-34);使用供气面罩的喷涂工位需安装三节油水分离器。在油水分离器上一般配置有压力调节装置,并安装有压力表显示进气管道的气压和过滤、调节后的气压,具有调节和稳定气压的作用。

图 4-33　双节油水分离器

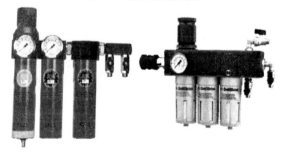

图 4-34　三节油水分离器

双节油水分离器的第一节一般使用黄铜滤芯,可以过滤大约 5μm 的杂质、水分和油分;第二节一般只用纤维滤芯,过滤精度可达到 0.01μm,可以保证用于喷漆的空气质量。图 4-35 是三节油水分离器的剖面图,比双节油水分离器增加了一个活性炭滤芯的过滤瓶,可滤除 0.003μm 的油雾颗粒,并可以消除异味,达到供人呼吸的要求。油水分离器上两个压力表的数值差较大时,表明滤芯堵塞,需要检查或更换滤芯,否则会影响过滤效果。

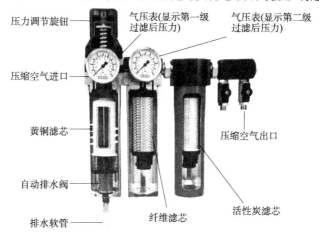

图 4-35 三节油水分离器的剖面图

4. 空气干燥装置

由于空气中含有一定量的水蒸气,压缩空气的同时水蒸气也被压缩了,如果外界条件变化或空气膨胀,那么空气中就可能形成水滴或雾,从而影响到喷漆的质量。因此,我们需要使用空气干燥装置来除去空气中的水蒸气。

空气干燥装置主要有两类:冷却型干燥器和吸收型干燥器。在冷却型干燥器中,空气的温度被降到露点以下,于是水蒸气便凝结成水滴,随后被排放出去。在吸收型干燥器中,水蒸气是被介质吸收的,如:硅胶。硅胶吸足水后需要更换,但在比较昂贵的干燥器中,硅胶是可以再生的。还有一种叫旋风式过滤器,这种过滤器可以安装在喷枪的空气进口处,不需要时可以随时卸掉。它可以除去压缩空气中的大部分脏物,但由于它是密闭的,无法将液体排出,故必须定期更换。

4.3.2 压缩空气分配系统

压缩空气分配系统是指从储气罐到所需压缩空气的工作点的管道和各种装置的组合,它包括软管、固定管道、接头、阀门、空气滤清器、油水分离器、气压调节器、空气干燥器等装置。图 4-36 是喷涂车间的空气分配系统的示意图。

空气分配系统中各部位的放置有一定的科学性,以便于达到最高使用效率以及安全性等。

1. 空气压缩机的放置应遵循的原则

(1) 空气压缩机尽可能安装在通风、清洁、干燥的地方。最好放在室内,以利用室内清洁的空气。

(2) 空气压缩机进气口避免靠近有蒸汽排放或潮湿的场所;墙和其他障碍物应距离空气压缩机 30cm 以上,以有利于空气流动及有助于散热冷却。

(3) 空气压缩机应水平放置,各支撑支柱下要垫放减振垫片防止压缩机工作时振动而损伤机械。飞轮一边应靠墙,防止伤及人身。

(4) 空气压缩机尽可能放置在用气工作点附近,以减少压力损失。

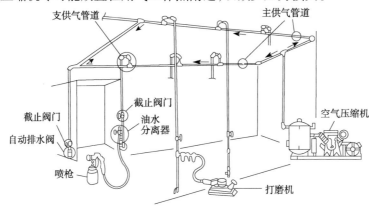

图 4-36 喷涂车间的空气分配系统示意图

2. 其他部件的放置

为了确保压缩空气的纯净干燥,除了安装必备的设备外,设备设置的位置也是非常重要的因素,在设置时应考虑如何最大化地发挥设备的作用,以取得良好的效果。设备在设置时应注意以下几点:

(1) 主供气管道在车间上方部分应设置成环形,以保证各处的压力恒定,并逐步向最远端倾斜,倾斜度为 1/100 左右,以利于管道内的水排放干净。

(2) 支供气管道与主供气管道之间应以倒"U"形连接,支供气管道从上方分出,可防止主供气管道中的水分进入支供气管道,如图 4-37 所示。

(3) 油水分离器应安装在主供气管道上与空气压缩机相距 8~10m 的位置,以提高油水分离效果。

图 4-37 支供气管道与主气管道连接形式

(4) 主供气管道最低处应安装自动排水阀,支供气管道末端要有排泄阀。

(5) 供喷枪使用的支供气管管道应安装气压调节器和油水分离器。

3. 空气控制装置

空气压缩机排出的气体中含有水、油及其他微粒,在喷涂时涂膜会产生质量问题,而压缩空气的气压不稳定同样也会给喷涂工作造成麻烦。在供气系统中增设专用装置,能避免这些问题的产生,提高涂膜质量。

1) 空气过滤器

空气过滤器安装在距空气压缩机 8~10m 输气管道上,有粗过滤和精过滤不同的等级,只起过滤空气的作用。粗过滤器一般可以除尘至 $1\mu m$,除油至 $1\times10^{-6}m$。精过滤器一般可以除尘至 $0.01\mu m$,除油至 $1\times10^{-8}m$。超精过滤器一般可除油至 $3\times10^{-9}m$。除了过滤精度外,空气处理量也需要和空气压缩机及冷冻干燥机相匹配。

2) 空气干燥器

空气干燥器多用冷冻型,也称为冷冻干燥机,它能更进一步净化压缩空气。由于经压缩机压缩的空气,通过排气阀的温度高达 100~150℃,当冷冻干燥机将压缩空气降温到露点以下时,混合在压缩空气中的油和水变成水滴和油滴就比较容易过滤并排放出去。由于储气罐能够起到一定的散热作用,因此空气压缩机可先连接储气罐然后连接冷冻干燥机,以便更好地除去压缩空气中的水分和油分。前面所叙述的空气过滤器要安装在距空气压缩机 8~10m 处,也是基于这个原理。压缩空气净化系统如图 4-38 所示。

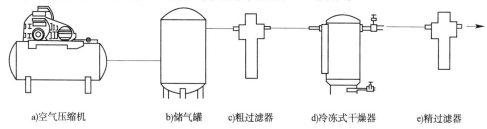

a) 空气压缩机　　b) 储气罐　　c) 粗过滤器　　d) 冷冻式干燥器　　e) 精过滤器

图 4-38　压缩空气净化系统

虽然质量好的空气过滤器能过滤掉大部分的水汽、油气及微粒,但难免会有少量的无法滤去,会给高装饰涂层的喷涂造成涂膜质量问题,如涂膜表面产生缩孔、针孔及小凸点。而冷冻型空气干燥器组成的净化系统,能有效地阻止水汽、油气及微粒通过。通过净化系统的一系列的流程,能消除压缩空气中 $0.1\mu m$ 颗粒,水滴净化率可达 100%,油污净化率可达 99.99%。

4. 空气软管

压缩空气和流体所使用的各种软管是喷漆系统的重要组成部分,选择不当或维护不当都可能引出各种问题。这一部分将介绍各种类型的软管及附件,以及如何正确地对软管进行选购和维护。

喷涂作业中通常会用到两种软管,一种为气管,另一种为涂料管。气管一般为红色,但比较便宜的橡皮管是黑色的,用来将压缩空气从支供气管道输入到喷枪;涂料管通常为黑色,用于压送供漆式系统将涂料从储料罐输送到喷枪。还有一种呼吸器使用的空气软管,应当是蓝色的,但市场上这种用途的软管也有红色的。不过,要注意的是,不同的制造厂家也可能使用不同的颜色,因此使用前一定要搞清它们的用途和规格。一般来说,软管的外面都标有最大工作压力,软管的零部件号和尺寸。在使用空气软管时注意,除了水以外,空气软管不得用于溶剂或其他液体。

软管的结构如图 4-39 所示,气管和涂料管都由三部分组成,即管子、加固层和外套。管子在最内层,可以弯曲,它将空气或流体从软管的这一端输送到那一端。由于涂料中的溶剂很容易

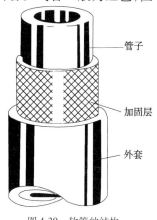

图 4-39　软管的结构

破坏普通橡胶的结构,所以料管中的管子一般都有尼龙内衬或聚四氟乙烯内衬。加固层增加了软管的强度,它位于管子和外套之间,可用各种材料制成。它的结构决定了它的各项参数,如最大压力、柔软性、扭曲性、抗拉强度等。高压料管中的加固层一般采用钢丝网。外套是软管的最外面一层,它可以防止加固层与油脂、水分、溶剂及研磨物接触,但它本身对软管的性能并没有什么影响。

软管尺寸的大小会影响到压力传递效果,由于软管中的压降过大,喷枪或工具中空气或涂料会供应不足,因此喷枪或工具就无法正常工作了。压降又称为压差,是指由于管道摩擦力造成的压力损失。物料在软管中流动时,它会与管壁发生摩擦,于是物料的压力就慢慢下降了。人们一般采用估算的办法来测定压差,流量比较小,软管比较短的时候,物料的压差可以忽略不计。随着流量和软管长度的增加,压差会迅速变大。这时候,就必须对压差进行控制和调节了。空气软管都会产生压降,一般情况下管长越长,压差越大,管径越细,压差越大。压差太大时,涂料的雾化效果就会明显下降。如果空气软管选择不当,压缩空气供应会不足,有些工具甚至会无法工作。为了保证喷涂的质量,建议长度6m以下的软管,内径应达到8mm;长度6m以上的软管,内径应达到10mm。

输料管中也存在压力损失的现象,因为流体的黏度比空气高得多,我们可以明显地看到它的影响。但是,现在都没有什么简单的方法可以用来测定这些压力损失的大小。

在使用过程中,我们要经常对软管进行保养,如果正确地保养,软管可以有很长的使用寿命。

(1)在地板上拖软管时要特别小心,不要让它碰到尖锐物体,也不要让它发生扭曲。

(2)车辆不能从软管上轧过。

(3)软管的破裂会严重影响喷涂过程的正常进行,有时还会产生危险。

(4)空气软管和涂料管的表面应当经常用带有溶剂的抹布擦洗,随后马上用干净抹布擦干。

(5)软管不得浸泡在溶剂中。

(6)工作完毕后,软管应当卷起来,挂在适当的地方。

输料管又分为高压输料管与低压输料管,这两种软管的管子和外套材料是一样的,而高压输料管的加固层一般采用钢丝网。各种高压输料管能承受的最大压力是各不相同的,所以在选用之前必须先了解高压泵的额定输出压力。钢丝网加固层同时还可以充当防静电的接地线,来释放因为流体在软管中流动时产生的静电。高压输料管所使用的接头,应当是特制的有波纹的高压接头,这种接头在出厂时已经安装好,是不能拆卸并再利用的。高压输料管都是以一定的长度出售的,而且都已经装上了测试过的接头。

4.4 打磨设备及材料

4.4.1 干磨与水磨的比较

打磨形式分为干磨和水磨,打磨方式又分为机器打磨和手工打磨。机器打磨都是采用动力打磨机,多为干磨形式,又称为机器干磨式;手工打磨有干式和湿式之分,手工干磨由于易产生灰尘,且打磨痕迹粗糙,目前已逐渐取代,生产中多用手工水磨方式。

手工水磨是较为传统的打磨方式,目前在一些中、小型的汽车修理厂里应用较多,用该方法打磨的效果显而易见,表面较为平整光滑,手感好,适用于精细打磨,而且不易产生灰尘。但用该方法打磨裸金属和原子灰时,水分易被底材吸收,短时间里不易挥发彻底,这就为以后的喷涂留下了隐患,易造成喷涂缺陷,同时也降低了工作效率。目前的涂装施工中多采用双组分的原子灰和底漆,这些涂层不易打磨,若采用手工水磨势必会增加工人的劳动强度。而且随着社会上对环保要求的不断严格,手工水磨的废水处理又成为一个显著问题。漆工一年四季,无论数九寒冬还是三伏盛夏,手总是与污水接触,对身体健康造成危害。

针对以上问题机器干磨系统有了很大改进,出现了无尘干磨系统,可将80%~90%的打磨灰尘吸进回收装置里,有效解决了灰尘污染。能够顺应双组分涂料打磨工艺的要求,简化了喷涂准备步骤,缩短修补时间,比手工水磨提高工效2~3倍,降低了成本,减少了产生喷涂缺陷的隐患。由于避免产生污水,符合国家关于环保的要求,同时保护了喷漆车间员工的健康。目前一些大型汽车修理厂多采用该种打磨方式,而且是以后应大力推广的打磨方式。

4.4.2 干磨设备及工具

打磨机广泛地应用于涂装工艺和钣金修复工艺中,它能有效地提高工作效率,降低操作人员的劳动强度及提高涂装质量。打磨工具的种类很多,根据驱动方式,可分为气动与电动两种;根据形状来分有圆盘式和板式;根据打磨工具的运动方式又分为:单作用打磨机、轨道式打磨机、偏心振动式打磨机、往复直线式打磨机,适用于各种不同的工作需要。以气动打磨机为例,应把压缩空气的压力设定在0.45~0.5MPa之间,能对涂层或金属表面进行打磨、研磨、抛光等各种需要。

1. 打磨工具的工作原理

利用电源或压缩空气为动力,使打磨机的旋转轴旋转而做圆周运动,而装有偏心轴会在有衬垫的轨道上运动产生双重圆周运动,或使旋转凸轮变成为直线前后运动,砂纸安装在不同旋转状态下的打磨盘上,就会产生不同的运动方向,用于打磨相适应的物面。

1)单作用打磨机

该打磨机有粗磨和细磨的可携式两种,一般在打磨机的旋转轴上直接安装研磨盘,转速为2000~6000r/min,研磨能力强,汽车修理厂大多用于粗打磨工作,可用于清除铁锈、旧涂层、较厚的原子灰层的打磨操作,如图4-40所示。卸下研磨盘换上抛光盘也可用于涂膜抛光。该打磨机是做单向圆周运动,因此盘面中心和边缘会存在转速差,而造成研磨不均匀及产生圆形磨痕,所以在操作该打磨机时不能把它平放在打磨面上,而是利用旋转边缘约3cm作为打磨时的研磨面,操作时要轻微倾斜,以保持最佳打磨效果。

2)轨道式打磨机

轨道式打磨机的砂垫外形都呈矩形,便于在工件表面上沿直线轨迹移动,整个砂垫以小圆圈振动,此类打磨机主要用于原子灰的打磨(图4-41)。该类打磨机可以根据工件表面情况采用各种尺寸的砂垫,以提高工作效率,轨迹直径亦可改变。

3）双作用打磨机（偏心振动式）

打磨盘垫本身以小圆圈振动，同时又绕其自己的中心转动，因而兼有单运动及轨道式打磨机的运动特点，如图4-42所示。双作用打磨机切削力比轨道式打磨机强。在确定打磨机用于表面平整或初步打磨时，要考虑轨道的直径，轨道直径大的打磨较粗糙，反之较细。

图4-40　单作用打磨机

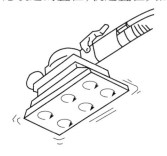
图4-41　轨道式打磨机

图4-42　双作用打磨机

4）往复直线式打磨机

砂垫作往复直线运动的，称为直线式打磨机，主要用于车身上的特征线和凸筋部位的打磨。是一种长板式打磨机，只是简单的前后运动，砂纸安装在底板上靠往复的直线运动研磨物面。

2. 气动打磨机的优点

气动打磨机和电动打磨机的基本原理是相同的，仅仅区别在使用的动力来源上，汽车修理厂使用以压缩空气为动力较多，这主要基于以下原因：

（1）工作时产生热量少，转速和转矩可调节，发生过载或失速危险性小。

（2）工具质量轻，便于提携。

（3）由于不直接使用电，能避免因电路短路或损坏发生触电及火花引起火灾。相对来说安全性高。

（4）结构较简单，经久耐用，节约成本。

3. 吸尘设备

吸尘设备是无尘干打磨系统重要的组成部分，与电动工具配套的吸尘系统连接比较简单，除了电源线之外，只需要一个吸尘管。而与气动工具配套使用的吸尘设备一般需要有三个管道与接头，即压缩空气的输入、输出以及吸尘管。这里需要特别指出的是压缩废气中有微量的润滑油，需要经过过滤才可以排放，否则容易在漆面上留下污点。有的设备使用集压缩空气的输入、输出与吸尘三种功能于一身的套管，如图4-43所示，套管采用快速连接方式，工具更换快捷方便，并具有360°的扭曲补偿，软管不会被扭损，使用起来特别方便。

干磨系统吸尘效果的好坏、作业粉尘的多寡首先取决于吸尘系统的优劣。常见的吸尘方式有三种，分别是简易袋式吸尘、中央式多工位吸尘和分离式单工位吸尘。

简易袋式吸尘属于被动式吸尘方式，吸尘所需要的动力由转轴上附加的叶片轮的旋转产生，其吸尘功率受打磨机转速的影响很大。其次，吸尘袋过密会降低吸尘效果，而过疏又容易漏灰，吸尘袋容量也有限，仅适用于工作量不大的小规模作业。

中央式与分离式吸尘同属于主动式吸尘。采用专用的工业集尘器来吸尘，吸尘功率不受打磨机的影响。吸尘系统一般设有自动开关功能,使用寿命长,容量大。中央式吸尘一般适用于多个固定工位的大型修理企业。而分离式单工位吸尘因其投资小、安装维修简单、工位调整灵活等优点而被越来越广泛的使用。

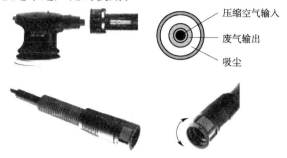

图4-43 三合一套管接头

4.4.3 打磨材料

砂纸是汽车维修中经常使用的打磨材料,用于砂磨旧涂层、原子灰层、除锈及漆面处理。砂纸是用各种不同粒度的磨料黏结于纸上,制成各种细度的砂纸。磨料黏结牢固程度是砂纸质量的一个体现,而操作人员选择合适的砂纸粒度并正确使用才能产生最佳效果。

1. 磨料的种类

制造砂纸的磨料根据原料可分为氧化铝、金刚砂(碳化硅)和锆铝三种。根据磨料在底板上的疏密分布情况可分为密砂纸和疏砂纸两种,密砂纸上的磨料几乎完全粘满磨料面,用于湿磨;疏砂纸的磨料只占磨料面面积的50%~70%。疏砂纸用于打磨较软的材料,如原子灰、塑料等,磨料面不容易被软材料的微粒粘满而失去作用。

1) 氧化铝磨料

氧化铝磨料是一种非常坚韧的磨料,能很好地防止破裂和钝化。根据粗细不同的选择可制成用于除锈、清除旧涂层、打磨原子灰层、打磨新旧涂层的砂纸。氧化铝磨料硬度高、耐久性好、使用寿命长且不易在底层材料上产生较深的划痕,目前使用较广泛。

2) 金刚砂(碳化硅)

金刚砂是一种非常锐利、穿透力极高的磨料,呈黑色,通常用于汽车旧漆面的砂磨,以及抛光前对涂面的砂磨。

3) 锆铝磨料

锆铝磨料是已开发的第三种磨料,锆铝具有独特的自磨刃性,在打磨操作过程中其自身不断地提供新的刀刃以提高工作效率和降低劳动力。一般磨料在较硬的原厂清漆层上打磨会使涂层产生热量,被打磨的材料也会迅速变软并堆积在砂纸面的磨料上而降低打磨效率,而锆铝的自磨刃特性和工作时产生热量少的特性大大减少了打磨阻力,减少了材料消耗,提高了工作效率和表涂层质量。

2. 砂纸的规格

在汽车涂装修补领域使用的砂纸磨料粒度的标准一般采用欧洲的分级系统,即在标准的数字前标以字母 P,数码越大,磨料的粒度越小。粗细不同的磨粒黏结在特制的纸板上,构成适应各种施工需要的粗细不同的砂纸。砂纸的规格见表 4-3。

砂 纸 的 规 格　　　　　表 4-3

粗细度	氧化铝		金刚砂		锆铝		车身修理的用途
	规格代号	粒度（目）	规格代号	粒度（目）	规格代号	粒度（目）	
细↑↓粗			2000 1500 1200				用于打磨抛光前的清漆层
	1000 900 800	800 700 600	1000 900 800	800 700 600			喷银底漆、珍珠漆前的中涂底漆打磨
	700 600 500 400	500 400 320 260	700 600 500 400	500 400 320 260	600 400	400 260	喷纯色涂层前的中涂底漆或旧涂层打磨
	360 320 300 280 260	240 220 200 180 170	360 320 300 280 260	240 220 200 180 170	280	180	喷中涂底漆前的原子灰层或旧涂层打磨
	240 220 200	160 150 140	240 220 200	160 150 140	240	160	原子灰层中等细度打磨
	180 150	120 100	180 150	120 100	180 150	120 100	原子灰层一般打磨
	120 100 80		120 100 80		100 80		平整旧涂层和原子灰层打磨
	60 50		60 50		60		用打磨机粗磨原子灰层
	40 36 24 16		40 36 24 16		40 24		用打磨机清除旧涂层和锈蚀

3. 三维打磨材料

三维打磨材料是研磨颗粒附着在三维纤维或海绵上形成的打磨材料,这类材料有非常好的柔韧性，适合打磨外形复杂或特殊材料的表面，可用于各种条件下的打磨。如菜瓜布就是三维打磨材料中的一种，主要用于塑料喷涂前的粗化、驳口前对涂膜的粗化，以及修补前去除涂膜表面的细小缺陷等。

4.4.4 打磨设备、工具的使用与维护

为更好地发挥干磨设备和工具的作用，在使用和维护过程中要注意以下几点：

（1）有些打磨系统没有安装油雾器，在每次启动前需要在进气口注入几滴专用润滑油；打磨结束后，同样需要在进气口注入几滴润滑油，并让打磨机低速运转，以润滑内部元件。如果打磨系统中有伺服系统润滑，要保持油雾器油杯中足够容量的润滑油。

（2）在每次启动打磨机之前，用手转动打磨垫检查其是否灵活，检查托盘连接处的轴承是否缺油或损坏。

（3）电动打磨机开机前应将转速调至最低挡，启动后再由低速往高速调整；气动打磨机开机前应将转速调至最高挡，启动后再由高速调至低速。

（4）打磨砂纸大小要与打磨机配套，粘贴砂纸时吸尘孔位置务必对齐，以保证最佳的吸尘效果。

（5）打磨操作时要先将打磨机放置于工件表面再启动，打磨结束，在打磨机未完全停止转动之前，不要放下打磨机，以免打磨机在继续转动时碰到其他物体。

（6）打磨时注意砂纸的磨损程度，并及时更换，超负荷使用会影响托盘的使用寿命。

（7）打磨操作时如果发生异常振动，应立即关机检查。

（8）打磨结束后，应取下砂纸，使用压缩空气吹除打磨机上的灰尘，不能使用溶剂清洗或浸泡。

（9）定期检查集尘过滤袋内的灰尘量，及时更换新的过滤袋，一般灰尘量不应超过集尘袋容积的4/5。

（10）定期清洁集尘器的滤芯，以保证滤芯的使用寿命，一般半年或一年更换新滤芯。

4.5 水性涂料的相关设备及工具

4.5.1 水性涂料专用吹风枪

水性修补涂料自20世纪80年代发明使用之后，经历了几十年的发展，产品性能已经有了非常大提升，遮盖力提高、喷涂遍数减少的同时，干燥速度也比溶剂色漆更快，通常已无需使用特别安装吹风装置的烤漆房，只要烤房风速在0.2~0.6m/s，使用水性漆专用吹风枪即可加快水性涂料干燥，提高工作效率。

在溶剂型汽车修补漆作业时，层与层之间的干燥只能靠油漆自然闪干，而不能使用压缩空气吹干，这是因为吹干可能会导致色漆排列不均匀而使颜色发花，或者可能会因为表面快速干燥，内部溶剂不能挥发而产生溶剂泡、失光等缺陷。而水性漆由于分子结构更稳定、涂

膜较薄,故在喷涂后可以用压缩空气吹干表面,辅助其快速干燥,而不会影响其质量。如果不使用压缩空气吹干,由于水性漆中大部分溶剂为水,其自然挥发速度比溶剂要慢,因此闪干时间会相对较长。在正确喷涂水性漆及使用专用吹水风枪吹干的情况下,水性底色漆喷涂时间(喷清漆之前的喷涂及闪干总时间)为 5~10min,而溶剂型底色漆的喷涂时间(喷清漆之前的喷涂及闪干总时间)为 10~20min,由此可以看出使用水性漆能大幅提高工作效率,这也是水性漆受到欢迎的原因之一。

水性漆用吹风枪一般有两种形式,一种为支架式(图 4-44),一种为便携式(图 4-45)。在实际工作中,除可以手持吹风枪吹干工件外,在需要时也可以使用固定在支架上的支架式吹风枪,使用时只需将压缩空气管路与吹风枪连接好,将吹风枪固定在支架上并放置在工件附近即可。

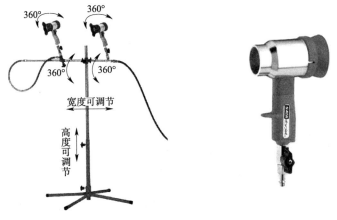

图 4-44　支架式水性漆吹风枪　　　　图 4-45　便携式水性漆吹风枪

水性漆吹风枪空气喷口内设计有按照文丘里效应制成的大口径的文丘里管。文丘里效应是指在高速流动的气体附近会产生低压,从而产生吸附作用,故吹风枪并不只是吹出压缩空气供气,它能同时吸入大量周围的空气,使出风量达到供气量的 10 倍,质量较好的吹风枪,进风量为 200~400 L/min,而出风量能够达到 3000~6000L/min,不仅节约能源,同时还保证了空气以适当的流速吹过漆膜表面,促使水分蒸发,使水性漆能够快速干燥。

为保证漆面的洁净度,在使用吹风枪时,一般从工件表面侧上方沿 45°吹被涂物表面,并使吹出空气的气流方向与烤漆房的空气气流方向尽可能相同。吹风枪与工件的距离应控制在 30~80cm。在使用吹风枪时,并不是工件表面的空气流速越快越好,适当的空气流速才能保证漆膜内的水分均匀快速挥发,使水性漆内层干燥均匀,也避免了漆膜表面过于干燥。

使用吹气枪应注意以下清洁、维护重点事项:

(1)在操作前应检查滤网是否受到污染、堵塞,可使用稀释剂和刷子进行清洁。

(2)如果吹风枪上沾上了涂料,可使用稀释剂和刷子清洁,但不要把吹风枪浸入稀释剂中,以免稀释剂中的脏物出气孔道。

(3)维护或清洁工作前须断开吹风枪与压缩空气管路的连接,以免误开吹风枪开关,导致高速吹风吹起稀释剂产生伤害。

4.5.2 烤漆房

水性涂料漆经过30多年的发展,其产品性能已经有了非常大的提升,在提高遮盖力,减少喷涂次数的同时,其干燥速度也比溶剂型油漆更快,通常已无须使用特别安装吹风装置的烤漆房,只要烤漆房风速在0.2~0.6m/s,结合使用水性漆干燥,提高工作效率。而在烤漆房顶端或侧壁额外安装固定式吹风器,反而会因为容易积灰等原因导致尘点过多,降低喷涂质量和喷涂效率。

4.5.3 水性漆喷枪

水性汽车修补漆包括水性环氧底漆、水性中涂底漆、水性底色漆、水性清漆几大类产品。目前我国最广泛使用的为水性底色漆,所以本部分主要介绍喷涂水性底色漆所使用的喷枪的特点。

大多数人会认为水分对喷枪内部的金属会有一定的腐蚀作用,故水性漆喷枪枪体材料应该与溶剂型油漆的喷枪不同。事实上质量较好的喷枪,枪体通常采用铝合金并经过阳极氧化处理,枪针、喷嘴及涂料通道都是不锈钢材质,空气帽则采用黄铜材质。只有一些高端型号喷枪的涂料通路涂有特殊涂层以更进一步加强抗腐蚀性,确保喷枪的使用寿命,故水性漆喷枪枪体材料和溶剂型漆喷枪并无不同。但是由于水性底色漆的遮盖性能往往优于溶剂型漆,需要提供更好更精细的雾化效果及更宽的喷幅扇面,以保证水性漆良好的遮蔽性能并降低水性漆用量,所以对水性漆喷枪也提出一些特殊的要求,水性底色漆喷枪的喷嘴口径一般为1.2~1.3mm,空气帽的雾化效果更好一些。由于HVLP喷枪涂料传递效率高达65%以上,涂料浪费少,节约成本,减少污染,有利于工作环境和涂装技师的身体健康,同时可提高生产效率,故喷涂水性底色漆推荐使用HVLP类型的水性漆喷枪。喷涂水性漆时应尽可能使用带气压表的专用喷枪,以确保喷涂比色板与喷涂工件的气压一致,保证最终修补结果一致。

使用后应确保喷枪清洁并使用清洁干燥的压缩空气吹干,这个对于保存用溶剂清洗过的喷枪很重要。

在使用HVLP喷枪时,建议采用内径10mm、长度不超过10m的橡胶软管,以免因软管内径不足造成压缩空气输出压力不稳定,以及输出气量不足,造成喷涂效果不良。

此外,为了精确控制喷涂效果及颜色,确保喷涂比色板与喷涂工件的喷涂条件一致,建议使用带气压表的水性漆喷枪。可以在枪尾处加装枪尾压力表,也可以使用带有数字压力表的喷枪,以在每次喷涂前能准确调整进气压力、扇面和出漆量,确保喷涂质量。

4.5.4 水性漆洗枪机

由于水性漆的废弃物与溶剂型油漆的废弃物处理方式不同,为减少对环境的污染,两种油漆的废弃物必须分开存放及处理。因此,在涂装作业最后的洗枪环节,如果采用洗枪机清洗喷枪,需采用专用于清洗水性漆喷枪的洗枪机来清洁水性漆喷枪并回收处理水性漆废弃物。每一台喷枪清洗机都可以专用于清洗水性漆喷枪或溶剂型涂料喷枪,只需要使用不同的清洗液(清洁剂)即可。

在清洗水性漆喷枪时,水性洗枪机需配合使用专用水性漆喷枪清洗剂和水性漆助絮凝剂。水性漆喷枪清洗剂是一种专门为水性漆设计的洗枪液,能在有效清洁喷枪的同时防止用自来水清洗喷枪而造成的枪身腐蚀,确保水性漆喷枪的使用寿命。

水性漆助絮凝剂凝剂是一种粉末状的絮凝剂,可以简单高效地处理被水性漆残渣污染的水性漆喷枪清洗剂。加入水性漆助絮凝剂后洗枪后产生的污物可被有效凝结、沉淀,使用专用过滤网过滤后,水性漆喷枪清洗剂可循环使用10次左右。水性洗枪机使用一段时间,水槽或回收容器注满后(25~30L),可加入水性漆助絮凝剂并沉淀、过滤,以循环利用使用过的水性漆喷枪清洗剂,具体步骤如下:

(1)加入100g水性漆助絮凝剂与废液中,并持续搅拌5min。
(2)停止搅拌后,静待废渣沉淀。
(3)检查上层液体是否澄清。
(4)如上层液体未达到澄清,重复步骤(2)和(3),直至澄清。
(5)在回收容器进口上放置过滤网,打开洗枪机水槽底部阀门,将被过滤过的水性漆喷洗枪清洗剂收集在容器中。待洗枪机水槽中废液流尽后,将水槽擦拭干净,然后将处理过的水性漆喷枪清洗剂重新加入水性洗枪机重复循环使用,一般最多可循环使用10次左右。
(6)水性漆废渣及多次使用后的水性漆喷枪清洗剂需与溶剂型涂料废弃物分开存放并交给专门的废弃物处理公司回收处理。

4.5.5 保温柜

水性汽车修补漆主要溶剂一般为去离子水,由于水会在温度低于5℃时开始结晶这将导致水性漆中出现结晶颗粒而影响使用,而同任何修补漆产品一样,高温不利于长期储存和使用,因此水性漆合适的储存温度为5~35℃。

有些品牌的水性漆采用了特殊的技术,其色母不易沉淀,不用像溶剂型色母一样使用搅拌机搅拌,因此不需要色母搅拌机只需要将水性漆直接放在保温柜中即可。

水性漆保温柜配备有一个加热器和温度控制器,可进行温度设定,在环境温度低于设定值时,保温柜会自动启动加热器,保证柜内温度在合理范围内。保温柜温度通常设定为20℃左右。到达设定的温度后,保温柜会自动停止加热。

有些水性漆则需要搅拌,因为目前市场没有同时具备搅拌和保温两种作用的保温搅拌机,故这些水性漆需要安装在搅拌机上,并在搅拌机所在的调漆间安装空调,以确保室内温度不低于5℃。

本章小结

本章主要介绍喷枪的结构和工作原理以及分类方法,喷枪的调整、操作方法,喷枪的维护方法和常见故障的诊断与排除的有关知识,手工打磨设备、机械打磨设备和一些抛光设备的性能和使用方法,压缩空气供给系统的主要设备和涂装之后的加温烘干设备。

下列的总体概要覆盖了本章的主要学习内容,可以利用以下线索对所学内容进行一次简要的回顾,以便归纳、总结和关联相应的知识点。

(1)喷枪。主要介绍了喷枪的雾化原理、类型、结构、调整方法、操作要领、维护及常见故障处理等。

(2)烘干设备。主要介绍了烘干设备的类型、不同烘干设备的干燥原理等。

(3)空气净化装置。主要介绍了空气净化装置的工作原理、净化方法等。

(4)空气压缩机及其他设备。主要介绍了空气压缩机的分类、构造及工作原理,储气罐、调压器、油水分离器和空气干燥装置的作用等。

(5)压缩空气分配系统。主要介绍了空气压缩机的放置应遵循的原则、其他部件的放置原则、空气控制装置工作原理、软管和接头的选用原则等。

自测题

一、单项选择题(在每小题的备选答案中,选出一个正确答案,并将其序号填在括号内)

1. 传统喷枪的涂料传递效率为30%～40%,而HVLP环保型喷枪的涂料传递效率高达( )。

  A.50%以上   B.55%以上   C.60%以上   D.65%以上

2. 在对汽车涂膜进行加温烘烤时,烘烤温度要适当控制,汽车修补涂装温度调节一般以被烘烤物体表面温度达到( )为宜。

  A.50℃   B.60℃   C.70℃   D.80℃

3. 为了保证喷涂的质量,建议6m以下的软管,内径应达到8mm;长6m以上的软管,内径应达到( )。

  A.9mm   B.10mm   C.11mm   D.12mm

二、判断题(正确打√,错误打×)

1. 根据喷枪的使用方式分类可以分为底漆喷枪和面漆喷枪两类。( )
2. 调节喷枪时,首先应先调节气压,再调节涂料流量和喷雾扇形。( )
3. 按干燥设备的外形结构分,烘干设备可分为室式、箱式和通过式三种。( )
4. 主供气管道在车间上方部分应设置成环形,以保证各处的压力恒定,并逐步向最远端倾斜,倾斜度为1/100左右,以利于管道内的水排放干净。( )

三、简答题

1. 简述吸力式、重力式和压力式喷枪的优缺点。
2. 简述喷涂操作注意的要领。
3. 简述对流干燥与辐射干燥有哪些区别。
4. 简述放置空气压缩机时应遵循的原则。

第5章 汽车修补涂装工艺

导言

本章主要介绍在涂装操作前对原涂层和底材进行辨别处理的方法，底漆、原子灰、遮蔽、中涂漆等各道工序的操作工艺要求及注意事项，单工序面漆、双工序面漆、水性漆及清漆的喷涂工艺流程和注意事项，面漆表面的处理方法和抛光等操作工艺流程及注意事项。

学习目标

1. 认知目标
(1) 了解表面前处理的必要性。
(2) 了解汽车车身常用金属材料的特点及判定方法。
(3) 掌握底漆的特性、类型和施工方法。
(4) 掌握原子灰的特性、类型和施工方法。
(5) 了解遮蔽材料的性能要求和遮蔽方法。
(6) 掌握中涂底漆的特性和施工方法。
(7) 了解面漆的类型及喷涂面漆前的准备工作。
(8) 掌握单工序面漆的喷涂及修补方法。
(9) 掌握双工序面漆的喷涂及修补方法。
(10) 了解水性漆的喷涂方法。
(11) 掌握清漆的喷涂方法。
(12) 了解面漆表面的处理方法。
(13) 了解抛光的方法。

2. 技能目标
(1) 能够根据标准工艺流程对底漆进行施工。
(2) 能够根据标准工艺流程对原子灰进行调配和施工。
(3) 能够根据遮蔽位置正确选择遮蔽材料进行遮蔽操作。
(4) 能够根据标准工艺流程对中涂底漆进行施工。
(5) 能够根据标准工艺流程对单工序面漆进行施工。
(6) 能够根据标准工艺流程对双工序面漆进行施工。
(7) 能够根据标准工艺流程对清漆进行施工。
(8) 能够正确对面漆表面进行处理及抛光。

3.情感目标

(1)初步养成自觉遵守国家标准的习惯。

(2)培养一丝不苟、严肃认真的工作作风。

(3)增强空间想象能力和思维能力,提高学习兴趣。

5.1 表面前处理

5.1.1 表面前处理的必要性

要保证涂层的质量,必须重视涂装工艺,而涂装作业前处理是涂装工艺中重要的一步。涂装作业前处理又称为涂装表面预处理,在进行汽车喷涂修补之前需要对原车漆面或新部件进行必要的处理,以增加黏附能力,减少喷涂缺陷,处理质量的好坏将直接影响涂层质量的好坏。表面经过预处理,使工件表面无油、无锈、无其他污物,并具有一定的粗糙度,能使涂料牢固地附着在物面上。涂装作业前处理是保证涂层使用寿命及质量的重要环节。

1. 保证涂层质量

涂装作业前处理的方法,应根据被涂物的用途、材质、要求和表面状况,采取不同的与之相适应的处理方法。如经脱脂、除蜡、除锈的黑色金属,可首先在其清洁的表面进行磷化处理和涂抹转换涂料(金属表面转换剂),这样既可防止金属腐蚀,又能增强对涂膜的附着力。汽车车身上使用较多的铝及镀锌板等,也同样可做磷化处理和涂抹转换涂料。总而言之,表面处理完善,再加上合理选择涂料,正确的施工工艺,适合的使用环境,能在很大程度上延长涂膜的使用寿命,达到涂料保护物面的目的,发挥涂料的保护作用。用同一种材料的物面,采用不同的表面处理方法,涂以相同的底漆和面漆进行对比,其损坏期限和腐蚀情况各不相同。

2. 增强涂膜在底材上的附着力

附着力的强弱虽与涂料品种质量及合理选择配套有关,但表面处理的好坏也是一个关键,若表面不清洁,存在水、油、粉尘、氧化皮、锈、蜡及其他污物或不牢固的旧涂膜,就会使新涂膜附着不牢、起泡、开裂、脱落,使金属与空气中的有害气体、水分接触,而发生腐蚀造成损坏。表面处理的目的就是要清除这些有害物质,并使其表面具备涂装所允许的粗糙度,增强涂膜与物面的附着力,使涂膜牢固地附着在物面上,从而提高涂膜的使用寿命。

3. 提高涂膜的耐蚀能力

金属表面的水、油、锈及其他污物会降低涂料的耐蚀性能,它们存在于涂膜与被涂物表面之间,会起到腐蚀金属表面和破坏涂膜的作用。如铁锈不清除干净,就会在涂膜下促使钢铁底材进一步腐蚀,并逐渐膨胀,最后导致涂膜开裂或剥落,使钢铁底材与空气、水分、有害气体接触,金属表面很快被腐蚀。若表面处理干净,达到涂装前的技术要求,表面耐蚀能力会大大增强,涂膜寿命也会大大提高,物面得到有效保护。图5-1所示为涂层破坏,钢铁底材被迅速腐蚀的状况。

图 5-1 涂层破坏,钢铁底材被迅速腐蚀
1-锈蚀;2-潮气;3-涂层;4-钢铁底材

4. 提高涂层的美观

车体表面处理不彻底或未进行处理,涂装后会产生许多涂膜缺陷,如被涂面有油污会使喷涂上去的新涂膜产生缩孔(鱼眼)、脱皮;蜡质会使新涂膜不干、回黏,产生针孔;铁锈、氧化皮会使涂膜起泡,影响车辆外表美观,失去涂料的装饰作用和保护作用。

5.1.2 汽车车身常用金属材料的特点及判定方法

1. 常用金属底材的特点

汽车外壳主要是以钢铁为主,随着现代汽车工业的发展,其他金属底材也越来越多地被使用,如铝及铝镁合金、镀锌及锌合金、镀铬等。由于不同金属底材各有特性,要充分发挥涂料的保护作用,就必须了解其特性。

(1)钢铁底材。汽车车身表面一般都是由钢铁制成,钢铁也称黑色金属。车身表面锈蚀产生的主要原因是钢铁本身不稳定且容易氧化,而车身表面由于涂层开裂、脱落、碰撞使钢铁暴露在空气中,空气中的水分、氧气、二氧化碳等就会使钢铁表面产生锈蚀。一般轻锈呈黄褐色,此时无疤痕,但能加快金属的腐蚀还原,若再发展则是棕色或褐色的疤痕。旧车修理时常发现积水处、弯角、饰条处、积垢处易产生锈蚀,腐蚀严重时被蚀物质会填满锈坑。

涂层一般都有不同程度的渗水、渗氧、渗离子的弱点,水、氧和离子等到达金属基层,会在涂层底部形成水汽,导致涂层的附着力下降,甚至起泡,锈蚀也随即形成。为了增强金属的耐蚀能力,底材用酸性金属处理液进行处理,形成转换涂层以提高耐蚀能力。

(2)镀锌金属底材。镀锌铁板的结构是在钢铁表面镀了一层锌。镀锌层在钢板上形成了一道隔离层,将钢材和空气、水分隔开,锌与空气接触会在其表面形成一层氧化锌,氧化锌能与锌层牢牢地附着在一起,由于氧化锌的稳定性,在锌与空气、水分之间形成一层极好的保护膜。若在镀锌钢板上直接施涂聚酯原子灰,便会产生原子灰层剥离,导致起"痒子"及底材生锈。施涂聚酯原子灰后,会在聚酯原子灰和镀锌层间生成一层金属盐,从而导致生锈,如图 5-2 所示。因此,镀锌钢板在涂装前要进行特殊处理。

(3)铝材。随着汽车车速的提高,车身要求轻量化,为减轻车身质量,许多车身上用铝材代替了钢材。目前铝材大多用于汽车的前盖和后盖,有某些品牌的汽车出现了全铝车身。铝材的性能类似于镀锌板件,当化学活泼性很高的纯铝与空气中的氧接触时,板件的表面就会生成一层致密的保护膜。对于铝材的表面预处理,不宜采用强酸、强碱,以防被侵蚀。

图 5-2 聚酯原子灰与镀锌层附着不良
1-聚酯原子灰层;2-金属盐生成层;3-镀锌层;4-钢板

2. 底材的判别方法

目前车身制造所用的金属板主要有:钢板、镀锌板、铝或铝合金。根据金属的不同性质可以对相应的底材作出正确判断。

1)钢板底材的判断

钢板机械强度较高,表面比较粗糙,未经加工的表面一般呈现灰黑色,有些部位会有铁锈存在。钢板表面经过粗糙砂纸打磨后会显露出白亮的金属光泽,但从侧面观察,颜色有些变暗;钢板耐强碱侵蚀的能力较强,使用强碱对经过打磨后的表面进行浸润或涂抹,一般不会有太大的反应。

2)镀锌金属底材的判断

钢板表面经热浸涂或电镀的方法镀上一层锌,可以大大提高表面的防腐能力。未经加工的镀锌板表面,常有银色的光芒,有些镀锌板表面有鱼鳞状花纹。使用中的镀锌板表面没有锈渍,裸露处常显现灰白色,经过砂纸打磨的地方,比钢材表面更加白亮且侧光时变暗的程度也要轻一些;镀锌板不像钢板耐强碱的侵蚀,使用强碱浸润或涂抹时,多会留下发黑的痕迹。

3)铝及铝合金的判断

铝的机械强度较低,汽车上一般使用铝合金板材。铝合金板材的机械强度较好但较轻,板材表面比钢板和镀锌板都要光滑,不耐强碱,经处理后表面形成氧化膜,打磨后可显露白亮的内层金属。通过打磨后涂抹强碱的方法,可以比较准确地判定。

5.1.3 表面前处理的方法

在对原车需修补部位的底材进行判别之后,要根据底材或表面的损伤状况进行必要的处理,一般的处理方法包括清洁除油、判断板件损伤区域的范围和状况、打磨去除旧涂层、制作羽状边等操作。

车身板件损伤部位的旧涂层已经受损,为了确保原子灰与基材牢固的附着力,在刮涂原子灰前需要将受到损伤的旧涂层完全清除至裸金属,并将旧涂层边缘打磨制作出羽状边。由于损伤部位的污染物,在工件打磨时会被带入砂纸内,可能导致在涂装过程中出现附着力不良、鱼眼等缺陷,因此在进行表面前处理时需要进行必要的清洁除油。处理步骤如下:

步骤1:在车辆进入喷涂车间前,在洗车工位对全车进行清洗。以清除汽车表面灰尘、脏物,避免将灰尘带入喷涂车间。并有利于下一步工作。

步骤2:根据涂料厂商产品说明书选择适合该阶段使用的清洁、除油能力较强的除油剂。气温高时应选择慢干除油剂以避免除油剂挥发过快。

步骤3:正确地进行安全防护。佩戴安全眼镜、活性炭防护口罩、防溶剂手套,穿工作服、安全工作鞋。

步骤4:进行除油操作,使用两块专用清洁布清洁,先用一块清洁布沾湿除油剂,擦拭工件表面,然后立刻用另一块干清洁布擦干(图5-3)。或使用耐溶剂的塑料喷壶将除油剂喷涂到工件表面,然后用一块清洁布擦干。

步骤5:检验钣金工作是否合格,确定变形范围。可以借助光照进行目视或采用触摸的方法判断变形区域范围(图5-4)。确定变形范围的目的是确保打磨除漆羽状边的范围合理,避免常见的打磨除漆范围过小的问题。也可以用直尺、打磨板等平放在变形区域,检查变形区域范围、深度,确保深度在原子灰可刮涂厚度范围内(1~3mm)。另外需检查变形区域是否有高点,如果有高点,需要用合适的钣金工具重新进行钣金作业至合格。

图5-3　除油　　　　　　　　　　　图5-4　触摸判断损伤区域

步骤6:确定涂料类型。使用干净白布,沾湿硝基稀释剂擦拭损伤部位的漆膜,如果漆膜掉色或擦拭后出现较严重失光,则说明旧漆膜可能采用的是硝化纤维素(硝基)漆或热塑性丙烯酸涂料等溶剂挥发型涂料,或者是采用了氧化聚合型或双组分聚合型,但由于施工不当或施工条件原因聚合反应进行的不够充分,导致还可以被溶解。为了避免将来喷涂时出现咬底,对于以上情况的漆膜可以采用两种处理方法:第一种,打磨去除至金属;第二种,打磨后喷涂隔离性较好的中涂底漆封闭隔离,中涂底漆完全干燥后再打磨喷涂面漆,也可以打磨去除上层能被擦拭掉的漆膜后,保留下层没有问题的涂层,然后喷涂隔离性较好的中涂底漆。

步骤7:修复工件进行打磨前,对与其相邻的工件(如车灯、车窗胶条、装饰件、防撞条等非修理部位)要进行保护。为了防止这些部位被误打磨导致不必要的损伤,并带来不必要的修复工作,可使用遮蔽胶带进行保护遮蔽,为保险起见,有的部位可以贴多层遮蔽胶带。

步骤8:去除旧涂层、打磨羽状边时,须佩戴棉纱手套、防尘口罩、防护眼镜。

步骤9:去除旧涂层,使用单动作打磨机或偏心距5~7mm的双动作打磨机配合P80干磨砂纸打磨、去除旧涂层(图5-5)。损伤区域较小时,可以使用偏心距7mm的双动作打磨机配合P120干磨砂纸打磨、去除旧涂层。对于损伤区域中无法机械打磨去除的旧涂层,可以用手工打磨或用铲刀铲除,但要注意不要造成金属面变形。

步骤10:制作羽状边,使用偏心距5~7mm的双动作打磨机配合P120干磨砂纸打磨羽状边(图5-6),因为打磨原子灰时会重新使用P80及P120砂纸,故打磨羽状边可以不使用P180砂纸,以减少浪费和提高效率。

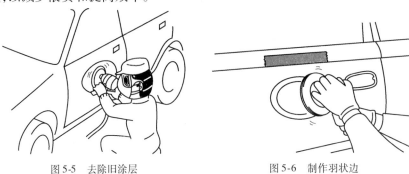

图5-5　去除旧涂层　　　　　　　　图5-6　制作羽状边

5.2 底漆的涂装

5.2.1 底漆的特性和类型

表面前处理打磨羽状边后,由于金属暴露在有一定湿度的空气中容易锈蚀,所以要及时施涂防锈底漆。直接涂布于物体表面的打底涂料称为底漆。喷涂底漆层可以使漆膜获得良好的附着力,填平细微的缺陷,对于裸金属还可以起到防腐的作用,是整个涂层的基础。底漆是被涂物面与涂层之间的黏结层,以使之上的各涂层可以牢固地结合并覆盖在被涂物体上。同时,底漆在钢铁表面形成干膜后,可以隔绝或阻止钢铁表面与空气、水分及其他腐蚀介质的直接接触,起到缓蚀保护作用。一旦面漆层破坏,钢铁也不至于很快生锈。

1. 底漆的特性

为了能起到上述作用,底漆应具备下述特性:

(1)底漆对底材表面应有良好的附着能力;对其他面漆或中涂层要有良好的结合能力。

(2)底漆干燥后,要有很好的物理性能和机械强度;能随金属伸缩、弯曲;能抵抗外来的冲击力而不开裂、不脱落;能够抵抗其上面涂层的溶剂溶蚀而不会咬起。

(3)底漆要具有一定的填充力,能够填平底材上微小的高低不平、孔眼和细小的纹路等。

(4)底漆要便于在其上施工,涂膜流平性要好,不流挂、干燥快而且要容易打磨平整、不黏砂纸,保证漆面平滑光亮。

底漆的使用应根据涂装的要求和使用的目的,采用不同类型的底漆;根据工件表面状态和底漆的性质选择适当的涂装方法。

底漆涂膜的强度和结合能力的大小决定于涂膜的厚度、均匀度及其是否完全干燥,底漆涂膜一般不宜过厚,以 $15\sim25\mu m$ 为宜(在汽车表面装饰性要求不高,底漆上直接喷涂面漆的情况下膜厚可以在 $50\mu m$ 左右),过厚则涂膜干燥缓慢,还容易造成涂膜强度不够和附着力不良。

2. 底漆的类型

底漆的种类比较多,现在汽车涂装中以环氧底漆和磷化底漆最为多见。根据用途和防腐机理,可分为隔绝底漆、侵蚀底漆和塑料专用底漆等类型。

1)磷化底漆

磷化底漆是以化学侵蚀手段来达到其防腐目的的,以聚乙烯醇缩丁醛树脂溶于有机溶剂中,并加入防锈颜料四盐锌铬黄等制成,使用时与分开包装的磷化液按一定调配后喷涂。磷化底漆本身呈弱酸性,可以通过化学反应在金属表面生成一层不导电、多孔的磷化膜,从而起到防锈及增加附着力的作用。但是因为磷化底漆本身呈弱酸性,原子灰不能直接刮涂在磷化底漆表面上,所以如果防锈底漆选用磷化底漆,必须在磷化底漆上施涂环氧底漆或中涂底漆后才能刮涂原子灰,这就是在修补涂装中一般都会采用先施涂环氧底漆再施涂原子灰的原因。所以在本书中,原子灰之前的防锈底漆只介绍使用环氧底漆的方法。

2) 环氧底漆

环氧底漆是物理隔绝防腐底漆的代表,是以环氧树脂为主要成膜物质制成的底漆。环氧树脂是线型的高聚物,以环氧丙烷和二酚基丙烷缩聚而成。它具有极强的黏结力和附着力,良好的韧性和优良的耐化学性,因此环氧底漆具有如下的优点:

(1) 附着力极强,对金属、木材、玻璃、塑料、陶瓷、纺织物等都有很好的附着力和黏结力。

(2) 涂膜韧性好,耐挠曲,且硬度比较高。

(3) 耐化学品性优良,尤其是耐碱性更为突出。因为环氧树脂的分子结构内含有醚键,而醚键在化学上是最稳定的,所以对水、溶剂、酸、碱和其他化学品都有良好的抵抗力。

(4) 良好的电绝缘性、耐久性、耐热性良好。

环氧底漆对铝镁合金、镀锌钢板、钢板、玻璃钢等都具有极好的附着力,缺点是一般环氧底漆多采用胺类固化剂,而此种环氧底漆干燥都比较慢。目前,有少数涂料厂商研发了快干的异氰酸固化环氧底漆,在环境温度为20℃的情况下自然干燥25min即可刮涂原子灰,大大提高了工作效率。

有些不饱和聚酯原子灰对多种金属底材都具有较好的附着力,同时原子灰也具有一定的防锈性能,所以可以不施涂环氧底漆而将原子灰直接施涂在金属表面上。故原子灰的刮涂方法根据所使用的原子灰种类不同有两种做法:先施涂环氧底漆再施涂原子灰;直接施涂原子灰。具体采用哪种方式,首先应根据原子灰产品说明书确定所选择原子灰是否能直接刮涂在金属底材上,如果不能则需要选择并施涂合适的环氧底漆,待完全干燥后再刮涂原子灰。

3) 塑料底漆

塑料底漆的作用主要是增强塑料底材和面漆层的黏结能力,同时具有去除静电的功能。通常为单组分,开罐即可使用,直接喷涂一薄层,等待10min左右(常温)待稍稍干燥后就能继续喷涂中涂层或面漆。

5.2.2 底漆施涂方法

底漆施涂操作步骤如下:

步骤1:施涂环氧底漆或原子灰之前,需要对羽状边区域再次清洁、除油,方法及安全防护措施同5.1相关内容所述。

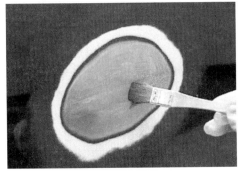

图5-7 施涂环氧底漆

步骤2:刷涂或喷涂环氧底漆(图5-7)。环氧底漆的作用是防锈及提供附着力,只需15~20μm的厚度,所以只需要薄涂一道环氧底漆即可。之所以可以选择刷涂环氧底漆,是因为下一步要刮涂原子灰并打磨,故对防锈底漆的平整度要求不高。

步骤3:待环氧底漆完全干燥后再刮涂原子灰。为了提高工作效率,可以采用短波红外线烤灯烤干环氧底漆,对于快干的异氰酸酯固化环氧底漆,烘烤 5min 即可,烘烤时间还取决于施涂厚度,如果施涂层较厚,所需干燥的时间也较长。环氧底漆使用红外线烤灯烘烤的具体产品所需时间,要遵照涂料具体产品说明要求确定。

5.3 原子灰涂装处理

底材处理完毕之后需要根据具体情况采用相应的处理,例如,裸金属需要喷涂底漆或用原子灰进行填补等;对于需要喷涂中涂层的底材需要喷涂中涂并进行打磨等。其目的主要是加强防腐处理和为面漆打下良好的基础。对于表面缺陷严重的板件,需要进行原子灰涂装处理。

5.3.1 原子灰的特性和类型

1. 原子灰的特性

原子灰是一种膏状或厚浆状的涂料,它容易干燥,干后坚硬,能耐砂磨。原子灰一般使用刮具刮涂于底材的表面(也有使用大口径喷枪喷涂的浆状原子灰,称为"喷涂原子灰"),用来填平补齐底材上的凹坑、缝隙、孔眼、焊疤、刮痕以及加工过程中所造成的物面缺陷等,使底材表面达到平整、匀顺,使面漆的丰满度和光泽度等能够充分地显现。

原子灰俗称"腻子",但与通常所指的腻子是有区别的。通常所指的腻子一般是用油基漆作为黏结剂,和以熟石膏粉等填充料,并加入少量的颜料和稀释剂调和后填补用。这种腻子干燥时间长,干燥后质地比较软而且会出现不同程度的凹陷,对其上面的涂膜具有一定的吸收作用,不利于涂装修补和面漆的美观,现已不用。20 世纪 80 年代我国研制出了水性腻子,用水作为稀释剂调和后使用,该种腻子在一定程度上对油性腻子的性能有所改善,但仍存在塌陷、吸收、质软等缺点,现在也已经不常用。而原子灰硬化时间短,常温下 0.5h 即可干燥硬化,可以进行打磨;经打磨后的原子灰表面细腻光洁,表面坚硬,基本无塌陷,对其上面的涂料吸收很少甚至不吸收;附着能力强,耐高温,正常使用时不出现开裂和脱落现象,因此现在被广泛应用于汽车的制造和修补工作中,起填充作用。

原子灰是涂料,也是由树脂、颜料、溶剂和填充材料等组成的。现在较为常用的原子灰树脂有聚酯树脂和环氧树脂等,环氧树脂原子灰具有良好的附着力、耐水性和防化学腐蚀性能,但涂层坚硬不易打磨,由于其附着力优良,可以刮涂得较厚而不脱落、开裂,多用于涂有底漆的金属或裸金属表面。聚酯树脂原子灰也有着优良的附着力、耐水性和防化学腐蚀性能,而且干后涂膜软硬适中,容易打磨,经打磨后表面光滑圆润,适用于很多底材表面(不能用于经磷化处理的裸金属表面,否则会发生盐化反应造成接触面不能干燥而影响附着力),经多次刮涂后,膜厚可达 20mm 以上而不开裂、脱落,所以是应用最为广泛的一种,现在常见的原子灰基本都是聚酯树脂原子灰。

原子灰中的颜料以体质颜料为主要物质,配以少量的着色颜料。填充材料主要使用滑石粉、碳酸钙、沉淀硫酸钡等,起填充作用并提高原子灰的弹性、抗裂性、硬度以及施工性能等。着色颜料以黄、白两色为主,主要是为了降低彩度,提高面层的遮盖能力。

原子灰多为双组分产品,需要加入固化剂后方能干燥固化,以提高硬度和缩短干燥时间。聚酯树脂型原子灰多用过氧化物作为固化剂,环氧树脂型原子灰多用胺类作为固化剂。

2. 原子灰的种类

原子灰的种类很多,经常使用的有以下五种。

1)普通原子灰

普通原子灰多为聚酯树脂型,膏体细腻,操作方便,填充能力强,适用于大多数底材。例如良好的旧漆层、裸钢板表面等。因其具有良好的附着力和弹性,也可用于车用塑料保险杠和玻璃钢件,但刮涂不宜过厚。普通型原子灰不适用于镀锌板、不锈钢板和铝板等和经磷化处理的裸金属表面,附着能力会达不到,造成开裂。但在这些金属表面首先喷涂一层隔绝底漆(通常为环氧基)后即可正常使用。

2)合金原子灰

合金原子灰也称金属原子灰,比普通原子灰性能更加良好,除可用于普通原子灰所用的一切场合外,还可以直接用于镀锌板、不锈钢板和铝板等裸金属而不必首先施涂隔绝底漆,但不适用于经磷化处理的裸金属表面。合金原子灰因其性能卓越,使用方便,所以应用也很广泛,但价格要高于普通原子灰。

3)纤维原子灰

纤维原子灰其填充材料中含有纤维物质,干燥后质轻但附着能力和硬度很高,因此能够一次刮涂得很厚,可以直接填充直径小于 50mm 的孔洞或锈蚀而无须钣金修复,对孔洞的隔绝防腐能力也很强。用于有比较深的金属凹陷部位填补效果非常良好。但表面呈现多孔状,需要用普通原子灰做填平工作。

4)塑料原子灰

塑料原子灰专用于柔软的塑料制品的填补作业。调和后呈膏状,可以刮涂也可以揩涂,干燥后像软塑料一样,与底材附着良好。虽然干后质地柔软,但打磨性很好,可以机器干磨也可以用水磨,常用于塑料件的修复。

5)幼滑原子灰

幼滑原子灰也称填眼灰,有双组分的也有单组分的,以单组分产品较为常见。填眼灰膏体极其细腻,一般在打磨完中涂层后,喷涂面漆之前使用,主要用途是填补极其微小的小坑、小眼等,提高面漆的装饰性。因其干燥时间很短(几分钟),干后较软易于打磨,用在填补小的孔洞比较适合,但它填补能力比较差,且不耐溶剂,易被面漆中的溶剂咬起,所以不能作为大面积刮涂使用,在现代涂装中已不建议使用。

5.3.2 原子灰的调配与施涂方法

对于不平整的表面或经过钣金处理后的金属板需要使用原子灰进行填平。常用的聚酯原子灰具有良好的附着能力、填充性和弹性等,并具有一定的隔绝防腐能力。原子灰的刮涂应在喷涂完底漆后进行,若需要填补的区域范围比较小,在不影响其附着能力的基础上可以直接刮涂于裸金属上。有些原子灰的施工厚度可以达到 20~30mm,但仅限于特殊情况,且面积不可过大。一般施工原子灰的厚度一般为 2~3mm,不可过厚。

1. 原子灰的调配

在施工时原子灰可以根据不同的情况合理选用。施工的底材对原子灰的附着力也有一定的影响,在填平施工时要根据不同的底材选用不同的原子灰,比如镀锌板及铝合金板材、不锈钢表面等不可直接施涂普通聚酯原子灰,只能使用合金原子灰,否则会造成附着力不良。如要刮涂普通原子灰则必须首先喷涂隔绝底漆才能达到理想的效果。磷化底材表面不能直接刮涂原子灰,必须喷涂隔绝底漆后才能施工。

在进行原子灰的施涂时,首先将需要施涂的区域进行打磨、清洁,然后将原子灰按使用手册标明的比例正确混合固化剂。聚酯原子灰通常使用过氧化物固化剂,其添加比例要严格遵照使用说明,不可随意添加,而且混合一定要均匀。固化剂添加过量,虽然可以促进干燥,但剩余的过氧化物会对其上面的涂层发生氧化反应,引起面漆的脱色等;添加量过少,会引起原子灰层干燥不彻底,在喷涂时出现咬底等现象。原子灰的颜色通常为灰白色或淡黄色,但固化剂的颜色通常为鲜艳的红色或黄色,在调配时两种颜色均匀地混合后即可进行刮涂施工。

原子灰混合固化剂后其活化寿命很短,只有5~7min(常温),在温度较高的季节,可施工时间会进一步缩短。所以,原子灰的调配和施工速度要快一些,在其活化时间内尽快施工完毕。在寒冷的季节气温低于5℃时,原子灰和固化剂的反应将会减慢或停止,造成不易干燥,所以应采用升高施工场所温度的方法来促进固化,或用红外线烤灯进行加热,但烘烤温度不可超过50℃,加热温度太高原子灰在干燥时会产生应力,容易造成开裂、脱落等。

具体操作步骤如下:

步骤1:调配、刮除原子灰时,须佩戴防溶剂手套、活性炭口罩、防护眼镜,穿工作服、安全工作鞋。

步骤2:如图5-8所示,将罐内的原子灰搅拌调和均匀,以保证整罐原子灰都能以正常黏度使用。固化剂也要揉搓至均匀,方法是先打开固化剂管盖,将空气挤出,然后拧上管盖,用掌在管外揉搓使固化剂混合均匀。

步骤3:如图5-9所示,将原子灰取至金属或纸质调和板上,根据气温及产品要求,添加原子灰质量1%~3%的固化剂。为了避免添加固化剂后原子灰很快干固而导致不能刮涂造成浪费,应在工件表面已经准备好时调配原子灰并快速刮涂。

图5-8 搅拌原子灰

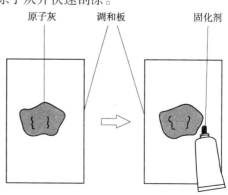

图5-9 取原子灰和固化剂

用原子灰刮刀将原子灰及固化剂不断来回刮涂、挤压,直至调和均匀。判断是否调和均匀,是看颜色是否均匀一致。因为原子灰的固化剂一般为黄色或红色,如果颜色不一致,就说明还没有混合均匀,未混合均匀就刮涂,会导致固化不匀、附着力差、起泡、剥落等缺陷。

2. 原子灰的刮涂

原子灰混合固化剂后其可施工时间很短,只有 5~7min(常温),在温度较高的季节,时间会进一步缩短。所以,原子灰的调配和施工速度要快一些,在其活化时间内尽快施工完毕。施涂时一次不要施涂大量的原子灰,要根据施涂面积的位置和形状,原子灰最好分多次进行施涂。第一次时,要将刮刀拿的几乎垂直,在工件表面上施涂一薄层原子灰,以确保原子灰透入哪怕是最小的划痕和针孔,从而增大附着力。在第二和第三次,将刮刀倾斜35°~45°,原子灰施涂的量要略多于所需要的量。在每一次施涂以后,都要逐步扩大原子灰的施涂面积。在原子灰区域的边缘上,一定要施涂得薄且呈斜坡,不要产生厚边。在最后一次施涂时,刮刀要拿的与工件表面基本持平,使表面平整。在每次操作过程中,舀取原子灰时,只能用刮刀的中间部分,不要使用刮刀的整个宽度范围,如果那样,原子灰在施涂过程中就会慢慢漏出,沿途产生台阶,俗称刮刀印。

以上介绍的是原子灰的基本施涂方法,下面以向平面施涂原子灰为例来介绍原子灰的具体施涂方法。

步骤1:将原子灰薄薄地施涂在整个表面上如图5-10所示。刮刀基本竖直,用力将原子灰压入凹陷和划痕内,范围基本控制在露出底材的区域,目的是填补细小缺陷和挤出空气,增加下面涂层的附着力。

步骤2:为了最大限度地减少在后续打磨操作中所要求的用力,施涂第二层原子灰时边缘不要厚。如果刮刀处于图5-11所示的位置时,用食指向刮刀的顶部施力,以便在顶部施涂薄的涂层。如果刮刀处于刮涂区域下部的位置,需要中指用力,这样在底部就能得到薄的涂层。再注意运刀过程中,刮刀倾斜角度的变化,这样原子灰的边缘就不会厚了。

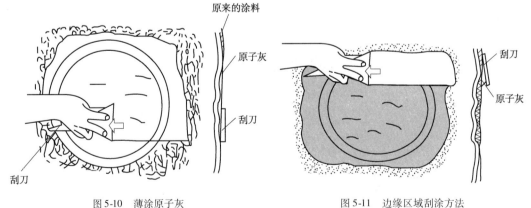

图5-10 薄涂原子灰　　　　　　图5-11 边缘区域刮涂方法

步骤3:在下一道施涂原子灰时,要与第二步中覆盖的第一部分稍稍重叠。为了在这一道开始时涂一薄层,要用一点儿力将刮刀抵压在工件表面上,如图5-12所示。然后,再释放压力,同时滑动刮刀。此外,在施涂结束时,要向刮刀施加一点儿力,以便涂一薄层。

重复这一步骤,直至在整个表面上施涂的原子灰达到所要求的形状,填补表面略高于工件表面,如图 5-13 所示。

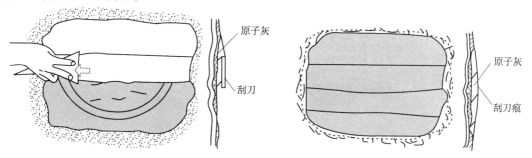

图 5-12 中部区域刮涂方法　　　图 5-13 原子灰填补完成

如果刮刀在各道施涂中仅向一个方向移动,那么原子灰高点的中心部位将会移动。发生这种情况后,就很难打磨了,所以,刮刀在最后一道施涂中必须反向移动,以使原子灰的高点部位移回中心,以便于后面的打磨操作。要求原子灰最后的表面必须比原来的表面高,但是,最好只能略微高一点,如果太高了,那么在打磨过程中就要花费许多时间和力气来消除多余的量。原子灰的施涂范围必须以在前面操作过程中所留下的打磨划痕为限,如果没有打磨划痕,原子灰就粘不牢,日后可能剥落。每一步的施涂操作时间不可过长,如果花费时间太多,原子灰可能在该道施涂完成前已固化,这时可能需要从头再来一次。一般来说,原子灰在混合后大约 3min 内施涂效果最好。

新施涂的原子灰会由于其自己的反应热而变热,从而加速固化反应。一般情况下,施涂以后 20~30min 即可打磨。如果气温低或者湿度高,原子灰的内部反应速度降低,那么原子灰就需要较长的时间来固化。为了加快原子灰的固化速度,可以采用红外线烤灯进行加热。使用红外线烤灯加热干燥原子灰,一定要使原子灰的表面温度保持在 50℃ 以下,以防止原子灰分离或龟裂。如果表面热得不能触摸,那么说明温度太高了,需要加大烘烤距离。

由于反应热的原因,涂层薄的地方的温度往往比涂层厚的地方温度低。这种较低的温度会减缓涂层薄的地方的固化反应,因此,一定要检查涂层薄的部位,以确定原子灰的固化状况。

5.3.3 原子灰的打磨

原子灰干透后需要进行打磨,打磨太早原子灰会继续收缩,打磨太迟则因原子灰过硬不易打磨,一般用手指甲检查其软硬程度。打磨方法可分为手工打磨和机械打磨,也可分为干打磨和湿打磨,但是由于原子灰相对来说孔隙较多,水分不易挥发,易给后续涂层带来缺陷,所以不建议采用湿打磨形式。

步骤 1:打磨原子灰时,须佩戴棉纱手套、防尘口罩、防护眼镜、安全鞋。

步骤 2:施涂打磨指示层,如图 5-14 所示。原子灰本身没有亮度,表面刮涂不平整,砂眼、砂纸痕等瑕疵都不容易看出,可通过在原子灰上施涂打磨指示层来帮助判断表面状况。打磨指示层为黑色,打磨前只需要薄薄涂抹一层,在打磨时由于较低部位及存在砂眼、砂纸痕的部位会留有炭粉而呈现为黑色,这样就可以方便判断打磨的平整状况。为了减少不必要的打磨浪费,可以在每次更换砂纸、打磨工具时适当涂抹打磨指示层。

步骤 3：如果原子灰施涂面积较大或表面高点较多，最初可以使用打磨机或手工打磨垫配合 P80 砂纸来打磨较高的原子灰部位，为打磨平整最好使用轨道式打磨机（图 5-15），当然也可以使用双作用打磨机。将一张 P80 干磨砂纸装到打磨机上，并将打磨机按照前后、左右、对角的方式移动，打磨整个表面。

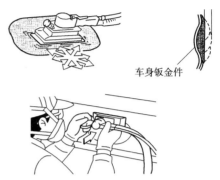

图 5-14　施涂打磨指示层　　　　图 5-15　轨道式打磨机配合 P80 砂纸打磨较高原子灰部位

为了防止在周围的涂料中产生深的划痕，要将打磨工作限制在原子灰覆盖的范围内，不得磨出原子灰的区域。操作过程中不要一次打磨整个表面，要不时用手触摸或用直尺仔细检查整个表面的平整度。打磨时不要用力全部集中在高点上，这样容易造成周围区域的形状变形。用打磨机打磨只要将不要的高点部位打磨下去即可，不要进行过深的打磨，因为打磨机不易控制，容易打磨出凹陷。

步骤 4：将一张 P120 干磨砂纸装到手工打磨垫块上，进行手工打磨。打磨时要一边触摸检查表面平整度，一边仔细打磨表面。

同样为防止产生深的划痕，打磨工作要限制在原子灰覆盖的范围内，不得磨出原子灰的区域。移动手工打磨垫块时，要稍稍提起手工打磨垫块的顶部或底部，以便随时了解正在打磨的部位，防止在边缘区域产生过度打磨。在打磨过程中，当打磨微粒沾到砂纸上时，可以用毛刷随时清除微粒，以保持砂纸最佳的打磨状态。

在此步骤要打磨完成待喷涂表面的基本形状，恢复待喷涂表面的平整度。

步骤 5：将一张 P180 干磨砂纸装到手工打磨垫块上，进行下一步的手工打磨操作。

在这一打磨阶段，第一次可以轻轻打磨原子灰区域以外的地方，以调整原子灰和周边区域的高度偏差。在调整原子灰和周边区域的偏差时，由于砂纸较粗，会产生打磨划痕，所以范围不宜太大，以超出原子灰范围 1~2cm 为宜。

此打磨阶段，要求打磨恢复工件表面的形状，平整度符合要求。

步骤 6：将一张 P240 干磨砂纸装到手工打磨垫块上，进行打磨操作，清除表面上之前的打磨划痕。

要求打磨的面积要略大于之前打磨的面积（以超出之前打磨范围 1~2cm 为宜），此打磨步骤主要是清除 P180 砂纸留下的打磨划痕，同时要求原子灰的周边要有轻微的磨缘区域。

步骤 7：检查原子灰区域表面平整度，确定是否需要刮涂原子灰。在以上的打磨步骤中，如果原子灰表面打磨过度，以致低于正常表面，那么必须重新施涂原子灰，然后干燥、再进行打磨。

重新施涂前,需要使用空气吹尘枪,吹压缩空气,除去原子灰表面灰尘和打磨微粒。空气吹尘枪要放得离原子灰表面近一些,以彻底吹掉任何碎屑和灰尘,必须确保清除原子灰表面的针孔和其他缝隙中的打磨微粒(图5-16)。然后施涂一薄层原子灰,要求均匀的覆盖整个原子灰表面(图5-17)。如果只填低点,那么正常的表面将会在再次打磨中被损坏。

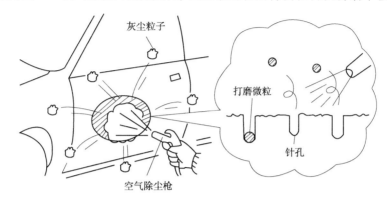

图5-16 原子灰表面吹尘

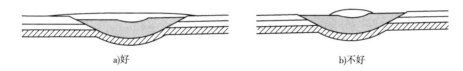

图5-17 原子灰二次刮涂

步骤8:如果原子灰区域经过以上打磨后,不再需要刮涂原子灰,将一张P320干磨砂纸装到双作用打磨机上,打磨原子灰区域和准备施涂中涂底漆的表面。

中涂底漆不易遮盖P240砂纸打磨的划痕,所以最好要用更细的砂纸进行打磨。而且中涂底漆要施涂得能完全覆盖整个原子灰的面积,要打磨的面积应该大于原子灰的面积,具体面积视重涂部位和面积来定。

步骤9:检查确认打磨结果没有问题后,清洁打磨区域。

5.4 遮蔽

喷涂中涂底漆前,为了防止喷涂产生的虚漆、漆雾外溢粘到其他无须喷涂的部位,需要进行必要的遮蔽贴护。

5.4.1 遮蔽材料

遮蔽工作是在实施喷涂之前所进行的重要工作,即用遮盖材料将所有不需喷涂的部位或部件进行遮蔽,防止喷涂过程中的污染,有时也用遮盖的方法对施工区域进行隔离以便操作,例如在打磨时对无须打磨的区域进行遮盖可以防止对良好部位的损伤等。

遮蔽所用的遮盖材料主要有：遮盖纸、塑料膜、胶带以及各种防护罩等，各涂装设备生产厂商都有相应的产品可供选择，不可使用普通纸张、胶带等代替。

遮盖纸要求能够耐热、纤维紧密（不掉毛）耐溶剂。汽车遮蔽用专用遮盖纸的一面为紧密的纸层，另一面涂有一层的蜡质物质，这层物质与基纸结合非常紧密并且耐热不熔化，抗溶剂性能优良。而有些工厂在实际生产中使用报纸或其他纸张代替遮盖纸进行贴护，虽然节约了部分成本，但在工作中往往会造成更大的损失。普通纸张或报纸在耐热程度、抗溶剂性等方面很差，而且沾染有油墨等物质，会对施喷表面造成一定的影响，尤其是吸收了大量的溶剂后会出现松散、纤维脱落等，严重的可能会使被遮盖底层出现失光、咬起、溶痕等故障，脱落的纤维会造成喷涂表面出现脏点等，因此应严格禁止使用。

胶带要求弹性小、耐热、耐溶剂、不掉胶、黏着性好且胶质所含溶剂成分低。专用胶带多为纸基，在拉伸时变形小，胶面可耐溶剂，在喷涂时不会因为溶剂的影响而开胶。需要注意的是不要用绝缘胶布或其他种类的普通胶带代替遮蔽胶带，如果使用不合标准的胶带，将会对修补增添不必要的麻烦。如果胶带弹性过大，那么在贴护时会出现拉伸变形，影响一些对棱边的贴护要求。如果胶带耐热差，在加温烘烤时会变形，甚至脱落破坏喷涂好的涂层；加热后胶质脱落很难清理，有时还会损伤涂膜。

防护罩用来遮蔽各种灯和轮胎。防护罩一般由耐热、耐溶剂橡胶制成。用防护罩遮蔽灯和轮胎要比用遮盖纸和防护带快捷、方便且便宜。

5.4.2 遮蔽方法

在遮蔽前，需要将一些妨碍遮蔽而又不需喷涂的部件拆下，如刮水器、收音机天线等。粘贴胶带时，一手拿住胶带，同时另一只手进行导向和压紧，撕断胶带时可用大拇指夹住胶带，另一只手压住胶带，迅速地向上撕，这样可以整齐的撕断胶带，而不会对已经贴护好的胶带造成拉伸。贴护时，需要首先用胶带沿贴护区域的边缘进行轮廓勾勒，然后将贴护纸粘贴在勾勒轮廓的胶带上，这样有利于保证贴护区域的整齐。当然具体部位的贴护还要根据具体情况有所改变，但是用最少的材料消耗完成工作是一成不变的。

遮蔽时应注意：不要将胶带粘贴在需要喷涂的区域或未经清洁的表面；贴护时不能将胶带粘贴在肮脏或潮湿的表面上；胶带不能粘贴在密封橡胶上；贴护时应将胶带尽量压紧胶带的边缘；贴护时遇到曲面时，可将胶带的内侧弯曲或重叠。

下面以中涂漆遮蔽为例来介绍遮蔽的方法。

步骤1：为了保证遮蔽胶带的黏附，喷除工件及周围区域应先进行除油清洁。这样也可以避免遮蔽完成后再进行除油清洁，导致遮蔽部位被破坏。

步骤2：为了防止中涂底漆边缘有台阶，使后续的打磨需花费更多的时间，增加打磨成本，而且一旦打磨不当，喷涂面漆后就仍能看出中底漆边界痕迹，当遮蔽边缘是密封条、饰条、把手等边界时，沿这些边界贴护；当遮蔽范围并非是沿着密封条、饰条、把手等边界时，中涂底漆前遮蔽应采用反向遮蔽，如图5-18所示。

反向遮蔽方法是指在贴护遮盖纸时，里面朝外，所以沿边界粘有一薄层漆雾。这种方法用于尽可能减少喷涂台阶，使边界不明显。

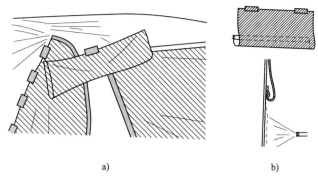

图 5-18 中涂底漆前反向遮蔽

5.5 中涂底漆的施工

5.5.1 中涂底漆的特性

中涂底漆是处于面漆涂层之下、原子灰或底漆之上的涂层,主要功用是改善被涂工件表面和底漆涂层的平整度,为面漆层创造良好的基础,以提高面漆涂层的鲜映性和丰满度,提高整个涂层的装饰性和抗石击性。

普通载货汽车、农用车辆等对涂装的装饰性等要求并不是很高,所以在底漆上直接喷涂面漆;但对车辆外观装饰性要求很高的轿车、豪华客车等均要求必须喷涂中涂底漆。在涂装修补时如果旧漆层比较好,可以不用喷涂中涂底漆;在进行了原子灰填补的区域,由于原子灰对面漆涂层具有一定的吸收作用,会在面漆上留下明显的修补痕迹,所以需要喷涂中涂漆底加以隔离封闭。

中涂底漆应具有以下特性:

(1)应与底、面漆配套良好,涂层间的结合力强,硬度配套适中,不被面漆的溶剂所咬起。

(2)应具有足够的填平性,能消除被涂底漆表面的划痕、打磨痕迹和微小孔洞、小眼等缺陷。

(3)打磨性能良好,不黏砂纸,在打磨后能得到平整光滑的表面。(现在有许多品牌漆中都有免磨中涂,靠其本身的展平性得到平整光滑的表面)

(4)具有良好的韧性和弹性,抗石击性良好。

中涂底漆所使用的漆基与底漆和面漆使用的漆基相仿,并逐步由底向面过渡,这样有利于保证涂层间的结合力和配套性,常用的漆基有环氧树脂、聚酯树脂、聚氨酯树脂等。这些树脂所制成的中涂底漆均为双组分低温固化,热固性,所得到的涂膜硬度适中,耐溶剂性能好,适宜与各种面漆配套使用。

中涂层的颜料多为体质颜料,具有良好的填充性能。中涂底漆的固体成分一般要在60%以上,喷涂两道后涂膜的厚度可达 $60 \sim 100 \mu m$。着色颜料多采用灰色、白色和黄色等易于遮盖的颜色。另外也有可调色中涂底漆,在中涂底漆中可以适量加入面漆的色母(一般为10%左右)调配出与面漆基本相同的颜色,用于提高面漆的遮盖力,避免造成色差。这类可调色中涂底漆的漆基一般都与面漆基本相同,在不同时不可加入面漆的色母调色。

可调色中涂底漆在提高某些颜色面漆的遮盖力方面存在一些不足,目前在修补涂装领域使用可调灰度中涂产品的较多。当一个面漆颜色灰度值和中涂底漆的灰度值最接近时,面漆最容易遮盖住中涂底漆,这时面漆的用量最节省,施工时间较短,所以采用和面漆相同灰度值的中涂底漆可以降低成本和提高效率。一般使用3种不同灰度值的中涂产品,根据面漆配方需要,再按照灰度值调配表的比例要求,调配出SG01～SG07共7种灰度值中涂底漆。

5.5.2 中涂底漆的喷涂

中涂底漆在调配以前需要经过较长时间的搅拌,因为其中的填料成分很多,沉淀比较严重,如不经过充分的搅拌就进行调配容易造成涂膜过薄,使填充能力变差。现在常用的中涂底漆多为双组分,在调配时需要严格按照说明添加固化剂和稀释剂,不可随意改变添加量或以其他品牌的类似产品代替。调配好的涂料应在时效期内尽快使用。

在喷涂中涂底漆以前要对施喷件进行必要的清洁处理,如前面所述用清洁剂首先进行清洁,喷涂之前还要用粘尘布轻轻擦拭喷涂表面。由于中涂底漆的黏度比较大,所以应选用口径大些的喷枪。中涂底漆一般要喷涂2～3道,每道间隔时间5min左右(常温),全部喷涂完毕后,静置5～10min,然后按要求加温到适当温度并保持足够的时间,待完全干固后及可以进行打磨处理。

施涂中涂底漆的步骤如下:

步骤1:佩戴合适的防护用具。佩戴安全眼镜、供气式防护面罩(喷涂双组分中涂底漆时)或活性炭防护口罩、防溶剂手套,穿防静电工作服、安全工作鞋。

步骤2:按照产品调配要求及施工面积和施工温度,添加合适的固化剂及稀释剂。

步骤3:使用清洁剂对工件表面进行除油清洁。

步骤4:按照产品要求正确调配喷枪,中涂底漆需使用喷枪口径为1.6～2.0mm的底漆喷枪,喷枪设定参数需参照涂料厂商产品资料及喷枪厂商产品使用资料。喷枪设定好后,最好在试枪纸上进行试喷,以确保喷枪的喷涂效果。

中涂底漆一般喷涂2～3层,每层间留足够的静止时间,使中涂底漆中的溶剂蒸发,直至中涂底漆失去部分光泽,一般需要5min左右。如果是局部修补而不是整板喷涂,一般有两种喷涂方法,一种是按照从大到小(从1到3)的原则喷涂中涂底漆,如图5-19所示。喷涂面积逐渐缩小,最后一层喷涂原子灰覆盖区域,以最大程度减少周围虚漆,减少打磨工作量。另一种方法是与之相反,按照从小到大的原则喷涂中涂底漆,第一层喷涂原子灰覆盖区域,然后每层逐渐扩大喷涂面积。

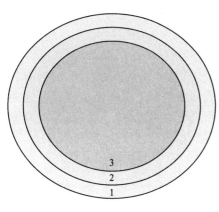

图5-19 从大到小喷涂中涂底漆

如果板件表面非常平整或者是新板件,可以喷涂免磨中涂底漆,需使用喷枪口径为1.4mm的底漆喷枪,通常湿喷一层或喷涂一个双层即可,具体喷枪设定参数需参照涂料厂商产品资料及喷枪厂商产品使用资料。

步骤5:喷涂完成后,闪干5～10min,可以使用红外线烤灯对喷涂部位进行局部烘烤,以加速中涂底漆的干燥速度。

5.5.3 中涂层的打磨

作为面漆的基础,中涂底漆起到增强涂层间的附着力、对底层提供封闭和填充细微痕迹的作用,除非是对新换部件采用免磨中涂底漆,否则中涂底漆干燥后一定要做好打磨工作,以保证附着力,保证为面漆提供一个平滑的基础。

中涂层一般使用P400～P500干磨砂纸配合φ3mm双作用打磨头进行打磨,边角等不易打磨的部位可以使用灰色菜瓜布或海绵砂纸进行。中涂层要打磨得非常光滑,表面不得留有粗糙的砂纸痕迹或其他的小坑或凸起等,因为中涂层上要喷涂的是整个涂层最关键的面漆层,任何微小的瑕疵都可能会影响到整个涂层的装饰性,所以要格外的仔细。使用打磨指示层对最后的打磨工作会有很大的帮助。

中涂层需要达到的打磨标准:确保表面已经打磨光滑且打磨边缘呈羽状、无台阶;确保表面无砂眼、砂纸痕等缺陷,无裸露原子灰、金属底材。如果中涂底漆表面过度打磨,导致有原子灰或金属露出,那么面漆的光泽会由于原子灰吸收涂料而受到影响,涂膜的防锈性能也达不到要求。对于露出金属的部位需施涂环氧底漆或磷化底漆及中涂底漆;对于裸露原子灰的部位需施涂中涂底漆,然后进行打磨。

打磨中涂底漆的步骤如下:

步骤1:打磨中涂底漆时,应佩戴棉纱手套、防尘口罩、防护眼镜,穿防静电工作服、安全工作鞋等安全防护措施。

步骤2:首先在中涂底漆上涂抹打磨指示层,以便在打磨时能更好更快的找出潜在的缺陷。

步骤3:对于中涂底漆纹理较粗的区域、填充原子灰区域,先使用手工打磨垫进行局部手工干磨,可以配合P240～P320干磨砂纸,对原来施涂原子灰的区域进行整平,打磨消除缺陷。如中涂底漆表面比较平整光滑可直接使用P320砂纸打磨,或省略此步骤。

步骤4:使用偏心距为3mm的双作用干磨机(图5-20),在托盘上加装中间软垫(图5-21),使用P400或P500砂纸(如后续喷涂单工序面漆或双工序纯色漆则使用P400,如喷涂双工序金属漆则使用P500)进行打磨,使用海绵砂纸、精磨砂棉或灰色菜瓜布打磨不易打磨区域,确保对将要喷涂色漆的区域全部磨毛至没有光泽。

步骤5:对于只喷涂清漆区域使用偏心距为3mm的双作用干磨机,在托盘上加装中间软垫配合P800～P1000精磨砂棉或使用灰色菜瓜布打磨,也要打磨至没有光泽。将灰色菜瓜布装在打磨

图5-20 使用偏心距为3mm的双作用打磨机

机上打磨的好处是可以清除工件表面上的打磨灰尘,并能安全的将所有打磨区域打磨至没有光泽。对于 B 柱或其他清漆不能整喷只能驳口的区域,为了确保驳口区域涂层的附着力,需要使用精磨砂棉 P2000 或使用灰色菜瓜布加水性研磨膏打磨清漆驳口区域(图 5-22)。

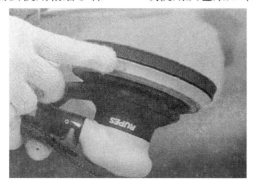

图 5-21　打磨托盘上安装中间软垫

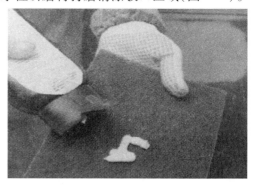

图 5-22　灰色菜瓜布加水性研磨膏打磨清漆驳口区域

5.6　面漆涂层的施工

在底涂层喷涂并进行打磨修整之后就可以进行面漆的涂装了。底漆、原子灰等起对车身底材的修饰和防腐保护作用;中涂底漆可以填平底漆或原子灰等表面的微小瑕疵,并可以衬托面漆涂层,使得面漆涂层显得更加丰满;涂装表面的光泽度、鲜映性和良好的装饰性等都由面漆层来提供,整个涂装工作的好坏都由面漆来体现,因此面漆喷涂是整个涂装工作最关键的工序。一旦面漆涂层出现不可弥补的故障,必须将整个面涂层打磨重喷。这样,既浪费了人工和材料,又延长了车辆的修理时间。所以,它不仅影响到涂装工作的装饰性,而且直接影响了企业的声誉。

5.6.1　面漆的类型

所谓面漆并不是一个独立的油漆品种,而是相对于底漆而言,涂装于被涂物面的最上层的涂料。在涂装时应首先用底漆打底,再用面漆罩面。面漆的主要作用是对被涂物体提供防护作用的同时,提高被涂物面的装饰作用。一种优良的面漆必须具备相当的保护性能和装饰性能,使被涂物体在一定使用寿命的时间内,以颜色的光泽条件来衡量是否能保持它的装饰效果。

涂装后的物体,在一般和特殊的使用条件下,其保护和装饰效果都取决于涂料的性能、精心的施工以及底材、底漆、中涂、面漆等的适宜配套。

面漆的分类方法很多,按颜色效果可分为素色漆、银粉漆和珍珠漆等;按成膜物质种类可分为硝基漆、醇酸漆和丙烯酸漆等;按固化机理可分为溶剂挥发型、氧化型和交联反应型等;按施工工序可分为单工序、双工序和三工序等。现在,汽车修补用面漆主要有素色面漆和金属面漆两大类型。素色面漆是将各种颜色的着色颜料研磨得非常细小,均匀地分散在树脂基料中而制成各种颜色的油漆。大多数素色漆在涂装后即具备良好的光泽度和鲜映性,涂膜厚度在达到50μm后即可显现完全的色调。素色漆随着色颜料不同也具有不同的遮盖力,遮盖能力比较强的颜料,会使涂膜在日光照射时光线只能穿透20μm左右,就被反射出来;而遮盖能力较弱的颜料往往需要比较厚的膜厚才能完全遮盖底层。因为素色面漆本身就具有良好的光泽和鲜映性,所以在喷涂完毕后整个面漆层即告完成,所以又称"单工序面漆"。

金属面漆是以金属粉颗粒和普通着色颜料加入到树脂基料中而制成,一般颗粒物以铝粉颗粒最为普遍,又称为银粉漆。自银粉漆问世以来,在汽车涂装上使用的比例越来越大,已经成为汽车修补作业使用的主要涂料。但因为其性质特殊,所以在调色及喷涂施工等方面要比素色面漆困难许多。在修补过程中,除调色需要一定的准确性外,还需要喷涂技巧的适当配合,银粉漆才能在汽车修补作业上发挥完美的效果。

金属面漆中的着色颜料比一般素色面漆为少,若不加入金属粉颗粒,光线会直接穿透涂膜到达底层,涂膜的遮盖力就不能完全发挥。金属粉同其他的颜料颗粒一样能反射光线,正是由于金属粉的大量存在,使金属面漆的遮盖能力比一般素色面漆要高很多,通常喷涂20~30μm的膜厚即可完全遮盖底层。涂膜中金属粉的排列并不是有序的,所以对光线的反射角度不同,造成金属漆本身的无光效果,因此必须在金属漆上面再喷涂罩光清漆后才能显现出光泽度和鲜映性,其金属闪光效果才能充分发挥。由于金属面漆必须由两步工序完成——金属漆层和清漆层,所以又称为双工序面漆。目前素色漆也出现了大量的双工序做法,即喷涂素色漆层和罩光清漆层。

金属漆还有一种特殊的类型,被称为"珍珠漆"的面漆,它在树脂中加入的不是铝粉颗粒,而是表面镀有金属氧化物的云母颗粒。由于铝粉颗粒和云母颗粒都是金属或金属氧化物,所以珍珠漆也被归为金属面漆一类。

由于云母颗粒除可以反射一定的光线外还可以透射和折射部分光线,所以这种面漆可以使被涂物表面产生类似珠光的光晕,有的还可以产生从不同的角度观察得到不同的色相的特殊效果。

珍珠色的种类大致可以分为干扰型和不干扰型两种。干扰型珍珠色即云母反射、折射和透射的光线相互干扰,可出现奇异的光晕。不干扰型珍珠色一般为高光泽不透明漆,主要用于调色。干扰型云母颗粒一般为半透明状,即在云母颗粒上薄薄镀上一层二氧化钛,镀层的薄厚程度决定了光线折射后的颜色效果。例如纯闪珍珠,微粒钛颜料呈半透明状,有些正面反射的光为黄色,而侧面散乱光为蓝色;又如银状云母,是在一般纯闪珍珠的云母微粒表面再薄薄镀一层银,该种珍珠色偏光性强,可以得到立体性金属光泽,在微弱光线下也可以发出悦目的光泽。

不干扰型珍珠色的云母多镀有不透明的金属氧化物,如氧化铁、氧化铬等,会使其变为不透明色,通常这种珍珠色不单独使用,而与普通的色母进行混合调色使用。

珍珠色面漆也同普通金属面漆一样需要在色漆层上再喷涂罩光清漆层来提高光泽度和鲜映性,同时来体现珍珠色特有的光晕效果。因为珍珠色面漆的遮盖能力非常差,在喷涂时多需要首先做一层与面漆颜色相同或相似的色底来提高面漆的遮盖力,然后喷涂面漆,面漆之后还要喷涂清漆,所以该种面漆也称为三工序面漆。

5.6.2 喷涂表面的准备

1.板件表面的检查准备

由于面漆的喷涂是非常关键的,所以在喷涂前要认真检查底涂层(中涂层以下),不能带有任何的瑕疵,因为这些微小的瑕疵在喷涂完面漆之后,在面漆光泽度的影响下会变得非常的明显。对需要喷涂面漆的准备工作包括以下几项:

(1)底漆层或中涂层要进行完全的打磨。用 P400 或更细一些的干磨砂纸将底漆或中涂底漆打磨到表面光滑的程度,不要留有橘皮和干喷造成的漆雾等并尽量不要留有砂纸的打磨痕迹,这些将会影响面漆的流平效果。底漆或面漆打磨得越光滑,面漆涂层的平整和光亮程度越好。

(2)若底涂层上有划痕、小的凹坑等必须用原子灰进行填补的区域,应选用填眼灰或极细的细灰进行填补,待干燥后打磨。若用原子灰填补的面积比较大,为防止原子灰对面漆的吸收,必须用中涂底漆进行封闭。

(3)如果在打磨时不小心将底层磨穿而露出了金属底,因为金属底是平整的,所以不必刮涂原子灰,但须薄喷一层环氧底漆以保证底材的防腐能力。如果底涂层为底漆加中涂的双涂层,则在底漆干燥之后还要喷涂一些中涂。等修补的部位完全干燥之后,用细砂纸进行磨平,必须使打磨部位与未修补的部分完全平顺地接合,否则会在面漆上出现地图纹。

(4)对不需要喷涂的部位进行适当的遮盖,防止面漆的漆雾落到不喷涂的部位。

(5)在将要喷涂之前,用清洁剂清洁喷涂表面上可能留有的油渍、汗渍和蜡点等。为保证干净,最好连续清洁两遍。然后用粘尘布擦拭喷涂表面,使喷涂表面不留有灰尘颗粒。清洁工作应在喷漆房内进行,清洁完毕后要马上进行喷涂工作,防止二次污染。

2.面漆的准备

1)面漆的混合与搅拌

已经准备好的面漆在喷涂以前必须经过充分的搅拌,使各种颜料和添加剂充分地混合均匀,这是保证面漆涂膜质量很重要的工作。

需要喷涂的面漆因为颜色的需要,很少有使用某一种纯色母直接喷涂的,绝大多数面漆都是由多种色母混合而呈现出需要的颜色。色漆中各种颜料的质量一般比树脂要大得多,由于颜料比较重,它们会慢慢地下沉,造成涂料中树脂与颜料不能均匀分散地混合,尤其是在涂料中加入了稀释剂和固化剂等更多的液体成分之后,这种趋势会更加明显。另外,由于各种颜料的质量也是不同的,比较重的颜料有白色(通常是白垩)、铬黄、铬橙、铬绿以及红色或黄色等铁的氧化物,比较轻一些的颜料有炭黑和靛蓝等。比较重的颜料和比较轻的颜料相混合得到需要的颜色,在喷涂时如果未加充分的搅拌,会造成颜色混合不匀,某些地方颜色过深或某些地方颜色过浅等涂膜故障。例如,用白色母和蓝色母按一定的量均匀混合会呈现出湖兰色,但如果静置一会儿,由于白色颜料较重会下沉到蓝色颜料的下方,此时涂料呈现的颜色要更加蓝一些。

颜料的沉淀现象不只存在于未喷之前，在喷涂到喷涂表面后涂膜干燥的过程中仍然在沉淀，所以有时会出现刚刚喷涂完毕和涂膜干燥之后喷涂表面有色差。同一部汽车的平面和立面由于空间方向不同，颜料沉淀后造成的色差也不同。还以方才的湖兰色为例，喷涂在平面上的涂膜在干燥后要比喷涂在立面上的涂膜显得更加蓝一些。由于这些原因，所以在喷涂之前一定要充分搅动面漆，使颜料混合均匀。

当然，涂料中往往需要加入稀释剂、固化剂和催干剂等一些添加剂，这些添加剂混合到涂料当中后必须经搅拌均匀后才能过充分发挥它们的作用。例如固化剂，固化剂能与涂料中的树脂发生化学反应产生交联而使涂膜固化，如若搅拌不均匀，会造成部分涂膜由于固化剂过量而出现脆硬或变色等现象，另外一部分涂膜由于固化剂量不够而造成干燥不彻底，涂膜过软等。

2) 稀释剂、固化剂的使用

涂料中往往需要加入一些添加剂来提高涂膜的性能、改善或适应喷涂环境等。例如双组分涂料必须加入固化剂才能干燥并保证良好的质量、为调节喷涂黏度需要加入稀释剂、为保证喷涂质量有时要加入稳定剂来消除颜料沉淀而造成的色差等等。这些添加剂有些是在喷涂之前就要加入并搅拌均匀后才开始喷涂的，如固化剂、稀释剂、催干剂等。有些则是在喷涂当中出现了问题需要加入的，如化白水和走珠水等。应严格按照使用说明进行操作，这样才能保证良好的使用效果和涂膜质量。

(1) 稀释剂的使用。稀释剂的主要作用是用来调节涂料的黏度以利于涂装工作和保证涂膜厚度的均匀。所以稀释剂和固化剂的使用量必须按照涂料的标准要求来添加，有其固定的比例。这种固定的比例有的是用体积比，有的是用质量比。用体积比来衡量添加量时需要使用专用的比例尺配合直桶状容器来进行添加；使用质量比来衡量添加量时需要使用电子秤来进行称重。目前在汽车修补涂装中，绝大多数调配比例都采用体积比。

一般涂料供应商都会提供几种稀释剂，在使用时需要注意根据施工条件和施工对象合理地选用。例如，若施工环境温度比较高 (35℃以上) 或施工的对象面积比较大，则需要使用慢干型稀释剂或极慢干稀释剂，以利于涂膜的流平和新涂层接口部位的融合；相反，在温度低 (15℃以下) 或修补面积比较小时，应选用快干型稀释剂，以避免流挂的产生并加快干燥速度。

按照涂料的使用说明加入固化剂和稀释剂后，涂料基本都会达到要求的喷涂黏度。如果添加过量，会引起涂膜表面失光等故障，尤其是清漆层。使用黏度杯可以进行比较精确的测定黏度。

(2) 固化剂的添加。双组分涂料必须加入固化剂才能干燥并保证涂膜具有优良的硬度、韧性等机械性能。不同种类的涂料，由于使用的树脂不同所用的固化剂化学成分也不同，必须按照涂料的要求配套使用，切不可任意添加。不同厂家、不同品牌的涂料和固化剂通常情况下不可穿插使用。例如，聚酯树脂类涂料使用过氧化物固化剂；环氧树脂类涂料使用氨基化合物固化剂；丙烯酸类、聚胺酯类和丙烯酸聚胺酯类双组份涂料的固化剂中含有异氰酸酯的化合物等等。

固化剂添加的量同这种涂料使用稀释剂一样，都有其固定的比例，或用体积比，或用质量比，需要严格按照规定添加，不可随意。如果添加的量过少，会导致成膜不良，涂膜过软等故障；添加的量过多，虽可提高涂膜的干燥速度，但过量的固化剂也会使涂膜变脆、失光或变色等。固化剂也同稀释剂一样分为慢干型、快干型和普通型等几种,用于配合不同干燥类型的稀释剂调节涂料的干燥速度,所以在选用时这个因素也应考虑在内。

固化剂也具有稀释涂料的作用,但切不可当作稀释剂使用。在涂料中加入固化剂后应进行搅拌,使固化剂与树脂分子均匀地分散。涂料在加入固化剂后即开始化学反应,产生交联固化作用。从加入固化剂并搅拌均匀到涂料结块固化仅需要几个小时的时间,称为"活化寿命",所以加入固化剂的涂料应尽快使用,否则会因固化作用导致涂膜出现橘皮、颗粒等缺陷或因固化反应导致涂膜交联结块而无法喷涂。涂膜加入固化剂后的活化寿命受环境温度的影响很大,较高的环境温度会加速化学反应致使活化寿命变短。所以在施工环境温度高时要随喷随调,尽量避免一次性在很多的涂料中加入固化剂,造成浪费。

5.6.3 单工序面漆的喷涂及修补方法

面漆是涂于最外层的涂膜,起着保护、装饰和标识等作用,也是整个涂装涂层中唯一可见的部分,所以面漆的涂装技术要求非常高。本部分内容主要介绍单工序面漆整板喷涂和修补喷涂的步骤及方法。

面漆涂膜的厚度一般要求在 $50\mu m$ 左右,过薄会使涂膜显得干涩,不够丰满,装饰效果比较差;过厚容易出现开裂等涂膜故障。现在常用的高固体分双组份素色面漆由于具有较高的固体成分,喷涂一层即可以有较厚的膜厚和良好的遮盖能力,喷涂两层就可以达到所需的膜厚。在喷涂这种涂料时,应按照涂料的使用说明来操作,通常第一层喷涂要采用薄喷,涂膜不要太厚,但必须均匀并保证良好的流平。第二层喷涂要厚一些,以保证足够的膜厚和良好的平整程度、鲜艳程度。两层道喷涂间隔的时间以第一层稍干即可,一般为常温下10min左右,也可以用手轻触遮盖物上的涂膜,涂料不粘到手指上的程度就可以喷涂第二层。两层喷涂的间隔时间不宜过长,尤其是炎热的夏季,高固体分涂料中可挥发成分少、干燥快,如果第一层已经达到表干的程度再喷涂第二层,则第二层中所含的溶剂成分就不能很好地溶解第一层的表面,会造成两层之间不能很好地溶合。

下面介绍单工序素色面漆的喷涂步骤及方法要点。

步骤1:佩戴合适的防护用具。佩戴安全眼镜、供气式防护面罩、防溶剂手套,穿防静电工作服、安全工作鞋。

步骤2:喷涂面漆前需对待喷涂表面进行除油、清洁。可使用两块专用清洁布(图5-23),一块清洁布沾湿清洁剂,擦拭待喷涂表面,用另一块干清洁布擦干。或者使用耐溶剂的塑料喷壶将清洁剂喷涂到待喷涂表面,然后用一块干清洁布擦干,使用清洁剂对待喷涂表面进行除油、清洁后,使用粘尘布粘去车体表面的灰尘、纤维等细小杂质(图5-24),以减少面漆上的脏点。

步骤3:按照产品调配要求,添加合适的固化剂(双组分面漆)及稀释剂。搅拌均匀后用面漆过滤网过滤并加入喷枪。素色面漆一般使用口径为1.4mm的重力式面漆喷枪或口径为1.6mm的吸力式面漆喷枪喷涂。

步骤4:按照产品要求正确调配喷枪,具体喷枪设定参数需参照涂料厂商产品资料及喷枪厂商产品使用资料。

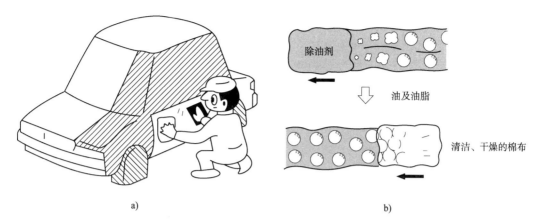

图 5-23 待喷部位除油的方法

步骤5：喷涂面漆时，可先对中涂底漆部位喷涂1~2层，以预先遮盖中涂底漆。一般来说，大部分单工序素色面漆喷涂2层即可达到所需的漆膜厚度。但有些颜色使用的颜料较为透明，遮盖力相对较差，可能需喷3~4层才能完全遮盖。每一层之间需要闪干，连续喷涂过厚会导致溶剂挥发时产生溶剂泡、针孔、失光等缺陷。

步骤6：完成喷涂后，将喷枪等工具、材料拿出烤漆房，按涂料厂商的要求留出一定的闪干时间后开始烘烤

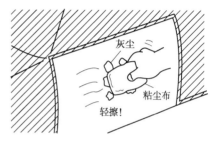

图 5-24 粘尘布粘尘清洁

面漆。烤漆房由正常气温升至烘烤所需的60~80℃需要一定的时间，而通常来说，烤干单工序素色面漆需要工件表面达到60℃后保持30min，故设定烤漆房时间时需考虑这一因素，设定的时间应包括升温所需时间加上烘烤所需时间。

步骤7：清洗喷枪。

步骤8：烘烤完成后，在车漆尚未冷却前去除遮蔽纸、遮蔽膜、胶带纸，可保留抛光保护所需的遮蔽纸、遮蔽膜，但直接与漆面相接的胶带必须趁面漆未冷却剥除，以免面漆完全冷却后，除去胶带时车身面漆漆膜与胶带表面漆膜连在一起导致车身漆膜被剥落。

以上所介绍的为整板喷涂单工序素色面漆的步骤和方法，如果需要局部修补单工序素色面漆，则步骤4、步骤5需要改变操作方法如下：

步骤4：按照局部修补的方法调整喷枪，喷枪扇面宽度适当调小，喷涂气压也可以适当降低，同时出漆量也要做些调整，但必须保证涂料足够的雾化。

步骤5：按照从小到大的原则喷涂遮盖修补区域的中涂底漆，每层之间需预留5~10min的闪干时间，完全遮盖后，然后以1:1比例添加驳口稀释剂，与剩余素色漆混合并快速搅拌均匀后向驳口部位喷涂匀化，然后倒出混合物，使用纯驳口稀释剂继续向驳口部位喷涂匀化至驳口部位合格。

5.6.4 双工序面漆的喷涂及修补方法

单工序素色面漆喷涂完成后，面漆层即具有良好的光泽，一般不用再喷涂罩光清漆，所

以称为"单工序"。由两道以上的喷涂工序完成的面漆称为多工序面漆或多涂层面漆。银粉漆的喷涂即为典型的双工序喷涂。

双工序面漆即先喷一层有颜色的面漆,在其上面再喷涂一层无色透明且具有很高光泽的罩光清漆来增加光泽度和保护底下的有色面漆,因这种面漆的喷涂是由两道工序——有色面漆和罩光清漆组成,所以称为"双工序"。珍珠漆情况又比较特殊,珍珠漆中所含的云母颗粒通透性很高所以遮盖能力极差,在喷涂时需要先喷一层与底色漆颜色相近或相同的色漆底提高遮盖能力,然后喷涂珍珠漆,珍珠漆上再喷涂罩光清漆,这种面漆用三道喷涂工序完成。

喷涂金属漆色底时,因为金属漆中含有铝粉等金属颗粒(银粉),这些金属颗粒在喷涂到施喷表面后的排列状况对颜色的影响非常大,所以在喷涂时需要格外注意颜色的均匀和正、侧光情况下的颜色变化。在调金属漆时要注意:稀释剂的用量要按照使用说明严格操作,不可随意改变;金属漆通常需要加入银粉调理剂来控制金属颗粒的排列,银粉调理剂的用量是按照所调金属漆的量按比例添加的,在调色的配方中有详细的规定,不允许随意添加;金属漆在喷涂前必须经过充分的搅拌,防止金属颗粒沉淀而造成施喷表面颜色的差异;过滤金属漆的滤网细度要根据银粉颗粒的大小来决定;喷枪中的小滤网可以拆下不用,防止一旦阻塞造成涂膜故障。

金属漆在喷涂时要避免喷得过湿或过干。过湿的涂膜颜色比较深,金属效果差,这主要是由于涂膜表面的溶剂成分较多,挥发慢,金属颗粒有比较长的时间沉淀,所以排列比较规则,大量的颜料颗粒会上浮,如图 5-25 所示。这样喷出来的漆膜从正面观察会显得颜色深,而从侧面观察时由于金属的反光效果,会显得颜色略浅。喷涂时出漆量过大、喷涂距离太近、喷幅重叠量太多、运枪速度太慢等都会造成上述的现象。

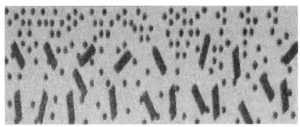

图 5-25　涂膜过湿金属颗粒的排列

如果表面喷得过干情况则相反,由于施喷表面比较干燥,银粉颗粒的沉淀时间短所以排列无序,杂乱无章,对光线的反射效果强。同时由于喷涂到施喷表面上的颜料较少,所以会显得颜色浅。干喷的漆膜从正面观察颜色要浅一些,而从侧面观察颜色要深些,如图 5-26 所示。

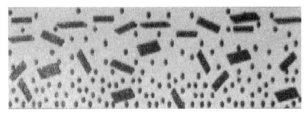

图 5-26　涂膜过干金属颗粒的排列

除喷涂方法造成金属色漆颜色的变化以外,喷涂时的环境、设备情况等也会造成颜色的变化。

喷涂金属漆时还要注意运枪的速度、喷口的距离、喷幅的重叠程度等必须均匀,喷涂气压要保持稳定,否则会由于有的地方较湿,有的地方较干,造成起云故障(俗称"喷花")。喷花的表面颜色深浅不一,在喷涂完清漆后更加明显,是金属漆喷涂绝对不能出现的。掌握喷涂方式对金属漆色调的影响可以提高修补效率,表5-1中列举了一些喷涂方法与形成金属漆色调的关系。

喷涂方式与形成金属漆色调的关系　　　　表5-1

影响因素		颜色较浅(干喷)	颜色较深(湿喷)
施工环境	温度	升高	降低
	湿度	降低	升高
	气流量	增加	减少
喷枪的调节	喷嘴	小口径	大口径
	空气帽	孔数多	孔数少
	针阀调节	减少涂料流量	增加涂料流量
	喷幅调节	大	小
	喷涂气压	高	低
稀释剂的选择	稀释剂的种类	挥发速度快	挥发速度慢
	稀释剂的用量	增加	减少
喷涂技术	喷枪距离	远	近
	喷涂速度	快	慢
	喷涂间隔时间	长	短

下面介绍双工序素色漆、银粉漆、珍珠漆的喷涂步骤、方法要点。

步骤1:喷涂双工序素色漆、银粉漆、珍珠漆前须佩戴合适的防护用具。佩戴安全眼镜、供气式防护面罩(或活性炭防护面罩)、防溶剂手套,穿防静电工作服、安全工作鞋。

步骤2:使用清洁剂对工件表面进行除油、清洁,清洁方法和喷涂单工序素色面漆之前的清洁方法完全一样。

步骤3:按照底色漆黍调配比例要求,添加合适的稀释剂。搅拌均匀后,用专用过滤网过滤并加入喷枪。双工序素色漆、银粉漆、珍珠漆喷涂一般使用口径为1.3~1.4mm的重力式面漆喷枪或口径为1.4~1.6mm的吸力式面漆喷枪。

步骤4:将按照产品要求正确调配喷枪,具体喷枪设定参数需参照涂料厂商产品使用说明及喷枪厂商产品使用说明。

步骤5:喷涂底色漆时,可先对中涂底漆部位喷涂1~2层,以预先遮盖中涂底漆。然后整板喷涂2层左右底色漆,每一层需要闪干时间5~10min再喷涂下一层,也可以通过底色漆表面光泽判断,当表面光泽度降低至哑光时即可喷涂下一层。连续喷涂过厚会导致溶剂挥发时产生溶剂泡、针孔、失光等缺陷。

完全遮盖中涂底漆后,对于双工序银粉漆、珍珠漆,需拉远喷涂距离薄喷一个雾喷层以调整银粉、珍珠颗粒的排列,使颜色与原厂漆效果类似。然后再闪干时间 15~20min 后喷涂清漆。闪干时间与喷涂厚度、气温、湿度都有关系,喷涂层较厚,气温较低,湿度较大时,涂膜干燥速度减慢,须增加闪干时间。底色漆闪干时间不够充足就喷涂清漆,会导致清漆中所含溶剂溶解底色漆而出现银粉、珍珠发花、起云现象。

对于色漆漆膜中的脏点或者微小瑕疵,可在色漆完全闪干后,使用 P1000 精磨砂棉进行打磨处理,或使用 P1500~P2000 水磨砂纸湿磨处理,然后再补喷色漆遮盖打磨位置。

以上所介绍的为整板喷涂双工序面漆的步骤和方法,如果需要局部修补双工序素色漆、银粉漆、珍珠色漆,则步骤4、步骤5的操作方法调整如下:

步骤4:按照局部修补的方法调整喷枪,喷枪扇面宽度适当调小,喷涂气压也可以适当降低,同时出漆量也要做些调整,但必须保证涂料足够的雾化。

步骤5:先在色漆修补区域边缘向外喷涂 50cm 左右的驳口清漆(修补双工序素色漆不用喷涂驳口清漆),然后再按照从小到大的原则喷涂遮盖修补区域的中涂底漆,每层之间需预留 5min 左右的闪干时间,完全遮盖后,向驳口部位匀化喷涂至没有过渡痕迹和色差。

5.6.5　水性漆的喷涂

水性漆一般是以去离子水为主要溶剂、有机挥发物(VOC)含量较低的绿色环保产品,对环境、人类健康的危害比较小,且安全不易燃;传统溶剂型油漆则以有机溶剂为主,易燃,具有刺激气味,因含有较多的化学性挥发物质,如果涂装时防护措施不全面,对人体健康影响较大。

汽车修补漆行业使用水性漆已经有三十余年的历史,大部分汽车涂料厂商的水性漆产品经过不断开发升级,已经完全克服了较早阶段水性漆产品干燥速度慢于溶剂型产品的缺点,以正确的工艺及方法使用水性漆,速度反倒能够远快于溶剂型油漆。水性漆在颜色、漆膜牢固度和耐久度上均能达到或超过溶剂型油漆的修补效果,且喷涂、修补操作更为简单,所以水性漆得到越来越多的应用。由于汽车修补漆中,用量较大,含有机挥发物(VOC)比例最大的为底色漆,目前最广泛使用的水性漆主要是取代溶剂型底色漆的水性底色漆。

虽然水性漆有机挥发物(VOC)含量低,但它仍然含有树脂、颜料、添加剂这些化学成分,故在调漆时,仍需佩戴安全眼镜、活性炭防护口罩、耐溶剂手套,穿防静电工作服、安全工作鞋。喷涂水性底色漆的步骤如下:

步骤1:喷涂水性底色漆前,须使用水性清洁剂和溶剂型清洁剂进行两次清洁。须参照涂料厂商的清洁剂方面的使用要求,有些厂商要求先使用水性清洁剂清洁待喷涂表面,再使用溶剂型清洁剂清洁;有些厂商恰恰相反。清洁方法如前所述,可使用两块专用清洁布,一块清洁布沾湿清洁剂,擦拭待喷涂表面,然后马上用另一块干清洁布擦干;也可以使用耐溶剂的塑料喷壶将清洁剂喷涂到待喷涂表面,然后用一块干清洁布擦干。使用清洁剂对待喷涂表面进行清洁后,还需要使用粘尘布粘去车体表面的灰尘、纤维等细小杂质,以减少面漆上的脏点。

步骤2:按照产品调配要求,添加合适分量的水性漆稀释剂。调配并搅拌均匀后,用水性漆专用过滤网过滤并加入水性漆专用喷枪。由于水性漆会溶解普通过滤网的黏结用胶水,故需要使用水性漆专用的尼龙过滤网过滤。

步骤3:按照产品要求及所使用的喷枪特性选择合适的水性底色漆喷枪,一般来说,水性漆使用口径为1.2~1.3mm的面漆喷枪喷涂,为了有利于环保及节约油漆,建议使用HVLP高流量低气压环保喷枪,按照产品要求及所使用的喷枪特性正确调配喷枪。具体喷枪设定参数需参照涂料厂商产品使用说明及喷枪厂商产品使用说明。

步骤4:各涂料厂商喷涂水性漆的具体手法方面略有差异,现在以PPG公司的Aquabase plus系列产品为例。纯色水性底色漆遮盖力较好,通常喷涂一个双层即可;对于银粉或珍珠水性底色漆,先喷涂一个双层,再喷涂一个雾喷层。对于颜色遮盖力相对较弱的银粉或珍珠色漆,需喷涂两个双层,再雾喷一层。每喷涂一个双层后,都需要使用吹风枪与喷涂面成大约45°夹角,斜吹喷涂面(图5-27),将水性底色漆吹干至哑光状态,通常吹2~3min即可吹干。水性漆在温

图5-27 用水性漆吹风枪吹工件表面

度25℃、相对湿度小于70%的情况下干燥速度最快。如果可能,可以在车间安装一个温度湿度计,以根据当时温度、湿度情况判断水性漆吹干所需时间。

步骤5:喷涂底色漆吹干后如发现尘点,可用P1000精棉砂纸打磨,打磨好之后,在打磨区再补喷一层水性底色漆。

步骤6:喷涂清漆。

步骤7:烘干。烘烤条件须参照具体产品说明。一般来说,烤干双工序面漆同样需要工件表面达到60℃后保持30min,设定烤漆房时间同样需要考虑升温时间,设定的时间应包括升温所需要时间加上烘烤所需的30min。

以上操作步骤为整喷水性底色漆的步骤和方法,如果是局部修补水性漆操作,则在以上的步骤4中可增加喷涂水性漆控色剂以使驳口修补操作更加简单易行,水性底色漆局部修补时其余步骤可不变,调整为:

步骤4:按照小修补的方法调整喷枪,喷涂气压缩小至120~150kPa,出漆量及修补区域边缘向外喷涂气压都相应缩小。先在色漆修补区域边缘向外喷涂50cm左右的水性漆控色剂,然后再按照从小到大的原则喷涂水性底色漆遮盖修补区域的中涂底漆。纯色水性底色漆遮蔽力较好,通常喷涂一个双层即可进行驳口过渡;对于银粉或珍珠水性底色漆,喷涂1~2个双层至完全遮盖中涂底漆后向外进行驳口匀化过渡。每喷涂一个双层后,都需要使用吹风枪与喷涂表面成大约45°角斜吹喷涂表面,将水性底色漆吹干至哑光状态。

5.6.6 清漆的喷涂

在底色涂层喷涂完毕后,同样的只要等到涂膜表面完全失光即可喷涂清漆,不必等色底涂膜完全干燥。清漆一般喷涂两道,膜厚为40~60μm,喷涂手法同单工序面漆相同。清漆

中稀释剂的用量要控制在10%以内,有时也可以不加稀释剂,因如果稀释剂添加过多,容易引起清漆层表面失光,致使整个面漆层的光泽度不够。

双工序底色漆及三工序底色漆喷涂完成后,再根据产品特性进行充足的时间闪干后,就可以继续喷涂清漆,清漆的作用是提供亮度、对色漆及其颜料的保护性、耐久性。双组分清漆的喷涂步骤如下:

步骤1:喷涂双组分清漆时须佩戴合适的防护用具。佩戴供气式防护面罩、防溶剂手套,穿安全工作鞋、喷漆工作服等。

步骤2:按照所使用清漆的调配要求,添加合适的固化剂及稀释剂。搅拌均匀后,用过滤网过滤并加入喷枪。清漆一般适合于使用口径为1.3～1.4mm的重力式面漆喷枪或口径为1.4～1.6mm的吸力式面漆喷枪喷涂。

步骤3:按照产品要求正确调配喷枪。整板喷涂清漆时,具体喷枪设定参数需参照涂料厂商产品使用说明及喷枪厂商产品使用说明。

图5-28　喷涂清漆

步骤4:喷涂清漆时(图5-28),通常的喷法是先以1/2重叠中湿喷涂一层,闪干5～10min,在工件相邻遮蔽纸上进行指触测试,所喷涂清漆达到指触不拉丝时,再以3/4重叠全湿喷涂一层。两层之间的闪干时间非常重要,连续喷涂过厚会导致溶剂挥发时产生溶剂泡、针孔、失光等缺陷。

步骤5:完成喷涂后,将喷枪等工具材料拿出烤漆房,根据涂料厂商的要求留出一定的闪干时间后开始烘烤清漆,烤漆房由正常气温升至烘烤所需的60～80℃需要一定时间,而通常来说,烤干清漆需要工件表面达至60℃后保持30min,故设定烤漆房时间时需考虑这一因素,设定的时间应包括升温所需时间加上烘烤所需的30min。

步骤6:清洗喷枪。

步骤7:烘烤完成后,同单工序素色漆的道理一样,在车漆尚未冷却前去除遮蔽纸、遮蔽膜、胶带,可以保留抛光保护所需的遮蔽纸、遮蔽膜,但直接与漆面相接的胶带必须先趁面漆未冷却就剥除,以免清漆完全冷却后,除去胶带时车身面漆漆膜与胶带表面漆膜连在一起导致车身漆膜被剥落。

以上所介绍的为整板喷涂清漆的步骤和方法,如果需要局部修补清漆,则步骤3、步骤4需要改变操作方法,如下所述:

步骤3:按照局部修补的方法调整喷枪,喷枪扇面宽度适当调小,喷涂气压也可以适当降低,同时出漆量也要做些调整,但必须保证涂料足够的雾化。

步骤4:按照从小到大的原则喷涂修补区域,第1层中湿喷涂于底色漆区域,经过5～10min的闪干后,第2层扩大并使用全湿喷涂,然后以1:1比例添加驳口稀释剂,与剩余清漆混合,快速搅拌均匀后向驳口部位喷涂匀化,然后倒出混合物,使用纯驳口稀释剂继续向驳口部位喷涂匀化至驳口部位合格。

5.7 面漆表面的修整

整个面漆涂层的喷涂结束以后,涂装的工作已经大部分完成,但还需要进行最后的修整工作。涂膜的修整主要包括清除贴护、修理小范围内的故障和表面抛光等。

5.7.1 清除贴护

喷涂工作完毕之后,遮蔽不喷涂部位的胶带和贴护纸的作用基本完成,一般说来,遮盖材料应该在抛光后取去。但是,沿边界的遮盖胶带应在涂装后,趁涂层还是软的时候小心地取下。清除工作可以在喷涂完毕之后,静置20min左右的时间,待涂膜稍稍干燥后即可。静置20min左右的时间也有利于涂膜中溶剂的挥发,避免喷涂完毕后直接加温烘烤所造成的涂膜热瘁等故障。或是在烘烤完成后,车漆尚未冷却前去除遮蔽纸、遮蔽膜、胶带,可以保留抛光保护所需的遮蔽纸、遮蔽膜,但直接与漆面相接的胶带必须先趁面漆未冷却就剥除,以免清漆完全冷却后,除去胶带时车身面漆漆膜与胶带表面漆膜连在一起导致车身漆膜被剥落。

清除工作应从涂层的边缘部位开始,决不能从胶带中央穿过涂层揭开胶带。揭除动作应仔细缓慢,并且使胶带呈锐角均匀地与粘贴表面分离,如图5-29所示。清除时要注意不要碰到刚刚喷涂过的地方,还应防止宽松的衣服蹭伤喷涂表面,因为这些表面尚未干透,碰到后会引起损伤,造成额外的工作。

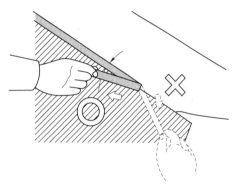

图5-29 胶带剥除方法

5.7.2 面漆表面的处理方法

喷涂过程中常常会由于种种原因在面漆表面造成一些微小的故障,例如流挂、个别的涂膜颗粒(脏点)微小划擦痕迹和凹坑等,影响装饰性,因此必须进行漆面修整。

1. 流挂和涂膜颗粒的处理

在喷涂当中造成流挂是比较常见的故障,由于喷涂环境的影响,在涂膜表面有颗粒等也是不可避免的。若流挂的面积很小,涂膜表面颗粒很少,可以用单独修整的方法进行处理,修整必须是在涂膜完全干燥的情况下进行。处理过程为首先平整流挂或颗粒部位,然后用抛光的方法使修理部位与其他部位光泽一致,消除修理痕迹。

1)平整修理

平整流挂和小颗粒多采用打磨的方法,但对于流痕或颗粒比较大的情况,往往先用刮刀将流痕或大颗粒削平,然后再用较细的砂纸打磨来加快工作的速度。打磨流挂部位一般使用P1200~P2000水磨砂纸配合硬质打磨垫块(不可使用软打磨垫)来进行,因为较细的砂纸产生的打磨痕迹比较容易抛光,但有时需要打磨的区域比较大,为提高效率可以先用较粗的砂纸(如 P800 ~ P1000 砂纸)先打磨一遍,待基本完成后再逐级用细一级的砂纸打磨,直到打磨痕迹可用抛光的方法消除为止,注意不要跨级使用砂纸。

打磨时为防止打磨到周围不需打磨的部位,可以用贴护胶带对不需打磨的区域进行贴护。打磨的手法应使打磨垫块尽量平行于面漆涂膜,手法要轻一些,用水先将水砂纸润湿,然后在打磨区域上洒一些肥皂水,这样可以充分润滑打磨表面,且不至于产生太大的砂纸痕迹。打磨时要非常仔细,经常用胶质刮水片刮除打磨区域的水渍来观察打磨的程度,只要流挂部位消除并与周围涂膜齐平即可,千万不要磨穿或使漆膜过薄,要给抛光留出余量,并保证抛光后仍有足够的膜厚。对于边角等涂膜比较薄且极易磨穿的地方尤其要小心。

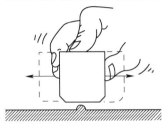

图 5-30 用小磨头打磨颗粒

对于颗粒等小范围的打磨,一般使用小型打磨块配合 P1500 ~ P2000 水磨砂纸来进行。打磨时同打磨流挂一样,需沿涂膜水平运动并用肥皂水润滑,如图 5-30 所示。如果颗粒过大或流痕突出部位非常明显,可以先用刮刀刮除,然后再用上述的打磨方法进行打磨。用刮刀刮除工作效率比较高,但操作上要求一定的技巧,刮削时刀刃应略向上方倾斜,不可切削过量。目前在市场上可以买到专用的漆面刮刀,可以提高工作效率。

2)局部抛光

经过平整修理和打磨的区域必须进行抛光,对小范围修补区域一般使用手抛的方法即可,也可用机械抛光来提高效率。

手工抛光的材料一般使用法兰绒,因法兰绒质地较厚,且多为毛或棉质,非常适合抛光用。抛光时用法兰绒布蘸上少许抛光粗蜡或中粗蜡,用力对打磨区域擦拭以消除打磨痕迹,运动轨迹以无序为好,尽量不要留下磨削的痕迹。待砂纸痕迹基本消除并具有一定的光泽后,将抛光区域和抛光布清理干净,不要留下粗蜡痕迹,然后换用抛光细蜡再次进行细致的抛光。

对于新漆面而言,未抛光的区域具有耀眼的光泽,经过抛光的部位光泽虽然没有减低,但已经变得比较柔和,像珠光一样悦目,所以往往会造成两个区域有明显的差异,甚至有色差。所以,用细蜡抛光的面积要达到修理区域 3 ~ 5 倍,使修补区域与未修补区域无明显的差异,最后,用上光蜡对整板进行上光即可。

用抛光机进行局部抛光同上述用手工抛光的基本步骤相同。首先将中粗抛光蜡(由于用机械进行局部抛光,用中粗蜡即可)涂抹于修理区域,选用小型海绵抛光轮以较低的转速对修理区域进行研磨抛光,待修理区域基本消除打磨痕迹并显现出光泽后,逐渐提高转速并扩大抛光区域到修理区域的 3 ~ 5 倍,然后换用较大的抛光轮,用细蜡对整板进行抛光上光一体操作,消除光泽和颜色的差异。

2. 涂膜凹陷的修理

在面漆喷涂完毕后,涂膜上常常会有个别因喷涂表面清洁不净,留有油渍、汗渍等造成涂膜张力变化而形成的小凹坑(鱼眼),或是清除贴护时造成的小范围涂膜剥落等现象,对这些地方进行补漆操作时若缺陷位置不明显,一般不需要用喷枪,使用小毛笔或牙签等对凹陷部位进行填补就可以了。但如果缺陷部位非常明显或所处位置是车辆极需要涂膜完美的地方,如发动机舱盖或翼子板等,一般多需要采用点修补的方法(使用小型修补喷枪进行小局部喷涂)来修理。

用牙签或小毛笔填补凹陷最好在涂膜未干时操作,如果涂膜已经干燥将会造成填补部位附着不良和颜色的差异。具体操作如下:

(1)若面漆漆膜已经基本干燥,则需要用清洁剂对需要填补的区域进行清洁。如有必要可用P800以上的细砂纸进行简单打磨,但打磨区域切不可过大,只起提高附着能力的作用即可,然后用清洁剂清洁干净。

(2)用牙签或小毛笔蘸上少许面漆(为保证没有色差,最好用剩余的面漆。若为双组分涂料,则必须添加固化剂),并迅速地滴到故障部位(鱼眼)或涂抹在需要填补的部位(剥落漏白),如图5-31所示。

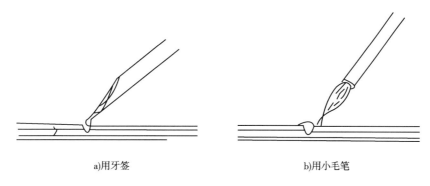

a)用牙签　　　　　　　　　　b)用小毛笔

图5-31　用牙签、小毛笔进行表面修理

(3)用另一支小毛笔蘸取少许面漆稀释剂涂抹在修饰部位,以使修饰部位变得较为平整,并利用稀释剂的晕开和溶解作用使修补部位与其周围相融合。

(4)待完全干燥后可以稍稍进行打磨并进行抛光处理,方法同流挂及颗粒的修理。

5.7.3　面漆的抛光

抛光主要是为了增加漆膜的光泽度与平滑度,消除漆面的颗粒、轻微流痕、橘皮、细微砂纸痕迹、划痕等漆膜表面细小的缺陷。新喷漆面应在漆膜完全干燥后进行抛光,双组分涂料应在喷涂后经过60℃烘烤30min(金属表面温度),待漆面温度冷却后,手指按压漆面而不会产生手指印,或在自然干燥36h后进行抛光,具体需要根据所使用的产品说明书确定。抛光的具体操作步骤如下:

步骤1:抛光前遮蔽。为了防止抛光前打磨及抛光时损伤相邻工件或者其他车身部件,需要进行遮蔽保护,可以尽量利用喷涂面漆时的遮蔽。即面漆完成后除去遮蔽时,对于可以保留的遮蔽材料可以保留至抛光使用。

步骤2:为防止吸入抛光时产生的微细粉尘、颗粒,抛光时应佩戴防尘口罩、防护眼镜,穿防护工作服、安全工作鞋;如果抛光前打磨采用干磨,打磨时同样需佩戴防尘口罩。

步骤3:粗抛。清洁表面,将抛光机的转速调至1000~1500r/min,安装好白色羊毛轮,

图5-32　抛光机的羊毛轮平放在漆面上

将粗抛光剂均匀涂抹在羊毛轮上或抛光部位上,然后将抛光机的羊毛轮平放在漆面上(图5-32),开动抛光机,抛光机在漆面上有规律地来回移动抛光。一次抛光面积不宜过大,长、宽均约为60cm,抛光时要特别注意棱线、棱角及高出平面的造型,这些部位抛光时触及机会较多,容易磨穿漆膜。

步骤4:当漆面的打磨砂纸痕已经被消除,漆面呈现部分光泽,此时需要用细抛光剂消除粗抛光机所产生的细小痕迹,使漆面更平滑、光亮。摇匀细抛光剂,将其均匀涂于黄色海绵轮表面,此时应将抛光机转速调整到1800r/min左右,按照粗抛光同样的方法均匀移动抛光。对于抛光机难以进行抛光的部位,可以使用专用抛光软布进行手工抛光,直到漆面抛亮即可。完成抛光后,使用干净的软布擦净板件表面。此时漆面外观亮度及丰满度应已经达到合格,只是对于深色漆面,还可以看出细抛光剂抛光后的抛光轮转动痕迹,所以还需要继续使用更细的抛光剂进行细抛光。

步骤5:有必要时,例如对于深色漆面,使用更细的抛光剂及黑色海绵轮对漆面进行抛光,以消除前一道抛光剂抛光后所造成的抛光痕迹。

对于局部修补区域,可在漆膜完全干燥后,对接口部位使用小型抛光机进行抛光。由于局部修补区域的边缘部位漆膜很薄,所以抛光需要非常小心,为了防止产生修补区域边缘产生明显痕迹,通常无需打磨,直接从细抛光剂开始抛光,抛光区域也要从新喷涂区域向未喷涂区域单向抛光(图5-33),抛光力度不宜过大,抛光程度不宜过深。

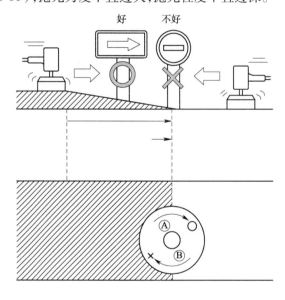

图5-33　修补区域边缘抛光

对于较难使用抛光机抛光的表面,可采用手工抛光,将少量抛光剂挤在软布上,在驳口部位,从新喷区域向未喷涂区域单向抛光。

本章小结

本章主要介绍了在进行涂装操作前对原涂层和底材进行辨别处理的方法,底漆、原子灰、遮蔽、中涂漆等各道工序的操作工艺要求及注意事项,单工序面漆、双工序面漆、水性漆及清漆的喷涂工艺流程和注意事项,面漆表面的处理方法和抛光等操作工艺流程及注意事项等内容。

下列的总体概要覆盖了本章的主要学习内容,可以利用以下线索对所学内容进行一次简要的回顾,以便归纳、总结和关联相应的知识点。

(1)表面前处理。主要介绍了表面前处理的必要性、汽车车身常用金属材料的特点及判定方法、表面前处理的方法等。

(2)底漆的涂装。主要介绍了底漆的特性和类型、底漆施涂方法等。

(3)原子灰涂装处理。主要介绍了原子灰的特性和类型、原子灰的调配与施涂方法、原子灰的打磨方法等。

(4)遮蔽。主要介绍了常用的遮蔽材料、遮蔽的方法等。

(5)中涂底漆的施工。主要介绍了中涂底漆的类型、中涂底漆的喷涂方法、中涂层的打磨方法等。

(6)面漆涂层的施工。主要介绍了面漆的类型、喷涂表面的准备、单工序面漆的喷涂及修补方法、双工序面漆的喷涂及修补方法、水性漆的喷涂方法、清漆的喷涂方法等。

(7)面漆表面的修整。主要介绍了清除贴护的方法、面漆表面的处理方法、面漆的抛光方法等。

自测题

一、单项选择题(在每小题的备选答案中,选出一个正确答案,并将其序号填在括号内)

1. 底漆涂膜的强度和结合能力的大小决定于涂膜的厚度、均匀度及其是否完全干燥,底漆涂膜一般不宜过厚,以(　　)为宜。

　　A. 5~15μm　　　　B. 15~25μm　　　　C. 25~35μm　　　　D. 35~45μm

2. 在寒冷的季节气温低于5℃时,原子灰和固化剂的反应将会减慢或停止,造成不易干燥,所以应采用升高施工场所温度的方法来促进固化,或用红外线烤灯进行加热,但烘烤温度不可超过(　　)。

　　A. 40℃　　　　　B. 50℃　　　　　　C. 60℃　　　　　　D. 70℃

3. 双工序素色漆、银粉漆、珍珠漆一般使用口径为(　　)的重力式面漆喷枪进行喷涂。

　　A. 1.3~1.4mm　　B. 1.4~1.6mm　　　C. 1.7~1.9mm　　　D. 0.8~1.0mm

二、判断题(正确打√,错误打×)

1. 目前车身制造所用的金属板主要有:钢板、镀锌板、铝或铝合金。　　　　　　(　　)

2. 中涂层的打磨一般使用P400~P500干磨砂纸配合φ7mm双作用打磨头进行,边角等不易打磨的部位可以使用灰色菜瓜布或海绵砂纸进行。　　　　　　　　　　　　(　　)

3. 喷涂水性底色漆前,须使用水性清洁剂和溶剂型清洁剂进行两次清洁。　　　(　　)

4. 对于浅色漆面,使用更细的抛光剂及黑色海绵轮对漆面进行抛光,以消除前一道抛光剂抛光后所造成的抛光痕迹。（　　）

三、简答题

1. 简述表面前处理的必要性。
2. 简述底漆的特性和类型。
3. 简述原子灰的打磨方法。
4. 简述中涂底漆的特性。
5. 简述双工序面漆的喷涂及修补方法。

第6章 塑料件涂装

导言

本章主要介绍常见的塑料种类、塑料件涂装的目的、汽车常用塑料的种类、车身塑料产品的鉴别方法,塑料表面涂装的要点及涂装工艺。

学习目标

1. 认知目标
(1)了解塑料的特性。
(2)掌握塑料涂装的目的。
(3)了解常见塑料的种类。
(4)了解车身塑料产品的鉴别方法。
(5)了解塑料涂装的要点。
2. 技能目标
(1)能够根据塑料代号判断塑料的类型。
(2)能够根据要求进行塑料件的涂装作业。
3. 情感目标
(1)初步养成自觉遵守国家标准的习惯。
(2)培养一丝不苟、严肃认真的工作作风。
(3)增强空间想象能力和思维能力,提高学习兴趣。

6.1 常见塑料的种类

近年来,汽车上越来越多的部件采用塑料来制造,尤其是车身的前、后端保险杠和挡泥板的外沿,散热器的护栅,车身下部的防撞板,仪表板,装饰板等,以及其他许多的部位,甚至出现了全塑料车身。由于塑料部件与金属部件相比,在涂装上有一定的区别,因此在进行汽车修补涂装时必须要掌握对大多数车用塑料部件的喷涂方法。

6.1.1 塑料的特性

塑料是以合成树脂为基体,并加入某些添加剂制成的高分子化合物,它相对于其他材

质,有着自己明显的特性:

(1)质量轻。一般塑料的密度仅是钢铁的1/8~1/4,是铝的1/2左右,用它来制作汽车零部件,可减轻汽车的质量,降低油耗。

(2)不导电,具有很好的绝缘性能,可以用来制作汽车电器的绝缘零件。

(3)不传热,可以用来制作汽车的隔热零件。

(4)防振动、耐磨性和隔声性能好,可以用来制作汽车的防振、耐磨、隔声降噪零件。

(5)容易着色,可以制成各种颜色的零部件。

(6)耐腐蚀性好。塑料对酸、碱、盐和有机溶剂有良好的耐腐蚀性能,可以用来制作在腐蚀介质中工作的零件,或者采用在其他材料表面喷塑的方法提高其耐腐蚀能力。

(7)比强度高。等质量的塑料与金属相比,其比强度要高。

(8)塑料的力学性能较差,受力容易变形。

(9)耐热性较差,其工作温度一般控制在70℃以下,超过80℃,塑料容易老化变形。

(10)塑料吸水或溶剂时,其性能和尺寸会发生变化(易受水、油、氧和溶剂的影响)。

6.1.2 塑料件涂装的目的

塑料制品本身不会生锈、易于着色,本身就有抗腐蚀性及装饰性能,对塑料件进行涂装主要有以下三个方面的目的。

1. 提高装饰性能

塑料虽然能够着色(整体着色),但颜料多采用有机颜料或珠光颜料,成本很高,且不易与钢铁件涂膜做成同样的效果。用装饰性涂料在塑料件表面涂装一薄层涂膜,可以提高塑件装饰性能和配套性能。

2. 增强保护性能

塑料虽然种类很多,但耐紫外线、氧、水分、溶剂和各种化学物品的腐蚀能力,耐磨性和力学性能等各不相同。外露件其耐候性能要求很高,但能满足要求的塑料材料不多。因此采用塑料件上喷涂一层耐候性、耐化学品性能、抗石击性能良好的涂料来进行保护,可以很好地满足产品的要求,延长使用寿命。

3. 提供特种功能

在塑料制品表面涂布特种功能的涂料,可以将特种涂料的功能移植到塑料表面,扩大塑料的应用范围。如在塑料上喷涂阻燃涂料可以提高塑料的防火性能;在塑料上喷涂发光涂料可以使塑料具有荧光功能;在塑料上喷涂防划伤涂料可以提高塑料的抗划伤性能等。

6.1.3 汽车常用塑料的种类

(1)塑料的种类。塑料的种类很多,按其受热性能的不同,可分为热固性塑料和热塑性塑料两大类。

(2)热固性塑料。是指经一次固化后,不用受热软化,只能塑制一次的塑料。这类塑料耐热性能好受压不易变形,但力学性能较差。

(3)热塑性塑料。是指受热时软化,冷却后变硬,再加热又软化,冷却又变硬,可反复多次加热重新制造的塑料。这类塑料加工成形方便、力学性能较好,但耐热性相对较差、容易变形。热塑性塑料数量很大,约占全部塑料的80%。

汽车上常用的塑料类型及用途见表6-1。

汽车用塑料类型及用途 表6-1

塑料代号	化学名称	适合烘烤温度(℃)	用途	属性
EP	环氧树脂	80	玻璃钢车身板	热固性
UP	不饱和聚酯	120	玻璃钢车身板	热固性
ABS	丙烯腈—丁二烯—苯乙烯共聚物	60	车身板、仪表台、护栅、前照灯外罩	热塑性
PP	聚丙烯	100	内饰板、内衬板、内翼子板、面罩、散热器、挡风帘、仪表台、保险杠	热塑性
PVC	聚氯乙烯		内衬板、软质填板	热塑性
PC	聚碳酸酯	100	护栅、仪表台、灯罩	热塑性
PUR	聚氨酯		保险杠、前后车身板、填板	热塑性
EPDM	乙丙三元共聚物		保险杠冲击条、车身板	热塑性
PE	聚乙烯		内翼子板、内衬板、帷幔板、阻流板	热塑性
TPR	热塑橡胶		前轮罩板	热塑性
TPUR	热固聚氨酯	60	保险杠、防石板、填板	热固性
PA	聚酰胺	80	外装饰板	热塑性
PS	聚苯乙烯		内饰件	热塑性
ABS/MAT	含玻璃纤维的强化ABS		车身护板	热塑性
PPO	聚苯醚		镀铬塑料件、护栅板、前照灯罩、遮光扳、饰品	热塑性

6.1.4 车身塑料产品的鉴别方法

塑料件在进行涂装修补之前,必须弄清楚塑料件的种类,以便确定其修补方法和选用涂料品种。常用的汽车车身塑料产品的鉴别方法有以下6种。

1. 查看塑料件上的ISO代号

一般正规厂家生产的塑料件在工件背面都会印上ISO国际符号标识,也就是塑料代号,在零件拆下后就能看到,如图6-1所示。

2. 查看《维修手册》

无ISO标识时,可通过查找《维修手册》,查看部件的塑料种类,如图6-2所示。

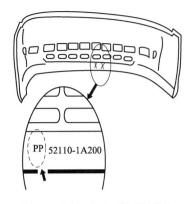

图 6-1　塑料工件背面的塑料代号　　　　图 6-2　维修手册

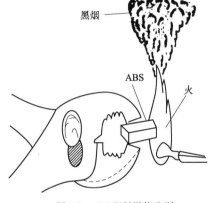

图 6-3　ABS 塑料燃烧鉴别

3. 燃烧鉴别

切下一小片塑料,用镊子夹住在火中燃烧,查看其火焰颜色、燃烧情况及闻气味。如 PVC 塑料受热后易熔化,燃烧时火焰绿色或青色,有盐酸味;聚烯烃类塑料在燃烧时的火焰没有明显的烟雾,有蜡的气味;聚醋酸纤维素类塑料经点燃后有醋酸味;ABS 塑料燃烧时有明显的烟雾产生,如图 6-3 所示。

4. 焊接法

不同类型的塑料焊条与塑料进行试焊接,能与之焊合的即为此种焊条类型的塑料品种。

5. 敲击法

用手敲击塑料制品内侧,PU 塑料声音较弱,PP 塑料声音较脆。

6. 其他简易鉴别法

PU 塑料用砂纸打磨后没有粉末,而 PP 塑料有粉末。PU 塑料易被划伤,PP 塑料不易被划伤等。

6.2　塑料表面涂装的要点及涂装工艺

塑料件涂装后较容易出现涂膜脱落或漆面开裂,这往往是由于原子灰、底漆使用不当或者中涂底漆、单工序面漆、清漆没有添加柔软剂造成的。而且汽车上使用的塑料件品种繁多,有的原厂塑料件已经涂装塑料底漆,有的原厂塑料件没有涂装塑料底漆,这就影响到是否要涂装塑料底漆。塑料件的硬度也有区别,需要根据其柔软程度添加柔软剂。

6.2.1　塑料件涂装的要点

塑料制品的涂装与金属表面的涂装有较大的差异,在涂装中应注意以下几个方面：

1. 塑料件处理方法

对于没有涂装塑料底漆的原厂塑料件,应选用合适的清洁剂去除塑料件表面脱模剂,并根据塑料件材质选择合适的塑料底漆以保证附着力。塑料件生产企业通常采用蜡、硅酮或硬脂酸作为脱模剂,这些材料会导致涂膜附着力不良。对于已经涂装塑料底漆的原厂塑料件,则一般无需清除脱模剂,也无需再次喷涂塑料底漆,以合适的砂纸打磨并继续喷涂中涂底漆即可。在中涂底漆、单工序面漆、清漆中根据塑料的柔软程度加入柔性添加剂。

2. 清除静电

由于汽车所使用的塑料件基本都是绝缘体,而且表面易于因摩擦而产生静电,静电就会造成脏点、涂层不均匀,对涂装不利。故塑料件喷涂前可使用除静电清洁清洁,用一块布蘸湿专用塑料除静电清洁剂擦湿表面,用另一块干布擦干即可。

3. 塑料件柔软性

汽车修补漆各种产品的柔韧性是按照金属的柔韧性设计,由于塑料件的柔韧性低于金属,故塑料件表面应使用柔韧性较低的塑料原子灰,按照合适比例加入柔软剂的中涂底漆、单工序面漆或清漆。

6.2.2 塑料件涂装方法

汽车保险杠是最常见的修补工件,同时也是最常见的修补塑料件,保险杠材质一般是聚丙烯塑料(PP),这里以原厂未涂装塑料底漆的 PP 塑料保险杠为例介绍塑料件涂装的基本程序。

1. 去除脱模剂

以菜瓜布配合塑料清洁剂擦拭工件表面以去除脱模剂,再用清水清洗干净,吹干。

2. 原子灰及塑料底漆

如果塑料件表面有损伤凹陷需要用原子灰才能填充,需将损伤部位打磨羽状边后刮涂塑料件专用原子灰并打磨平整。

塑料原子灰及整体塑料工件上打磨后都需要喷涂塑料底漆。喷涂塑料底漆前需使用除静电清洁液清除表面静电。塑料底漆通常有两种,一种是单组分透明塑料底漆,一种是双组分塑料底漆,通常都可以采用湿碰湿免磨方式施工,具体选择何种塑料底漆需参照涂料厂商的产品说明。

3. 施涂中涂底漆

由于塑料原子灰表面需喷涂中涂底漆以保证面漆的附着力,同时由于塑料件表面上可能存在划痕、砂眼、针孔等细小缺陷,塑料底漆填充性较差而无法填充,中涂底漆则能够起到填充和隔离作用。为了提供填充性及隔离性,建议对塑料保险杠整喷中涂底漆。中涂底漆可参照涂料厂商产品说明进行选择,可选择专用塑料件中涂底漆,或选择需根据塑料件硬度添加合适比例柔软剂的中涂底漆,具体比例同样需参照涂料厂商产品说明。对于表面状况良好,无须刮涂塑料原子灰的新塑料保险杠,可以采用喷涂湿碰湿免磨中涂底漆,无需打磨,闪干15min后即可喷涂面漆。

4. 面漆的喷涂

面漆需根据塑料件硬度添加合适比例的柔软剂,双工序底色漆由于本身弹性较好,故无须加入柔软剂,可以直接在塑料件上施工。清漆则需要根据塑料件的硬度添加柔软剂。如果需要涂装纹理效果面漆,根据需要添加纹理添加剂。具体操作需参照涂料厂商产品说明。喷涂前需使用除静电清洁液清除表面静电。

对于表面已经涂装塑料底漆的塑料件,如果表面有损伤需要刮涂塑料原子灰,只要对损伤部位打磨羽状边,刮涂并打磨平整塑料原子灰,在塑料原子灰部位局部喷涂塑料底漆,再整体喷涂中涂底漆、面漆即可。如果表面没有任何需要刮涂塑料原子灰的损伤,则可以用灰色菜瓜布打磨后整体喷涂湿碰湿免磨中涂底漆或中涂底漆;如表面有轻微的划痕,可以打磨羽状边后用中涂底漆填充,打磨,然后再喷涂面漆。

其他材质的塑料件,为了保证涂膜附着力及漆面质量需要确定塑料件材料及塑料底漆、塑料原子灰等产品是否适合于该塑料底材,再按照涂料厂商推荐的工艺进行施工。

本章小结

本章主要介绍了常见的塑料种类、塑料件涂装的目的、汽车常用塑料的种类、车身塑料产品的鉴别方法,介绍了塑料表面涂装的要点及涂装工艺。

下列的总体概要覆盖了本章的主要学习内容,可以利用以下线索对所学内容进行一次简要的回顾,以便归纳、总结和关联相应的知识点。

(1)常见塑料的种类。主要介绍了塑料的特性、塑料涂装的目的、汽车常用塑料的种类、车身塑料产品的鉴别方法等。

(2)塑料表面涂装的要点及涂装工艺。主要介绍了塑料件涂装的要点、塑料件涂装方法等。

自测题

一、单项选择题(在每小题的备选答案中,选出一个正确答案,并将其序号填在括号内)

1. 塑料的耐热性较差,其工作温度一般控制在( )以下。
   A. 50℃   B. 60℃   C. 70℃   D. 80℃

2. 代号为PVC的塑料件,表示该塑料件材质为( )。
   A. 不饱和聚酯   B. 聚氯乙烯   C. 聚苯乙烯   D. 聚氨酯

3. 丙烯腈—丁二烯—苯乙烯共聚物,其适合烘烤的温度为( )。
   A. 50℃   B. 60℃   C. 70℃   D. 80℃

二、判断题(正确打√,错误打×)

1. 一般塑料的密度是钢铁的1/8~1/4,是铝的1/2左右,用它来制作汽车零部件,可减

轻汽车的质量,降低油耗。（　　）

2. 塑料的种类塑料的种类很多,按其受热性能的不同,可分为热固性塑料和热塑性塑料两大类。（　　）

3. 塑料代号为PP,则表示该塑料材质为聚乙烯。（　　）

4. 判断塑料类型时,用手敲击塑料制品内侧,PU塑料声音较脆,PP塑料声音较弱。（　　）

三、简答题

1. 简述塑料的特性。
2. 简述塑料涂装的目的。
3. 简述热塑性塑料、热固性塑料的定义。
4. 简述车身塑料产品的鉴别方法。

第7章 涂膜缺陷的原因与对策

导言

本章主要介绍外界因素导致涂膜缺陷的原因及处理方法、施工因素导致涂膜缺陷的原因及处理方法。

学习目标

1. 认知目标
(1) 了解常见涂膜缺陷产生的原因。
(2) 了解常见涂膜缺陷的补救方法。
(3) 了解常见涂膜缺陷的防治对策。
2. 技能目标
能够根据缺陷分析该缺陷产生的原因、补救方法及防治措施。
3. 情感目标
(1) 初步养成自觉遵守国家标准的习惯。
(2) 培养一丝不苟、严肃认真的工作作风。
(3) 增强空间想象能力和思维能力,提高学习兴趣。

7.1 外界因素导致的涂膜缺陷及处理

涂装过程中和涂装后产生的涂膜缺陷一般与底材表面预处理、选用的涂料、涂装工艺和方法、涂装设备和涂装环境等因素有关。涂膜的缺陷有上百种,某些涂膜缺陷从外观形态来看非常相似,但产生的原因及其防治方法有很大差别。所以必须分类清楚,才能有效地防治。

涂膜缺陷的种类很多,为了更好地对涂膜进行认识,我们把涂膜缺陷分为两大类,一类由外界因素导致的涂膜缺陷,包括水斑、花粉斑、酸雨斑、黑点、鸟粪、铁粉、油斑、电瓶液斑、染料斑、塑化或硫化剂污染、飞石损伤、褪色或变白、烟灰斑、生锈等。另一类由涂料或喷涂操作导致的涂膜缺陷,包括脏点、垂流、鱼眼、银粉不均、银粉回流不均、橘子皮、溶剂气泡、针孔、砂纸痕、失光、原子灰印痕、起泡、缩皱、龟裂、起雾、剥落、渗色、色差、晕色失误、喷涂过度等。

7.1.1 水斑

车辆水平面经常会有白色环状的水滴痕形成(图7-1),但极少出现在车辆侧面。也偶尔会有水滴掉落后,涂膜干燥而产生条纹痕。水斑也会出现在车窗或饰条上。

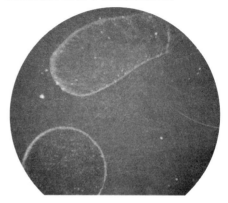

图 7-1 水斑

1. 起因

水滴(雨水、洗车所使用的自来水或井水)中含有钙和硅等矿物质,当水分蒸发后,所残留下来的白色沉淀物(即矿物质)会集中在水滴的周围。

2. 修补方法

(1)清洗车辆,从涂膜表面去除污物和尘垢。
(2)使用抛光剂抛光涂膜表面,以去除洗车后残留在车辆上的水斑。

3. 防治对策

在荫凉处清洗车辆,而且擦掉洗车后残留在车辆上的所有水滴。对汽车表面喷涂后,要将车辆停放在室内直到涂膜完全干燥为止,避免涂膜面与雨水接触。

7.1.2 花粉斑

花粉斑会在涂膜表面形成轻微的皱纹和白色的污物。虽然大多发生在车辆的水平面,也会依照风运送花粉的方向而在车辆侧面形成。当花粉掉落在涂膜表面并且与水混合时,就会产生一个像水斑状的花粉斑,而个别的花粉也会在涂膜面形成小点。

1. 起因

当花粉掉落在涂膜表面与水接触时,会导致花粉壳破裂使果胶流出,而果胶一般都含有高酸度和高甜度,果胶干燥后会收缩而使涂膜表面变形。

2. 修补方法

(1)清洗车辆,去除残留在涂膜面上的花粉。
(2)加热涂膜表面(70~80℃,保持10min)以释放应力来去除缺陷。

(3)使用抛光剂抛光涂膜表面,去除任何残留的污物。

3. 防治对策

在涂膜表面打上一层保护蜡可以有效地保护漆面。

7.1.3 酸雨斑

在涂膜面形成不均匀的水滴般的凹陷状。通常发生在车辆所有的水平部位,尤其是容易积水的车身钢板上。很少发生在倾斜面的部位,例如发动机舱盖前端。

1. 起因

与涂膜面接触的酸雨中所含的酸性成分在水分蒸发时,会使酸性浓缩,导致涂膜内的三聚氰胺链接(三聚氰胺链接是新车涂膜内丙烯酸树脂间的链接方式,耐酸性的涂料已经不再使用三聚氰胺链接)脱离。涂膜内分子的分散会导致涂膜的分解而形成凹坑。这种类型的损伤在高温下最容易产生,因为高温会帮助湿气的蒸发并促使化学反应速度加快。

2. 修补方法

(1)用 P2000 砂纸研磨缺陷表面,直到表面平滑为止。通过抛光缺陷表面(用 P2000 砂纸研磨掉刮痕)来去除缺陷。

(2)使用约 P400 砂纸研磨后,再重新喷涂缺陷表面。

3. 防治对策

在涂膜表面打上一层保护蜡可以有效地保护涂膜表面。若车辆淋到雨水,应尽快将车清洗擦干。

7.1.4 鸟粪

这一类的损伤是由于鸟或昆虫的排泄物与涂膜接触所导致,会使涂膜形成隆起、龟裂和剥落的现象,因为排泄物中含有不同的成分。涂膜的隆起是由蜜蜂的排泄物所导致的,会在涂膜上形成圆顶的形状。龟裂最初的阶段,小裂痕会聚集在一起且呈现白色。虽然缺陷大多形成在车辆的水平表面,也会因为风的影响而形成在垂直面上。昆虫的卵和尸体也会导致涂膜产生类似的问题。

1. 起因

排泄物中的有机酸渗透入涂膜导致涂膜隆起。此外,有机酸会使涂膜的分子结构分离,加上温度的变化、紫外线和湿气,最后会导致涂膜龟裂和剥落。涂膜面上的损伤范围和形状将会依照鸟或昆虫的种类或它们的食物而有许多不同变化。

2. 修补方法

(1)加热涂膜使渗入涂膜的湿气和有机酸蒸发出来。

(2)若有残余的隆起部位,研磨凸起部位并搭配抛光剂来抛光。

(3)若出现龟裂、剥落现象,使用约 P400 砂纸磨除缺陷部位,并重新喷涂。

3.防治对策

在鸟屎接触到涂膜后,应立即将它去除。

7.1.5 油斑

涂膜面的颜色若和油渍接触到就会改变为褐色。偶尔,涂膜会发生隆起的现象。

1.起因

焦油、沥青或机油渗透入涂膜面形成褐色的油斑。若涂膜面接触到有色的油渍时(例如自动变速器油),油渍的颜色将会残留在涂膜面上。

2.修补方法

(1)使用浸泡溶剂的抹布去除油斑。

(2)损伤较大时使用研磨的方法去除缺陷的部位;若油斑仍无法被去除,则重新喷涂该部位。

7.1.6 飞石损伤

当车辆行驶时,会有一些小石子撞击涂膜而导致涂膜剥落(图7-2),这种情形经常发生在车辆发动机舱盖或车顶的前端边缘部位。若小石子弹跳起来也可能损伤到车门槛板、车门下围板或轮弧外板部位,涂膜剥落的部位通常会形成锐利或锯齿状的表面。偶尔,小石子会导致该区域中间部位产生小凹陷的现象。

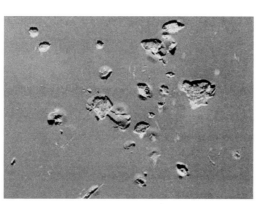
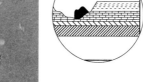

图7-2 飞石损伤

1.起因

小石子冲击涂膜面,其结果使涂膜剥落。

2.修补方法

(1)研磨缺陷部位直到表面平顺为止。若有生锈,须将锈完全去除。

(2)使用调好颜色的涂料,重新喷涂该部位。

一个简单的方法,就是在损伤的区域实施局部修补,然后将凸出部位磨除并抛光。

7.1.7 褪色或变白

车辆使用很长的时间后,涂膜会有失光的现象(褪色)。浅色系会转变为微黄色。涂膜表面会变白、粉化且没有光泽。

1. 起因

这种缺陷的产生是由于紫外线、高温和湿气而导致涂膜中的树脂和颜料变质。褪色是由于颜料变质所导致的;变黄是由于紫外线照射导致树脂的变质;变白和粉化则是由于树脂的变质而成粉状。

2. 修补方法

(1)若损伤较小,使用抛光作业去除缺陷层。
(2)若抛光仍无法修复缺陷或修复不久后又再度发生时,则将缺陷层磨除并重新喷涂该区域。

3. 防治对策

尽可能将车辆停放有屋顶的停车场。重新喷涂时,使用双组分的氨基甲酸乙酯涂料取代硝基涂料。

7.1.8 生锈

由于涂膜结构的破损或涂膜的缺口,而有钢板暴露于空气中,导致发生这种涂膜缺陷(图7-3)。它会出现在容易形成水坑的部位或缺口部位。若不及时修复的话,锈蚀面积会发展,扩展至周围区域。

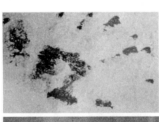

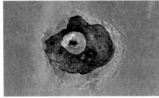

图7-3 锈蚀

1. 起因

当铁或钢板的表面暴露在空气或水中,在其表面会产生氧化反应,反应产生的氧化物

(氧化铁)会转变成锈。若仍然暴露于空气或水中,则氧化反应将会继续进行;结果,锈蚀会继续产生。

2. 修补方法

(1)将从铁或钢板表面发展出来的锈彻底地研磨掉。

(2)由底漆作业开始,重新喷涂该区域。修补时应使用洗涤底漆,将锈蚀彻底清除。然而,若没有将锈蚀完全去除的话,锈会再次发生。

3. 防治对策

彻底地将铁或钢板表面脱脂;脱脂后,手不可触摸板表面。要立即喷涂底漆和中底漆。

7.2 施工原因导致的涂膜缺陷及处理

7.2.1 脏点

当外来的微粒陷入涂膜内部,涂膜表面会形成凸状(图7-4)。这种类型的缺陷会依照外来微粒的种类及形状而形成许多不同的凸状。

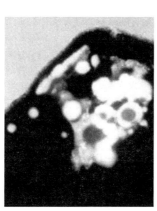

图7-4 脏点

1. 起因

在涂装作业流程中,工作区域周围的灰尘或微粒附着在涂膜上,残留在涂膜上硬化后就会发生这样的缺陷。也有可能外来的微粒早已经与涂料混合而发生这样的缺陷。

2. 修补方法

(1)使用磨石(或P2000砂纸)将粒物磨除。

(2)搭配抛光剂来抛光,将砂纸痕去除。

(3)若研磨后呈现出不同的颜色时,则使用适当粒度的砂纸(约P400砂纸)来研磨该部位,然后重新喷涂该区域。

3. 防治对策

随时保持涂装作业区的整洁,并且在将车辆移入烤漆房前,将烤漆房彻底清洁。喷涂者须穿着无尘衣,且烤漆房的过滤网须定期更换。

7.2.2 垂流

涂膜表面出现类似水珠状、水滴状,大面积水珠状、水幕状的流痕,如图 7-5 所示,一般出现在汽车的侧面。

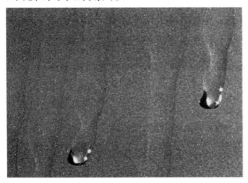

图 7-5 垂流

1. 起因

喷涂层较厚时,须花费较长的时间使其干燥,且也容易产生垂流的现象。同样的,若添加太多的涂料稀释剂或使用慢干型的稀释剂也可能会产生垂流的现象。

2. 修补方法

(1)若垂流较小,使用磨石或 P2000 砂纸研磨缺陷部位,直到表面平顺为止。

(2)使用抛光剂抛光以去除砂纸痕。

(3)若垂流的区域过大或含有气泡时,则将缺陷部位研磨平顺,然后重新喷涂该区域。

3. 防治对策

在适当的喷涂条件下使用喷枪。在稀释涂料时,应使用适当的类型和适当量的稀释剂。一次喷涂层不要太厚,应分多次喷涂,直到达到标准膜厚为止。

7.2.3 鱼眼

这种类型的缺陷会在涂膜面形成像火山口一样的凹陷现象,如图 7-6 所示。

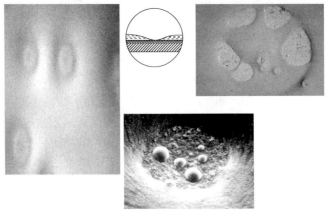

图 7-6 鱼眼

1. 起因

喷涂前,表面未实施适当的清洁,并且有油渍(或硅)残留在涂膜表面。若油渍(或硅)残留在被涂物的表面,则涂料就无法附着在有油渍(或硅)的被涂面上,而产生鱼眼。

2. 修补方法

(1)研磨缺陷部位,直到表面平顺为止。

(2)使用调好色的涂料,重新喷涂该部位。

一个简单的方法,在损伤的区域实施局部喷涂,待涂膜干燥后,将凸出部位磨除,并且抛光表面。

3. 防治对策

喷涂前彻底地清洁和脱脂被涂物表面。脱脂后,手不可触摸其表面。在涂装作业区,不要实施抛光作业。

7.2.4 橘皮

这类的缺陷是在涂膜表面呈现出橘子皮的现象,如图7-7所示。然而在车门下围板和车门槛板的抗砂石涂料所呈现的橘子皮纹路,并不是涂膜缺陷。

1. 起因

喷涂后,柔软的涂膜面开始流动,直到表面平坦为止。但若涂膜在完成平坦之前就已经硬化时,就会导致橘子皮的纹路。这类型的缺陷较容易由以下几种情况引起:涂料黏度太高、使用挥发速度不恰当的稀释剂、过高的空气压力或喷枪距离太远。若被涂物表面的温度高,也会发生这类涂膜缺陷。

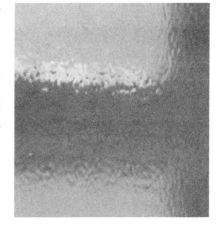

图7-7 橘皮

2. 修补方法

(1)若损伤较轻,使用P2000砂纸研磨涂膜纹路,直到表面平顺为止。

(2)用抛光作业来调整纹路,若以前已实施研磨作业时,则须去除砂纸痕。

(3)若损伤较重,使用适当粒度的砂纸(约P400砂纸)研磨,然后使用调好色的涂料,重新喷涂该部位。

3. 防治对策

按照涂料供应商的要求,配合所要使用的涂料温度,维持稳定的喷枪操作技巧。选择适当的稀释剂类型,并调整涂料黏度。若被涂物的表面温度太高时,则不要进行喷涂作业。要等到温度降低到适当的程度,才可实施喷涂作业。

7.2.5 溶剂气泡

这类的缺陷会在涂膜面上形成小孔或产生一群气泡(图7-8),溶剂气泡时常发生在水平的表面或钢板边缘涂膜较厚的部位。

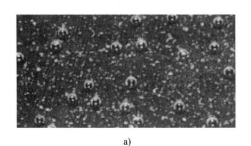

a)　　　　　　　　　　　　　　b)

图7-8　溶剂气泡

1. 起因

若喷涂完后,涂膜立即被强制干燥的话,涂膜内部在未干燥前,涂膜表面就已硬化。然后,当内部溶剂要挥发时,将会推挤已硬化的涂膜表面而导致隆起的现象。而且,当溶剂穿透出涂膜面就会形成小孔。因此,必须要让底涂层彻底干燥。

2. 修补方法

(1)研磨缺陷部位,直到表面平顺为止。

(2)使用调好色的涂料,重新喷涂该部位。

3. 防治对策

按照涂料供应商的要求,配合所要使用的涂料温度,选择适当的稀释剂类型,并调整涂料黏度。给予足够的静置时间,让底涂层彻底的干燥。

7.2.6 针孔

若涂膜表面原本已有小孔的存在,且外层涂膜无法将它填平,因此会在涂膜面上残留有凹陷的现象,如图7-9所示。

图7-9　针孔

1. 起因

针孔是由于在中涂底漆或原子灰层有小孔,在外层涂膜引起缩孔。

2. 修补方法

(1)若损伤较轻,使用P2000砂纸将缺陷部位研磨平顺

(2)用抛光作业将缺陷(砂纸痕)去除

(3)若损伤较重,使用适当粒度的砂纸(约P400

砂纸)研磨该部位,然后使用调好色的涂料,重新喷涂该部位。

一个简单的方法,在凹陷的部位实施局部喷涂,涂膜干燥后,将凸出部位磨除,并且抛光表面。

3. 防治对策

施涂原子灰时,用力涂抹不要让空气混入原子灰。中涂底漆喷涂后,如有必要才使用硝基原子灰填平针孔部位,一般情况下不要使用单组分涂料。

7.2.7 砂纸痕

砂纸痕是由于使用砂纸研磨底层涂层所导致的,如图7-10所示。依照砂纸移动的方式或所使用的气动研磨工具,在涂膜表面呈现直线、曲线、螺旋状等形状的砂纸痕。总的来说砂纸痕是由于在旧涂膜或在表面处理的刮痕,和上层涂膜的溶剂接触而发生隆起及扩展所造成,并且在上层涂膜表面出现刮痕。

图7-10　砂纸痕

1. 起因

由于研磨底涂层所用的砂纸痕无法被上层涂膜所填平而导致的现象,主要是因为使用号数较粗的砂纸所导致的。若底涂层未彻底干燥前即开始研磨,且接着喷涂面漆,也会导致砂纸痕的发生。一次喷涂黏度高的厚涂膜或使用慢干型的涂料稀释剂,也会导致砂纸痕的出现。

2. 修补方法

(1)若损伤较轻,使用P2000砂纸去除砂纸痕。
(2)抛光去除砂纸痕。
(3)若损伤较重,使用适当粒度的砂纸(约P400砂纸)研磨该部位,然后使用调好色的涂料,重新喷涂该部位。

3. 防治对策

针对每个涂层的打磨使用适当粒度的砂纸。给予底涂层足够的干燥时间,涂层未干透之前不能打磨。选择适当的稀释剂类型,依照涂料供应商的使用说明调整涂料黏度,并且分数次喷涂，每层不宜过厚。

7.2.8 失光

当涂膜表面丧失其光泽而呈现出麻玻璃的现象，如图 7-11 所示。

1. 起因

引起失光现象的原因很多，底涂层含有大量的颜料以及是多孔性质，底涂层没有进行足够的干燥，表面涂层涂膜太薄，表面涂膜未彻底干燥前就在涂膜表面实施抛光作业等，都会导致失光的现象。

2. 修补方法

（1）依照涂料供应商的指示给予涂膜规定的干燥时间。

图 7-11　失光

（2）抛光表面使光泽呈现。

若涂膜太薄，则使用适当粒度的砂纸（约 P400 砂纸）研磨表面，再重新喷涂。

3. 对策

使用底层材料时，注意选择使用一种涂膜性质不会塌陷的底层涂料。底层涂料喷涂完后给予涂膜彻底干燥时间。喷涂时注意膜厚不能太薄。

7.2.9 原子灰印

原子灰印痕是当面漆喷涂后，所出现的原子灰修补痕迹，如图 7-12 所示。若在旧涂膜与原子灰间发生不同程度的隆起时，由于溶剂的渗入，沿着羽状边的部位会产生收缩的现象，这就是原子灰印痕的产生方式。

1. 起因

主要起因是原子灰干燥不足。有时旧涂膜是硝基型的，或一次喷涂厚的中涂底漆或面漆，都会导致原子灰印痕的发生。

2. 修补方法

（1）若损伤较轻，使用 P2000 砂纸将缺陷部位研磨平顺。

（2）用抛光将缺陷部位的纹路调整平顺。若使用砂纸时，则须去除砂纸痕。

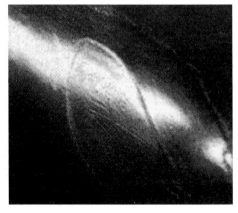

图 7-12　原子灰印

（3）若损伤较重，使用适当粒度的砂纸（约 P400 砂纸）研磨该部位，然后使用调好色的涂料，重新喷涂该部位。

3.防治对策

原子灰中混入适量的固化剂,并给予原子灰彻底的干燥。选择适当类型的涂料稀释剂,并混入所规定的量。

7.2.10 抛光印

在浅色系的表面,这类的缺陷会呈现黑色斑纹,如图7-13所示。若像阳光般的强光照射在深色系的表面上,会有像极光般的白雾呈现在表面上。

1.起因

浅色系:污垢(或水斑)会聚集在抛光所产生的细微刮痕中而导致黑斑的产生。

深色系:抛光所产生的细微刮痕会反射出不规则的光,而形成像极光般的白雾面。若涂膜没有彻底的干燥的话,抛光后会产生细微刮痕。

2.修补方法

(1)若干燥不足时,须先让涂膜彻底干燥。

(2)小心地抛光表面。

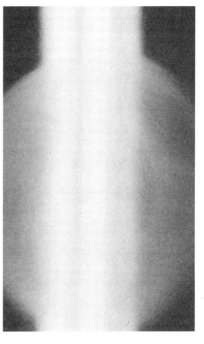

图7-13 抛光印

3.防治对策

最终抛光作业时,使用极细的抛光剂。依照涂料供应商的指示,给予涂膜规定的干燥时间后再实施抛光作业。抛光垫在使用前必须干净,防止里面藏有大颗粒的硬物。

图7-14 起泡

7.2.11 起泡

起泡是在涂膜表面形成球状般的隆起,如图7-14所示。通常直径为0.5~2.0mm的隆起泡会聚集在一个小的区域,随着时间的增长,隆起泡会增大。

1.起因

湿气存在涂膜底层,而将涂膜顶起。涂膜被喷涂在一个没有将油渍或湿气清洁干净的底涂层上,湿气渗透入涂膜并聚集在污垢的周围。若外部的温度上升时,在涂膜下方的湿气就会蒸发,这样向上的压力就会导致涂膜隆起和起泡。通常空手或不正确的清洁会将手印或擦拭痕迹残留在涂膜面,而导致起泡。若底涂层(包括中涂底漆、原子灰)是使用防水性低或附着力差的材质时,起泡将会发生在整个喷涂区域。一般来说,车辆在高温和高湿的状态下喷涂时,较容易发生起泡的现象。

2.修补方法

(1)将旧涂膜磨除到钢板。

(2)由底漆作业开始,重新喷涂。

3.防治对策

除油工作完成后,双手是绝不可直接触摸被涂物表面。尽量不要使用防水性低和附着力差的涂料。在喷涂前,要彻底清洁和脱脂被涂面。

7.2.12 起皱

涂膜被咬起而在涂膜面形成细纹缩皱的现象,如图7-15所示。

1.起因

由于新涂膜的溶剂渗入,使旧涂膜产生隆起,在收缩的过程,造成内部涂膜的紧缩,使新涂膜表面产生缩皱的现象。当涂膜由于加热而膨胀,在冷却收缩时也有可能导致缩皱。旧涂膜在变质的情况下会产生缩皱。旧涂膜是由硝基类型的涂料所构成的。重新喷涂时,双组分型涂料的化学反应期间(缩皱期)内会发生缩皱的现象。

2.修补方法

(1)将涂膜完全干燥。

(2)彻底去除缺陷部位的涂膜。

(3)使用已经调好色的涂料,重新喷涂该部位。

3.防治对策

若旧涂膜已经变质或是属于硝基类型的涂膜结构时,则必须将它磨除或使用氨基甲酸乙酯的中涂漆密封隔离。在底涂层完全干燥后,必须使用双组分型的涂料重新喷涂。

7.2.13 龟裂

这类的缺陷是在涂膜面上形成裂缝或龟裂的现象,如图7-16所示。

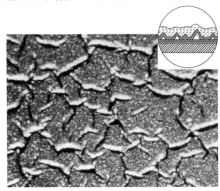

图7-15 起皱

图7-16 龟裂

1. 起因

车辆使用期间,涂膜暴露在自然环境中,例如阳光中的紫外线、高温或水,这些外界因素导致涂膜内部的分子分离。涂膜面经受温度的改变和湿气的影响,而反复的进行膨胀和收缩的循环,逐渐地涂膜会变硬变脆。若这样的恶化情形持续发展时,涂膜将无法承受外界的冲击而开始发生龟裂。固化剂量使用不正确也可能造成涂膜龟裂。

2. 修补方法

(1)彻底去除缺陷部位的涂膜。

(2)使用调好色的涂料,重新喷涂该部位。

3. 防治对策

喷涂过程中避免喷涂过厚的涂膜。依照涂料供应商的使用说明,添加正确的固化剂量。

7.2.14 起雾

稀释剂在挥发的过程中,会使涂膜的温度降低导致起雾的现象,如图7-17所示。这是由于湿气凝结在涂膜表面,使涂膜面转变成朦胧状、乳白色。这种现象在高温和高湿的状态下时常发生。

1. 起因

这种缺陷的起因有多种,湿度太高,使用快干型的稀释剂,空气压力太高,自然干燥时使用空气喷吹涂膜面等。

2. 修补方法

用抛光将起雾的现象去除。若无法用抛光去除起雾的现象时,则须重新喷涂该部位。

图7-17 起雾

3. 防治对策

若湿度太高,则使用较慢干型的涂料稀释剂。不要使用过高的空气压力。在自然干燥时间内,不可用空气喷吹涂膜面。

7.2.15 剥落

剥落是指涂膜脱落而暴露出底涂层或钢板的现象,如图7-18所示。

1. 起因

外来的粒子,例如油渍、硅或研磨碎屑与涂膜面接触;底涂层没有研磨充分;双组分型涂料添加不足的固化剂;未喷涂底漆。

2. 修补方法

(1)将有缺陷的旧涂膜彻底去除,不只是剥落的部位。

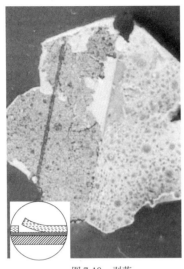

图7-18 剥落

(2)使用调好色的涂料,重新喷涂该部位。

3. 防治对策

彻底的清洁和脱脂涂膜面,使用适当粒度的砂纸(约P400砂纸)彻底地研磨底涂层,尤其必须彻底研磨双色涂装的分界线;依照涂料供应商的使用说明,添加正确的固化剂量;喷涂底漆,若没有喷涂底漆,特别是在塑材零件上,例如聚丙烯(PP)或超级烯烃聚合物,涂膜肯定会剥落。

7.2.16 渗色

渗色是指当底涂层的颜色渗浮入外层涂膜而被看见,如图7-19所示。这是因为外层涂膜的溶剂分解底涂层中的颜料,导致底涂层颜料渗浮入外层涂膜。

1. 起因

底涂层的材质为硝基类型的涂膜。底涂层并未进行彻底的密封。双组分型的原子灰填加过量的固化剂。

2. 修补方法

(1)将缺陷部位涂膜去除。

(2)使用调好色的涂料,重新喷涂该部位。

3. 防治对策

先确认底涂层涂膜所使用的材质,若为硝基型则喷涂一层氨基甲酸乙酯中涂底漆,按照涂料供应商的使用说明,在双组分型的原子灰中混合正确量的固化剂。

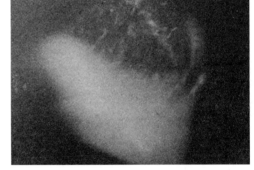

图7-19 渗色

本章小结

本章主要介绍了外界因素导致涂膜缺陷的原因及处理方法、施工因素导致涂膜缺陷的原因及处理方法等。

下列的总体概要覆盖了本章的主要学习内容,可以利用以下线索对所学内容进行一次简要的回顾,以便归纳、总结和关联相应的知识点。

(1)外界因素导致涂膜缺陷的原因及处理方法。主要介绍了水斑、花粉斑、酸雨斑、鸟粪、油斑、飞石损伤、褪色或变白、生锈等常见涂膜缺陷产生的原因、补救方法及防治对策。

(2)施工原因导致的涂膜缺陷及处理。主要介绍了脏点、垂流、鱼眼、橘皮、溶剂气泡、针孔、砂纸痕、失光、原子灰印、抛光印、起泡、起皱、龟裂、起雾、剥落和渗色等常见涂膜缺陷产生的原因、补救方法及防治对策。

自测题

一、单项选择题(在每小题的备选答案中,选出一个正确答案,并将其序号填在括号内)

1. 下列( )缺陷是由于外界因素导致的。
   A. 龟裂   B. 剥落   C. 起雾   D. 生锈
2. 下列( )缺陷是由于施工原因导致的。
   A. 生锈   B. 褪色或变白   C. 油斑   D. 渗色
3. 若喷涂作业时湿度太高,则使用( )型的涂料稀释剂,才不会产生起雾缺陷。
   A. 标准   B. 较快干   C. 较慢干   D. 极快干

二、判断题(正确打√,错误打×)

1. 在修补脏点缺陷时,应使用磨石或P1000砂纸,将微粒物磨除。 ( )
2. 涂料黏度太高、使用挥发速度不恰当的稀释剂、过高的空气压力或喷枪距离太远。若被涂物表面的温度高,是橘皮产生的原因。 ( )
3. 鱼眼是由于在中涂底漆或原子灰层有小孔,在外层涂膜引起缩孔。 ( )
4. 若针孔较小,可以使用P2000砂纸将缺陷部位研磨平顺,再用抛光作业将缺陷/砂纸痕去除。 ( )

三、简答题

1. 简述垂流产生的原因、补救方法及防治对策。
2. 简述橘皮产生的原因、补救方法及防治对策。
3. 简述溶剂气泡产生的原因、补救方法及防治对策。
4. 简述失光产生的原因、补救方法及防治对策。

参考文献

[1] 吴复宇.汽车涂装技术.[M].中央广播电视大学出版社,2006.
[2] 中国汽车维修行业协会组织编写.车身涂装:模块G.[M].北京:人民交通出版社股份有限公司,2014.
[3] 易建红,李秀峰.汽车涂装工艺.[M].北京:人民交通出版社,2012.
[4] 程玉光.机动车维修车身涂装人员岗位技能训练.[M].北京:机械工业出版社,2006.
[5] 李肖铮.汽车涂装技术.[M].北京:中国劳动社会保障出版社,2010.
[6] 彭小龙.汽车车身修复与涂装.[M].北京:机械工业出版社,2009.

汽车涂装技术
形成性考核册

国家开放大学汽车学院　编

考核册为附赠资源，适用于本课程采用纸质形考的学生。

若采用网上形考或有其他疑问请咨询课程教师。

学校名称：_____

学生姓名：_____

学生学号：_____

班　　级：_____

形成性考核是学习测量和评价的重要组成部分。在教学过程中，对学生的学习行为和成果进行考核是教与学测评改革的重要举措。

《形成性考核册》是根据课程教学大纲和考核说明的要求，结合学生的学习进度而设计的测评任务与要求的汇集。

为了便于学生使用，现将《形成性考核册》作为主教材的附赠资源提供给学生，采用纸质形考的学生可将各次作业按需撕下，完成后自行装订交给老师。若采用**网上形考**或有其他疑问请咨询课程教师。

汽车涂装技术 作业1

姓　　名：_____
学　　号：_____
得　　分：_____
教师签名：_____

一、单项选择题（在每小题的备选答案中，选出一个正确答案，并将其序号填在括号内。15 小题，每题 2 分，共 30 分）

1. 根据的涂装对象不同，汽车涂装可以分为（　　）两大体系。
   A. 喷涂和刮涂　　　　　　　　　　　B. 新车涂装和修补涂装
   C. 新车涂装和制造涂装　　　　　　　D. 机械涂装和人工涂装

2. 1986 年，水性汽车漆被发明，并在汽车制造厂首先投入使用，（　　）年开始在汽车修补漆市场投入使用。
   A. 1988　　　　　B. 1990　　　　　C. 1992　　　　　D. 1994

3. 粒径小于（　　）的颗粒物，在空气中停留时间长，飘散的范围广，而且能直接被吸入到细支气管及肺泡。
   A. 0.1μm　　　　B. 1.0μm　　　　C. 2.5μm　　　　D. 5μm

4. 我国第一个明确规定汽车涂料中重金属、限用溶剂、VOC 含量的国家标准《汽车涂料中有害物质限量》（GB 24409—2009）已于 2009 年 9 月 30 日发布，并于 2010 年（　　）月 1 日开始正式实施，这标志着我国对于汽车高温漆及汽车修补漆的有害物质开始提出了明确的限量要求。
   A. 1　　　　　　B. 3　　　　　　C. 5　　　　　　D. 6

5. 涂装作业时如果涂料中含有异氰酸酯，呼吸保护器最好选用（　　）。
   A. 防尘口罩　　　B. 供气式面罩　　C. 防毒面具　　　D. 活性炭面罩

6. 涂料一般由（　　）三部分组成。
   A. 真溶剂、助溶剂、稀释剂　　　　　　B. 树脂、着色颜料、稀释剂
   C. 主要成膜物、次要成膜物、辅助成膜物　D. 树脂、清漆、底漆

7. 涂装的三要素包括（　　）。
   A. 涂装方法、涂装技巧、涂装设备　　　B. 涂装材料、涂装设备、涂装管理
   C. 涂装材料、涂装方法、涂装管理　　　D. 涂装材料、涂装工艺、涂装管理

8. 车身涂层一般由（　　）等三个涂层构成。
   A. 底涂层、中间涂层、面涂层　　　　　B. 原子灰、中间涂层、面涂层

C. 中间涂层、银粉层、清漆层　　　　　　　　D. 原子灰、银粉层、清漆层

9. 涂料的主要成膜物质是(　　)。
   A. 颜料　　　　　B. 溶剂　　　　　C. 增稠剂　　　　　D. 油类和树脂

10. 涂料的次要成膜物质主要是(　　)。
    A. 颜料　　　　　B. 溶剂　　　　　C. 增稠剂　　　　　D. 树脂

11. 决定涂料加工的品质和涂膜性能好坏的是(　　)的性质。
    A. 颜料　　　　　B. 溶剂　　　　　C. 辅助材料　　　　　D. 树脂

12. 溶剂的主要特性有(　　)。
    A. 燃点、沸点、纯度　　　　　　　　B. 燃点、闪点、挥发率
    C. 溶解力、沸点和挥发率、闪点、毒性和气味　　D. 毒性和气味

13. 涂料中用以提高颜料的体积浓度,增加涂膜的厚度和耐磨能力的颜料是(　　)。
    A. 着色颜料　　　B. 体质颜料　　　C. 防腐颜料　　　D. 防锈颜料

14. 赋予涂料各种不同的颜色,提高涂料的遮盖性能的颜料是(　　)。
    A. 着色颜料　　　B. 体质颜料　　　C. 防腐颜料　　　D. 防锈颜料

15. 双组分型涂料在加入固化剂后,常温下即可固化。但若温度低于(　　)会使化学反应缓慢甚至不反应,延长固化时间而影响涂膜的质量。
    A. 0℃　　　　　B. 5℃　　　　　C. 10℃　　　　　D. 15℃

二、多项选择题(在每小题的备选答案中,选出不少于两个的正确答案,并将其序号填在括号内。多选、少选、错选均不得分。5小题,每题4分,共20分)

1. 汽车涂装主要具有(　　)等作用。
   A. 保护　　　　　　　　　　　　　　B. 装饰
   C. 特殊标识　　　　　　　　　　　　D. 达到某种特定的目的

2. 汽车修补涂装总的目的就是要恢复汽车原有的涂层技术标准和达到无痕迹修补的目的,根据需要修补部位和修补面积的大小可以分为(　　),以及零部件修补涂装等几大类。
   A. 点修补　　　B. 板修补　　　C. 板块间修补　　　D. 全车重涂

3. 汽车涂料的种类繁多,按照其在汽车修补涂装中的功能分类,汽车修补涂料可分为(　　)等。
   A. 底漆　　　　B. 原子灰　　　C. 中涂漆　　　D. 面漆

4. 环氧树脂是由(　　)缩聚而成的。
   A. 环氧氯丙烷　　B. 双酚A　　　C. 醇　　　　　D. 酸

5. 涂料中常用的添加剂有(　　)。
   A. 固化剂　　　B. 催干剂　　　C. 增塑剂　　　D. 稀释剂

三、判断题(对的打√,错的打×。10小题,每题1分,共10分)

1. 汽车涂装是指对轿车、大客车、载货车等各类车辆的车身及零部件的涂漆装饰,但不

包括对摩托车、部分农机产品的涂装。　　　　　　　　　　　　　　　（　　）
2. 如果不慎有涂料进入眼睛,须马上使用专用洗眼器冲洗,并边冲洗边用手揉。（　　）
3. 如果烤漆房内发生火灾,更适合用泡沫灭火器灭火。　　　　　　　　（　　）
4. 在喷漆房内进行短时间喷漆作业时,可以不穿喷漆工作服。　　　　　（　　）
5. 涂料中的主要成膜物质(树脂)大部分来自于自然界。　　　　　　　　（　　）
6. 涂料的干燥方式只有自然干燥一类。　　　　　　　　　　　　　　　（　　）
7. 颜料一般不溶于水或其他介质(如油等),但其细微个体粉末能均匀地分散在介质中。
　　　　　　　　　　　　　　　　　　　　　　　　　　　　　　　　（　　）
8. 汽车涂装是典型工业涂装。　　　　　　　　　　　　　　　　　　　（　　）
9. 汽车修补用涂料大多为高温涂料。　　　　　　　　　　　　　　　　（　　）
10. 有机溶剂大都是易燃液体,要妥善保管好,不能受热和高温烘烤。　　（　　）

四、简答题(4 小题,每题 5 分,共 20 分)

1. 简述汽车涂装的作用。

2. 简述汽车涂装的特点。

3. 简述汽车用涂料要满足的要求。

4.简述溶剂的主要特性。

五、论述题(2小题,每题10分,共20分)
1.何为涂装三要素?涂装三要素对汽车修补涂装工作有何影响?

2.涂料的干燥成膜方法有哪些?它们各有何优缺点?

汽车涂装技术 作业2

姓　　名：＿＿＿＿＿＿

学　　号：＿＿＿＿＿＿

得　　分：＿＿＿＿＿＿

教师签名：＿＿＿＿＿＿

一、单项选择题(在每小题的备选答案中,选出一个正确答案,并将其序号填在括号内。15小题,每题2分,共30分)

1. 可见光的波长为(　　)。
   A. 300～700nm　　　B. 380～680nm　　　C. 380～780nm　　　D. 400～780nm

2. 色光的三原色是(　　)。
   A. 红、黄、蓝　　　B. 红、绿、蓝　　　C. 品红、黄、青　　　D. 红、绿、蓝紫

3. 色料的三原色是(　　)。
   A. 红、黄、蓝　　　B. 红、绿、蓝　　　C. 品红、黄、青　　　D. 红、绿、蓝紫

4. (　　)明度最低。
   A. 红　　　　　　　B. 绿　　　　　　　C. 紫　　　　　　　D. 蓝

5. 在实际应用中,由于理想的黑色和白色是不存在的,因此在孟塞尔色立体中明度只有(　　)级。
   A. 8　　　　　　　B. 9　　　　　　　C. 10　　　　　　　D. 11

6. L*a*b*表示法是由国际照明委员会CIE定义的,+a*表示(　　)方向。
   A. 红色　　　　　　B. 绿色　　　　　　C. 蓝色　　　　　　D. 黄色

7. 红色的互补色是(　　)。
   A. 橙色　　　　　　B. 蓝色　　　　　　C. 绿色　　　　　　D. 黄色

8. 水性色漆或某些水性产品需要合适的温度储存,通常水会在温度低于(　　)时开始结晶,这将导致水性漆出现结晶颗粒而不能使用。
   A. 8℃　　　　　　B. 5℃　　　　　　C. 3℃　　　　　　D. 0℃

9. 传统喷枪的涂料传递效率为30%～40%,而HVLP环保型喷枪的涂料传递效率高达(　　)。
   A. 60%以上　　　　B. 65%以上　　　　C. 70%以上　　　　D. 75%以上

10. 在对汽车涂膜进行加温烘烤时,烘烤温度要适当控制,汽车修补涂装温度调节一般以被烘烤物体表面温度达到(　　)为宜。

A. 50℃   B. 60℃   C. 70℃   D. 80℃

11. 为了保证喷涂的质量,建议长度 6m 以下的软管,内径应达到 8mm;长度 6m 以上的软管,内径应达到( )。

     A. 9mm   B. 10mm   C. 11mm   D. 12mm

12. ( )适用于耗气量较大的大型汽车维修企业。

     A. 膜片式空气压缩机   B. 单级活塞式空气压缩机
     C. 单级活塞式空气压缩机   D. 螺杆式空气压缩机

13. 汽车修理厂用于粗打磨工作,如清除铁锈、旧涂层、较厚的原子灰层时使用( )。

     A. 单作用打磨机   B. 轨道式打磨机
     C. 双作用打磨机   D. 往复直线式打磨机

14. 只要烤房风速在( ),使用水性漆专用吹风枪即可加快水性涂料干燥,提高工作效率。

     A. 0.2~0.6m/s   B. 0.3~0.6m/s   C. 0.2~0.5m/s   D. 0.3~0.5m/s

15. 水性底色漆喷枪的喷嘴口径一般为( )。

     A. 1.0~1.1mm   B. 1.2~1.3mm   C. 1.3~1.5mm   D. 1.6~1.8mm

二、多项选择题(在每小题的备选答案中,选出不少于两个的正确答案,并将其序号填在括号内。多选、少选、错选均不得分。5 小题,每题 4 分,共 20 分)

1. 光波介入人的视觉方式有( )。

     A. 直射   B. 反射   C. 折射   D. 透射

2. 调配金属(珍珠)色漆时,选用基调色母的原则有( )。

     A. 改变这些色母之间的质量比例时,尽可能在保持正面色调不变的同时,能够改变侧视色调
     B. 要使用纯度高的色母,因为这些色母用量大,纯度不高会使整个颜色浑浊
     C. 一般情况下,主色母不要超过三种。现在质量好的修补涂料色母纯度都很高,即使四五种色母混合,颜色整体效果也不一定不好。但是,多种色母混合会加大调色的难度
     D. 使用主色母越多,越不容易造成颜色异构

3. 按银粉颗粒的亮度可以把银粉分成( )等几类。

     A. 无(平)光银   B. 粗银   C. 亮银   D. 闪银

4. 涂料不能从喷枪喷出来时可能有( )等原因。

     A. 涂料用完了
     B. 颗粒、灰尘、漆皮等堵塞住空气帽、涂料喷嘴、涂料控制针阀或筛网
     C. 没有空气供应
     D. 使用的虹吸供料式喷枪的空气帽内部混合

5. 气动打磨机的优点有(　　　)。

　　A. 工作时产生热量少,转速和转矩可调节,发生过载或失速危险性小

　　B. 工具质量轻,便于提携

　　C. 由于不直接使用电,能避免因电路短路或损坏发生触电及火花引起火灾。相对来说安全性高

　　D. 结构较简单,经久耐用,节约成本

三、判断题(对的打√,错的打×。10 小题,每题 1 分,共 10 分)

1. 光波介入人的视觉有三种方式:直射、反射、折射。　　　　　　　　(　　)

2. 某种颜色加白可提高其明度,加黑会降低其明度。而随着白和黑的增加,在颜色的明度改变的同时,颜色的彩度不会变化。　　　　　　　　　　　　　　(　　)

3. 用两种或两种以上的色光采取直接混合或间接混合成新的色光,这种方法叫做加色法。　　　　　　　　　　　　　　　　　　　　　　　　　　　(　　)

4. 按银粉颗粒的亮度可以把银粉分成三类,即无(平)光银、亮银和闪银。　(　　)

5. 选择银粉色母时,先判断需要使用的银粉亮度级别,再判断银粉的颗粒度。(　　)

6. 根据喷枪的使用方式分类可以分为底漆喷枪和面漆喷枪两类。　　　(　　)

7. 调节喷枪时,首先应先调节气压,再调节涂料流量和喷雾扇形。　　　(　　)

8. 按干燥设备的外形结构分,烘干设备可分为室式、箱式和通过式三种。(　　)

9. 轨道式打磨机研磨能力强,汽车修理厂大多用于粗打磨工作,可用于清除铁锈、旧涂层、较厚的原子灰层的打磨操作。　　　　　　　　　　　　　　　　(　　)

10. 主供气管道在车间上方部分应设置成环形,以保证各处的压力恒定,并逐步向最远端倾斜,倾斜度为 1/100 左右,以利于管道内的水排放干净。　　　　　(　　)

四、简答题(4 小题,每题 5 分,共 20 分)

1. 简述色立体的用途。

2. 简述调色的目的。

3.简述水性色漆的调色步骤。

4.简述喷枪雾化的基本原理。

五、论述题(2小题,每题10分,共20分)

1.什么是条件等色?条件等色对颜色调配有何的影响?如何避免产生条件等色?

2.试论述手工水磨与机器干磨的优缺点。

汽车涂装技术 作业3

姓　　名：_____
学　　号：_____
得　　分：_____
教师签名：_____

一、**单项选择题**(在每小题的备选答案中,选出一个正确答案,并将其序号填在括号内。15小题,每题2分,共30分)

1. 底漆涂膜的强度和结合能力的大小决定于涂膜的厚度、均匀度及其是否完全干燥,底漆涂膜一般不宜过厚,以(　　)为宜。
　　A. 5~15μm　　　　B. 15~25μm　　　　C. 25~35μm　　　　D. 35~45μm

2. 在寒冷的季节气温低于5℃时,原子灰和固化剂的反应将会减慢或停止,造成不易干燥,所以应采用升高施工场所温度的方法来促进固化,或用红外线烤灯进行加热,但烘烤温度不可超过(　　)。
　　A. 40℃　　　　　B. 50℃　　　　　　C. 60℃　　　　　　D. 70℃

3. 直接涂布于物体表面的打底涂料称为(　　)。
　　A. 原子灰　　　　B. 中涂漆　　　　　C. 底漆　　　　　　D. 面漆

4. 中涂漆中的颜料多为(　　)。
　　A. 着色颜料　　　B. 体质颜料　　　　C. 防腐颜料　　　　D. 亚光颜料

5. 中涂层的打磨一般使用(　　)号干磨砂纸配合φ3mm双作用打磨头进行。
　　A. P240~P320　　B. P320~P400　　　C. P400~P500　　　D. P600~P800

6. 整个涂装工作的好坏一般都是由(　　)来体现。
　　A. 中涂层　　　　B. 面漆　　　　　　C. 平整度　　　　　D. 光泽度

7. 喷涂金属漆时要注意运枪的速度、喷口的距离、喷幅的重叠程度等必须均匀,喷涂气压要保持稳定,否则会由于有的地方较湿,有的地方较干,造成(　　)缺陷。
　　A. 龟裂　　　　　B. 起云　　　　　　C. 起雾　　　　　　D. 生锈

8. 喷涂清漆时,一般膜厚控制在(　　)左右。
　　A. 15~30μm　　　B. 20~40μm　　　　C. 40~60μm　　　　D. 60~80μm

9. 塑料的耐热性较差,其工作温度一般控制在(　　)以下。
　　A. 50℃　　　　　B. 60℃　　　　　　C. 70℃　　　　　　D. 80℃

10. 代号为PVC的塑料件,表示该塑料件材质为(　　)。

A. 不饱和聚酯　　　B. 聚氯乙烯　　　C. 聚苯乙烯　　　D. 聚氨酯

11. 丙烯腈—丁二烯—苯乙烯共聚物,其适合烘烤的温度为(　　)。
    A. 50℃　　　　　B. 60℃　　　　　C. 70℃　　　　　D. 80℃

12. 下列(　　)缺陷是由于外界因素导致的。
    A. 龟裂　　　　　B. 剥落　　　　　C. 起雾　　　　　D. 生锈

13. 下列(　　)缺陷是由于施工原因导致的。
    A. 生锈　　　　　B. 褪色或变白　　C. 油斑　　　　　D. 渗色

14. 若喷涂作业时湿度太高,则使用(　　)型的涂料稀释剂,才不会产生起雾缺陷。
    A. 标准　　　　　B. 较快干　　　　C. 较慢干　　　　D. 极快干

15. 喷涂完成后,在涂膜表面形成球状般隆起的缺陷称为(　　)。
    A. 起泡　　　　　B. 起皱　　　　　C. 起雾　　　　　D. 垂流

二、多项选择题(在每小题的备选答案中,选出不少于两个的正确答案,并将其序号填在括号内。多选、少选、错选均不得分。5小题,每题4分,共20分)

1. 原子灰是由(　　)等组成的。
   A. 树脂　　　　　B. 颜料　　　　　C. 溶剂　　　　　D. 填充材料

2. 去除旧涂层、打磨羽状边时,须佩戴(　　)。
   A. 棉纱手套　　　B. 防尘口罩　　　C. 防护眼镜　　　D. 安全鞋

3. 双工序面漆在喷涂完底色后需要喷涂清漆,清漆地作用是(　　)。
   A. 遮盖底色　　　　　　　　　　　B. 提供亮度
   C. 对色漆及其颜料的保护性、耐久性　D. 提高金属漆的闪烁感

4. 对塑料件进行涂装的目的有(　　)。
   A. 提高装饰性能　B. 增强保护性能　C. 提供特种功能　D. 防止变形功能

5. 下列缺陷中,(　　)是由涂料或喷涂操作导致的涂膜缺陷。
   A. 水斑　　　　　B. 渗色　　　　　C. 砂纸痕　　　　D. 起泡

三、判断题(对的打√,错的打×。10小题,每题1分,共10分)

1. 目前车身制造所用的金属板主要有:钢板、镀锌板、铝或铝合金。　　　　(　　)

2. 中涂层的打磨一般使用 P400~P500 号干磨砂纸配合 φ7mm 双作用打磨头进行,边角等不易打磨的部位可以使用灰色菜瓜布或海绵砂纸进行。　　　　　　　　　(　　)

3. 喷涂水性底色漆前,须使用水性清洁剂和溶剂型清洁剂进行两次清洁。　　(　　)

4. 对于浅色漆面,使用更细的抛光剂及黑色海绵轮对漆面进行抛光,以消除前一道抛光剂抛光后所造成的抛光痕迹。　　　　　　　　　　　　　　　　　　　　(　　)

5. 一般塑料的密度是钢铁的 1/8~1/4,是铝的 1/2 左右,用它来制作汽车零部件,可减轻汽车的质量,降低油耗。　　　　　　　　　　　　　　　　　　　　　　(　　)

6. 塑料的种类塑料的种类很多,按其受热性能的不同,可分为热固性塑料和热塑性塑料

两大类。 (　　)
7. 塑料代号为 PP,则表示该塑料材质为聚乙烯。 (　　)
8. 判断塑料类型时,用手敲击塑料制品内侧,PU 塑料声音较脆,PP 塑料声音较弱。
 (　　)
9. 在修补脏点缺陷时,应使用磨石或 P1000 号砂纸,将微粒物磨除。 (　　)
10. 鱼眼是由于在中涂底漆或原子灰层有小孔,在外层涂膜引起缩孔。 (　　)

四、简答题(4 小题,每题 5 分,共 20 分)

1. 简述表面前处理的必要性。

2. 简述底漆的特性和类型。

3. 简述塑料的特性。

4. 简述车身塑料产品的鉴别方法。

五、论述题(2小题,每题10分,共20分)

1. 何为双工序面漆?试分析喷涂金属底色漆时应注意哪些问题?

2. 何为橘皮?试述橘皮产生的原因、补救方法及防治对策。

答 题 纸

答 题 纸

彩 图

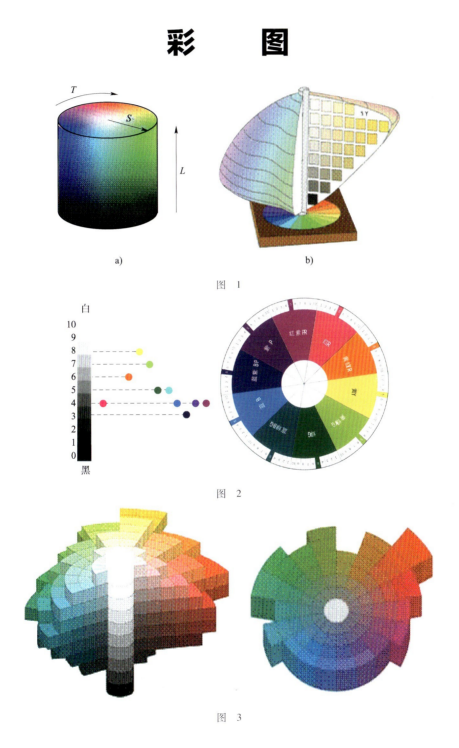

图 1

图 2

图 3

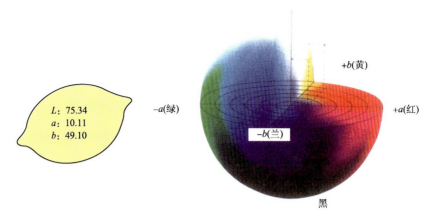

图 4

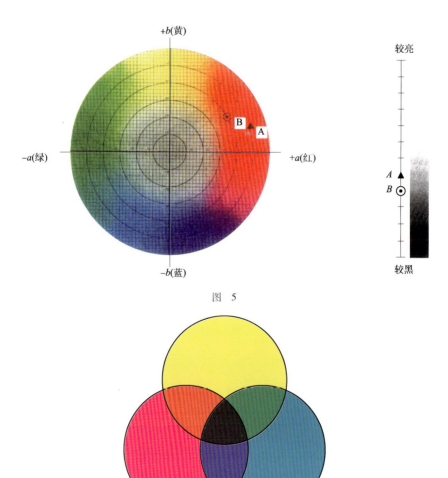

图 5

图 6

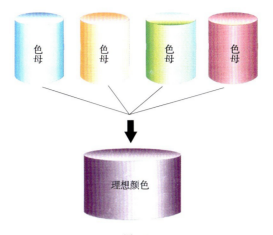

图 7

图 8

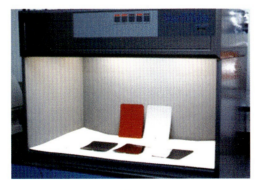

图 9